금융의 대량살상무기

우리는 파생거래에 어떻게 당해왔는가

권오상

도서출판

머리말

필자는 캘리포니아 버클리대학교에서 박사과정 5학기 째인 2000년 가을에 파생거래와 처음 인연을 맺었다. 박사 학위를 받기 위해 반드시 넘어야 하는 구두자격시험(Oral Qualifying Exam)을 통과한 후, 그 전에 골라 두었던 같은 학교 산업공학/경영과학과의 쉘던 로스(Sheldon M. Loss)의 "An Introduction to Mathematical Finance: Options and Other Topics"를 읽으면서 블랙-숄스 공식을 처음으로 유도해 본 것이다. 지금도 그렇긴 하지만, 당시에는 정말 호기심이 가는 대로 온갖 분야의 책을 걸신들린 사람처럼 읽어댔었고 그 와중에 무얼 하는 분야인지도 잘 모르는 채로 책 제목이 재미있어 보여, '구두자격시험 통과하면 첫 번째로 봐야지' 하고 사뒀던 것이었다. 그 때만해도 필자가 후에 투자은행의 exotic option 트레이더가 될 것이라고는 상상도 하지 못했다. 그렇게 모르는 사이에 맺게 된 인연이 이제 햇수로 14년째에 이르고 있다.

그 후 여러 곳을 거치면서 파생거래에 대해 조금은 남다른 경험과 지식을 쌓을 수 있었다. 물리학 박사들뿐인 같이 일하던 투자은행의 퀀트들과는 수학이라는 언어로 얘기를 했고, 극지방에서 에어컨을 팔거나 열대지방에서 난로를 팔 수 있는 세일즈들과는 장사꾼의 언어로 얘기를 해왔다. 무엇보다도 동료 트레이더, 스트럭처러들과 함께 순식간에 수십억원을 잃기도 또는 벌기도 하는 과정을 통해서 너무나 많은 것을 배웠다. 그들에게 지면을 빌려 감사를 표하고자 한다. INSEAD의 Pierre Hillion, Herwig Langohr, Massimo Massa, Kevin Kaiser, Joel Peress, Urs Peyer, Robert Kosowski, Maurizio Zollo에게 감사를 표한다. Barclays Capital의 Edoardo Dimitri, Andrew Kaufmann, George Athanasopoulos, Richard Gladwin, Ivan Ritossa, Michel Iskander, Chris French, Crispin Lee, Anthony Ring, Tim Silitoe, Ben Macmillan, Ujjawal Sharan, Ed Falinski, Priyen Shah, Yamanishi Takahiro,

Nakayama Kuniaki, Jacque Moses-Marilo, Rashimi Tank, Arthur Mountain, Trevor Nathan, Aditi Vadnagare, 노제훈, Yue Wu, Joanne Ng, 최민우에게도 감사를 표한다. Deutsche Bank의 Nick Angove, Jonathan Tinker, Adrian McGowan, Romain Camus, Jeremy Monnier, Joel Wee, John Chan, Marcus Sewhoy, George Chen, Florence Ng, Jason Liu, Kevin Rodgers, Rashid Hoosenally, Andrew Toh, Julie Chen, Samuel Wong, Joseph Cheung, Julia Xu, Edith Ho, Cindy Ling, Doris Lie, Jessie Chuang, Michael Hellbeck, Martin Pickrod, 홍석종, 이도훈, 김창원, 권우현, 김율, 윤정연, 민정석, 노한상, 박의택, 황창원, 박상우, 채원석, 박영찬, 방정일, 민상범, 김철현, 인승욱, 신호식, 윤헌, 노지형, 이남신, 고시현, 신형민, 목정균, 최강희, 이승민, 남기문, 안수용, 김종섭, 안대일, 김원구, 김강재에게도 감사를 표한다. 고려대학교 이동욱 교수와 중앙대학교 김진백 교수, 유시용 교수에게 고마움을 전하고자 한다. 초고를 읽어 준 박홍선과 서영준에게도 감사의 마음을 전한다. 이 외에도 지면상 생략된 많은 사람들에게도 감사를 표한다.

평생의 본을 보여 주시고 사랑으로 키워 주신 아버지, 어머니, 그리고 늘 성원해 주시는 장인어른, 장모님께도 감사를 표한다. 윤경이와 이준이의 사랑과 양해가 없었다면 이 책이 세상의 빛을 보지 못했을 것이다. 감사와 사랑을 보낸다. 그리고 모든 삶을 주관하시는 하나님 아버지께 감사의 마음으로 이 책을 바친다.

2013년 3월

용산 자택 서재에서

권오상

차
례

금융의 대량살상무기

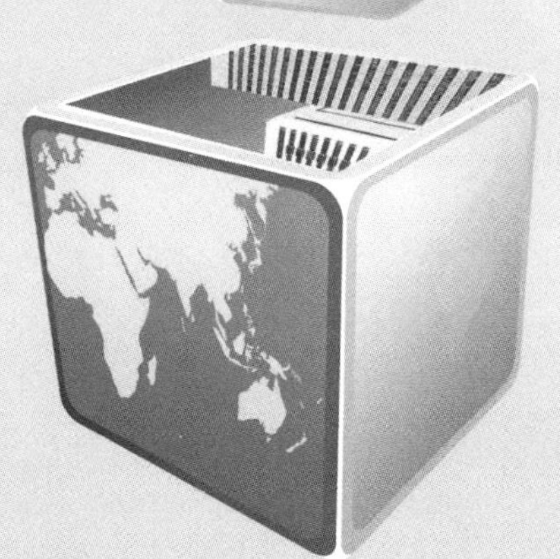

CHAPTER 1

서론

금융의 대량살상무기(Financial Weapons of Mass Destruction)라는 표현은 워렌 버핏(Warren Buffett)이 처음 사용한 것으로 알려져 있다. 대량살상무기(Weapons of Mass Destruction; WMD)는 일반적으로 화학, 생물학, 방사능 무기를 지칭하며, 한 발이라도 사용되게 될 경우 다수의 인명피해가 발생될 수 있는 전략적 무기로서, 2001년 9.11사태 이후 미국 부시 행정부는 이라크를 공격해야 하는 주된 이유로 이러한 대량살상무기가 이라크 국내에 다량 생산 및 저장되고 있다는 이유를 들면서 2002년에 유행한 바 있다.[1] 이러한 배경 하에서, 버핏은 2002년 자신이

1) 미국어학회(American Dialect Society)는 이 WMD를 2002년에 올해의 단어(the Word of the Year)로 선정한 바 있다. 이후 미국은 2003년 이라크를 공격하게 된다.

대주주로 있는 버크셔 헤더웨이(Berkshire Hathaway)의 연례보고서[85][2]에서 파생거래(Derivatives) 일반을 지칭하여 시한폭탄 그리고 금융의 대량살상무기라는 표현을 구사하였는데, 그 이유는 파생거래가 근본적으로 개별 회사 수준에서는 멀쩡한 회사를 거래상대방 리스크에 노출시키고 시장 전체적 관점에서는 시스템적 리스크(Daisy-chain Risk)를 야기시키게 때문이라고 지적하였다. 다시 말하자면 파생거래의 규모가 너무나 크고 금융기관들 사이의 거래가 너무나 복잡하게 얽혀 있어서 한 기관의 신용도가 악화되어 실제 지급불이행 등이 발생되는 경우 이는 전체 금융시장의 참가자 거의 모두를 부도에 이르게 할 개연성이 적지 않다는 것이다. 그 연례보고서에서 그는 롱텀캐피탈 매니지먼트(Long Term Capital Management; LTCM)의 사례를 들었는데, 이후 금융의 대량살상무기라는 표현은 주로 신용파생거래, 특히 신용부도스왑(Credit Default Swap; CDS)만을 지칭해서 사용된 것으로 잘못 이해되기도 하였다.

버핏의 이러한 파생거래에 대한 혐오에도 불구하고, 그의 버크셔 헤더웨이는 실제로 상당한 규모의 파생거래를 갖고 있으니[86][3] 이는 하나의 아이러니이다. 이 버크셔 헤더웨이라는 회사는 보면 볼수록 재미있는 회사인데, 원래는 업력이 100년이 넘는 섬유제조업에 종사하던 회사였지만, 버핏이 1960년대에 인수한 후 지주사 체제로 가면서 현재의 전기, 에너지, 제조업, 도소매업 등 다각화된 사업부를 갖추게 되었다. 그러나 이 회사의 주력사업을 보건대 사실상 보험회사로 볼 수 있으며, 버핏 자신이 파생거래에 수반되는 문제라고 지적한 부분을 유일하게 해결할 수 있는

---

2) 대괄호 안의 번호는 책 뒷면의 참고문헌 번호이다.

3) 2011년 연례보고서에 따르면, 가치평가상으로 101.4억불의 파생상품에 기인하는 부채를 갖고 있다. 그 액면금액은 물론 말할 것도 없이 이 금액의 수배 혹은 수 십 배에 달한다.

업종이 보험업임을 감안하면 버크셔 헤더웨이가 보험업을 주력으로 하게 된 것은 결코 우연의 일이 아니다. 즉, 버핏 스스로 인정하였듯이, 보험회사는 먼저 현금을 거래상대방 혹은 보험계약자로부터 수취하고 이로부터 발생되는 보험채무를 지게 되는데, 이 경우 보험회사는 아무런 거래상대방 위험을 지고 있지 않게 된다는 것이다(물론 말할 것도 없이 보험계약자 혹은 보장매수자는 피할 수 없는 거래상대방 리스크를 지니게 된다). 버크셔 헤더웨이는 2010년 남아공 월드컵 때, 프랑스가 16강에 진출할 경우 미 달러 3천만불을 보험금으로 지급하는 보험을 팔았던 것으로 알려져 있다. 같은 대회에서 한국 국가대표팀이 16강에 가는 경우 보험금을 지급하는 보험계약의 보험료율이 48%였는데, 프랑스의 전력이 한국 국가대표보다 높다는 일반적인 인식을 감안하면, 그 보험료는 적어도 천오백만불 이상이었을 것으로 짐작할 수 있다. 2011년 말 기준으로 3,920억불에 달하는 버크셔 헤더웨이의 전체 자산을 감안하건대 그 3천만불이라고 하는 보험금은 0.01%가 안되는 금액이다. 보험회사는 이와 같이 감당할 수 있는 범위 내에서의 통제된 그리고 분산된 리스크를 짐으로써 안정적으로 수익을 내게 된다.

파생거래는 그 폭과 깊이에서 사람들이 상상하는 것 이상으로 현대 사회의 중요한 요소로써 기능하고 있다. 모든 도구들이 그러하듯이 파생거래 또한 사용하고자 하는 사람의 의도에 따라 약이 될 수도 있고 독이 될 수도 있다. 우리보다 파생거래를 경험한 역사가 오래된 구미의 국가들의 경우 파생거래로 인한 많은 실패 사례들을 겪으면서 또한 많은 교훈을 얻기도 하였다. 특히, 기록을 중시하는 그들의 문화는 과거에 발생했던 실패 사례들에 대해서 소상히 설명한 문서 및 서적들을 발간하여 이러한 경험과 교훈들이 잊혀지지 않도록 해 왔던 것이다. 우리가 검은 월요일(Black Monday)과 포트폴리오 보험(Portfolio Insurance), 메탈게젤샤프트(Metallgesellschaft AG), 오렌지 카운티(Orange County), 닉 리슨(Nick Leeson)과 베어링은행(Barings Bank), 그리고 최근의 리만브라더스(Lehman Brothers)의 파산까지, 이 각각의 사건들에서 어떠한 일이 일어났는지에 대해서 자세히 알 수 있는 것은 모두 그 덕인 것이다.

그런데 안타깝게도 이제 우리도 파생거래를 다루어 온지 어언 20년을 내다보고 있고,[4] 또 그 기간 동안에 여러 파생거래에 관련된 실패라고 할 만한 사건들이 적지 않았음에도 불구하고 이러한 사례들을 모아서 한 권의 책으로 내려는 시도가 없었다. 개별 사건에 대해서는 학술자료나 논문 등으로 발표되기도 하였으나 각각의 특수한 경우에 해당하는 결론이 제시될 뿐, 파생거래의 여러 가지 형태를 아우르는 종합적이고도 총체적인 관점을 취한 경우는 드물었다. 대표적인 사례들을 한 권의 책으로 묶어냄으로써 이러한 사건들이 잊혀지지 않도록 하고, 향후 유사한 사례의 재발을 막는 하나의 지식 창고와 같은 역할을 할 수 있기를 기대하면서 본 서를 저술하였다.

하지만 아마도 저자의 이러한 바람이 무색하게, 무언가 새로운 형태로 재설계된 파생거래로 인한 실패 사례는 또 발생될 것이다. 불확실성을 지고 그 반대급부로 보다 큰 이익을 추구하고자 하는 것은 인간의 역사에서 늘 발견되곤 하는 어쩌면 피해갈 수 없는 우리의 본성 같은 것일 수도 있기 때문이다. 저자가 바라는 바는 우리에게 그러한 성향과 한계가

4) 1996년 당시의 한국증권거래소가 코스피200 선물을 상장시킨 바 있고, 장외파생거래의 경우는 물론 이보다 더 이전의 시점으로 올라갈 것이다.

있다는 것을 먼저 좀 더 철저히 인식함으로써 이 책에서 언급된 사례들과 그 성격이 유사한 실수가 또다시 재발되지는 않기를 바라는 정도라고 이야기할 수 있겠다.

이 서론 이후의 본 책의 구성에 대해서 간단히 얘기하고자 한다. 1장의 서론과 10장의 결론을 제외하면 총 8개의 장으로 구성되어 있는데, 특별한 순서는 없고 관심이 가는 장부터 읽어도 무방하도록 구성되어 있다. 그렇다고 하더라도 크게 보면, 파생거래 전반에 관련된 내용을 개괄하는 2장, 3장의 전반부와 실제의 실패 사례를 다룬 4장부터 9장까지의 후반부, 두 부분으로 나뉘어져 있다고 볼 수도 있다. 후반부(4장~9장)의 각 장들은 각기 하나씩의 실패 사례들을 다룬 것으로서, 총 6개의 대표적인 실패 사례들이 소개됐다고 볼 수 있다.

좀 더 구체적으로 2장에서는 파생거래의 본질에 대해서 생각해 보고자 하였다. 거의 모든 파생거래에 관련된 책들과 달리, 선도가 어떻고 선물이 어떻고 옵션이 어떻고 이런 식으로 구성하지는 않았다. 그런 책들은 이미 충분히 많이 있고 그런 책들을 읽어 본 사람들은 대부분 공감하겠지만 무척 지루하고 재미가 없다. 조금은 더 쉽게 이해될 수 있도록 쓴다고 썼는데 저자의 의도가 충분히 구현되었는지는 독자 여러분들의 판단에 맡기도록 하겠다. 3장에서는 파생거래의 궁극적인 목적이자 금융의 기능이라고 할 수 있는 투자와 투기, 그리고 헤징에 대해서 생각해 보고자 하였다. 이 세 가지의 단어를 일반인들이 사용하는 것을 들으면 굉장히 느슨하게, 귀에 걸면 귀걸이, 코에 걸면 코걸이 식으로 사용하는 것을 느끼게 되는데, 이는 비단 일반인뿐만 아니라 언론이나 소위 전문가라는 집단에서도 공통적으로 발견되는 일이다. 이 각각이 서로 배타적인 영역

이 될 수 있도록 보다 엄밀한 정의를 세우고 일반적인 개별 금융거래들이 여기서 세운 정의에 의해 어떻게 판단이 되는지를 보이고자 하였다.

4장은 다이아몬드펀드와 JP모건이 관련된 사건으로서 한국에서 파생거래 관련된 최초의 대형사고라고 할 만한 사례이다. 이 거래는 미국의 오렌지 카운티나 프록터 앤 갬블(Procter & Gamble; P&G)이 거래했다가 망한 1990년대 식의 투기 거래가 갖는 모든 요소들이 다 들어가 있는 하나의 투기의 종합선물세트 같은 것으로서, 사건이 발생된 지 15년도 더 되었지만 여전히 그 상세한 내용을 음미해 볼 만하다. 5장은 최근의 2008년의 전지구적 금융위기를 촉발시키는 데 주역을 담당했던 부채담보부증권(Collateralized Debt Obligations; CDO)에 대한 실패 사례를 다룬다. 당시 적지 않은 수의 국내 금융기관들이 이를 거래하고 있었고, 특히 그 중 몇 군데의 금융기관은 글자 그대로 천문학적인 규모의 손실을 입었다. 이 부채담보부증권이라는 것이 어떠한 것인가를 알게 되는 것만으로도 큰 소득이 될 수 있으리라 생각한다. 6장은 비슷한 시기에 한국의 기업들을 몸서리치게 만들었던 키코(Knock-In Knock-Out; KIKO) 사태이다. 무엇이 정말 근본 문제였는지를 지적하고자 하였는데 그 교훈이 모든 당사자들에게 제대로 전달되기를 희망해 본다.

7장은 키코와 같은 시기에 일반투자자들판 키코라고 불리기도 했던 해외펀드 혹은 역외펀드 환 헤지와 관련된 사건을 다룬다. 국내의 자산운용사들이 환 헤지라고 수행하고 있는 거래는 그 헤지 원금이 일치될 수 없다는 원초적 한계로 인해 헤지가 아니고 투기임을 설명하고, 이 문제를 해결할 수 있는 파생거래구조적 해결방안을 제안하고자 하였다. 특히 심각한 문제 중의 하나는 자산운용사들이 환 헤지라면서 수행하고 있는 환 선도가 투자 원금 이상의 손실을 가져올 수도 있다는 사실을 일반투자자들에게 알리지 않은 채 시행되고 있다는 점이다. 만약 그러한 위험이 충분히 고지가 되는 경우, 그 일반투자자의 책임 하에 원금 이상 손실을 입을 가능성이 있는 이 투기 거래를 수행하지 않을 이유는 없다. 하지만 보다 근본적인 해결책이 제시되어 있는 마당에 굳이 현재의 관행에 머무르겠다고 하는 것은 금융업자의 선관의무(Fiduciary Duty)에 반하는 일이 아닌가 하는 생각이 든다.

8장은 2010년 11월 한국주식시장을 깜짝 놀라게 했던 도이체증권과 도이체방크 홍콩지점의 소위 옵션 사태라 일컫는 사건을 다룬다. 핵심 쟁점은 도이체방크 홍콩지점이 매입했다는 코스피200 지수에 대한 풋 옵션이 헤지인 것인가, 아닌가가 될 터인데, 이 흥미진진한 사건의 결론은 직접 확인해 보기 바란다. 9장은 일반투자자들에게 큰 인기가 있는 주가연계증권(Equity Linked Security; ELS) 혹은 파생결합증권(Derivatives Linked Security; DLS)의 만기일 혹은 조기상환결정일의 가격 조작 논란을 다룬 장으로서 외국계투자은행들이 주장하는 바를 하나씩 따져 보고, 그들이 주장하는 대로 이를 정상적인 헤징으로 볼 수 있을 것인지 아닌지를 판단하였다.

10장은 앞에서 얘기된 내용들을 총 정리하면서 마무리하고자 하였다.

그럼, 이제 본격적으로 파생거래에 대해서 생각하는 시간을 가져 보도록 하자.

CHAPTER 2

파생거래

영어로 Derivatives, 우리말로 파생거래 혹은 파생상품으로 불리는 이것은, 광의의 의미로 보아 두 거래상대방이 어떠한 조건(Condition; Contingency)에 따라 미래의 시점에 미리 약정한 대로 각각 지급의 의무를 다하는 일종의 계약(Contract)이다. 위 정의가 갖는 그 광범위성에 주목하기 바란다. 기본적으로 조건에 어떤 것만이 될 수 있다는 제약이 없고, 미래의 시점이 언제여야 하는지에 대한 제약도 없으며, 약정되는 각각의 지급 의무에 대해서도 아무런 제약이 없고, 내가 그러한 계약을 하는 상대방이 누구인가에 대해서도 아무런 제약이 없다. 자본주의 체제는 그 구성원들 사이의 사적 자치(Private Autonomy) 혹은 계약자유의 원칙에 큰 의미를 부여하고 있는데, 이는 사람은 누구나 합리적인 이성과 판단력을 지니고 있고 이에 따라 각자의 자유의지에 의존하여 의사결정을 내릴 때 가장

조화롭고 효율적인 사회가 만들어진다는 믿음에 기반을 두고 있기 때문이다. 따라서 각 개인의 의사결정 및 활동의 자유는 보장되지만, 스스로의 고의, 과실로 인한 행위에 대한 책임은 스스로에게 귀속된다는 자기책임의 원칙도 따른다. 물론, 이러한 민/상법상의 거래관계는 무제한적일 수만은 없고 극단적인 경우에는 제한이 따르는 것이 마땅한데, 우리 법체계 하에서는 공공의 질서와 선량한 풍속에 반하는 계약은 무효이고, 또한 불리한 계약을 체결 당하기 쉬운 경제적 약자를 특별히 보호하기 위한 법규들도 제정되어 있다. 다만, 이러한 경제적 약자를 보호하기 위한 장치들이 그 결과적 평등을 지향하는 것은 아니라는 것을 염두에 둘 필요가 있다.

파생거래의 역사는 꽤 오래 전으로 거슬러 올라갈 수 있는데, 이는 파생거래가 근본적으로 두 거래상대방 사이의 사적 계약임을 감안하면 놀라운 일이 아니다. 역사에 기록되어 있는 최초의 사례로 아리스토텔레스의 정치학에 나오는 이야기가 있는데, 밀레투스의 가난한 철학자 탈레스는 스스로의 논리적 사고 및 분석을 통해 다가올 가을의 올리브 수확이 엄청난 풍작을 거둘 것이라는 전망을 갖고 근방의 올리브유 압착기 소유주들과 계약을 맺는데, 미리 일정금액을 지불하는 대신 미래에 그 올리브유 압착기를 미리 정해 놓은 낮은 가격에 사용할 수 있는 권리를 확보하였고, 결국 탈레스의 예상대로 그 해 가을 올리브가 풍작을 거두자 올리브유 압착기에 대한 수요 또한 폭발적으로 증가되어 어마어마한 이익을 거두었다는 것이다[81]. 이 이야기에 나오는 거래가 소위 얘기하는 선도(Forward)가 아니라 옵션(Option)임은 흥미롭다. 보다 근대적인 예로는, 1697년에 세워진 일본 오사카의 도지마쌀거래소(堂島米市場)에서 1710년부터 거래되기 시작했다는 미곡선물(Rice Futures)이 있다[159]. 19세기에 미국의 중서부(Midwest)에서 곡물의 거래에 대한 선도 및 선물(Futures)을 거래할 유인이 커지면서 영리를 목적으로 하는 여러 사적거래소들이 자생적으로 생기게 되는데, 1848년에 시카고상품거래소(Chicago Board of Trade; CBOT)가, 1872년에 후에 뉴욕상업거래소(New York Mercantile Exchange)로 개명하는 뉴욕버터치즈거래소(Butter and Cheese Exchange of New York)가, 1874년에 후에 시카고상업거래소(Chicago Mercantile Exchange; CME)로 개명하는 시카고생산거래소(Chicago Produce Exchange)가 설립되게 되었다. 그러다 1972년과 1973년에 걸쳐, 거래소 관계자들의 오랜 로비 끝에 금융에 대한 선물 및 옵션 장내거래가 미국에서 허용이 되면서[129, 147], 파생거래는 그 새로운 발전의 전기를 맞이하게 되었다. 머크(Merc)라는 애칭으로도 불리는 시카고상업거래소는 국제자금시장(International Money Market; IMM)이라고 불리는 유로달러 선물과 외환 선물을 거래할 수 있는 별도의 사업부를 1972년에 설립하였고, 시카고상품거래소는 S&P 500이나 다우존스지수와 같은 주가지수를 기초자산으로 하는 장내옵션 계약을 전문적으로 거래할 수 있는 시카고옵션거래소(Chicago Board Options Exchange; CBOE)를 1973년에 설립하였다. 이 1973년이라는 해는, 캘리포니아 어바인대학교(University of California, Irvine)의 수학과 교수였던 에드 소프(Edward Thorp) 같은 이들이 대외적으로 알리지 않고 구사하던 바닐라 옵션에 대한 동적헤징(Dynamic Hedging)에 대한 하나의 모델이 될 수 있는 결과를, 학계에 발표하지는 않았지만 자산가격결정모형(Capital Asset Pricing Model; CAPM)을 먼저 사용하고 있던 컨설팅회사 아서 디 리틀(Arthur D. Little)의 잭 트레이노(Jack Treynor) 밑에서 이를 배운

하버드대학교(Harvard University) 응용수학(Applied Mathematics) 박사인 피셔 블랙(Fischer Black)[1]과 시카고대학교에서 MBA와 박사학위를 받은 마이론 숄스(Myron Scholes)[2]가 블랙-숄스 공식을 학계에 발표한 해이기도 하다[89]. 이들의 논문이 모든 시장참가자들에게 알려지면서 옵션 시장의 규모가 폭발적으로 성장하였음은 의문의 여지가 없는 사실이다[137]. 또한 그 이후 유로달러 시장의 성장과 더불어 세계 장외파생거래의 중심지가 된 런던에서, 런던국제금융선물옵션거래소(London International Financial Futures and Options Exchange; LIFFE)가 1982년에 설립되어 오늘날에까지 이르고 있다. 한국에서의 본격적인 장내파생거래는 1999년 4월, 부산에 설립된 한국선물거래소에서 시작되었으며 그 첫 계약은 코스피200 선물과 옵션이었고, 그 이후 2004년 한국증권거래소와 합병되어 현재의 한국거래소 파생상품시장에 이르고 있다.

한국에서는 Derivatives를 파생상품으로 번역하여 부르는 경우가 많은데, 영어로 Derivatives Product를 번역한 것처럼 보여지나, 사실 Derivatives Product라는 표현은 영어에서 잘 사용되지 않는 표현으로서, 이보다는 그냥 Derivatives, 혹은 Derivatives Contract라는 표현이 좀 더 일반적이다. Derivatives Contract를 우리말로 번역한다면, 파생계약 혹은 파생거래라는 표현이 좀 더 그 실제의 의미에 걸맞는다.

---

1) 이후 그는 시카고대학교(University of Chicago), 매사추세츠공과대학(Massachusetts Institute of Technology; MIT)을 거쳐 골드만삭스(Goldman Sachs)에 1984년에 합류하여, 1995년에 죽을 때까지 그 곳에서 일했다.

2) 롱텀캐피탈매니지먼트의 파트너이기도 했던 그는, 블랙-숄스 공식을 독립적으로 거의 동시에 발표한 로버트 머턴(Robert C. Merton)과 함께 1997년 스웨덴중앙은행의 노벨을 기념하기 위한 경제과학분야의 상을 수상하는데, 그 해 롱텀캐피탈매니지먼트는 자신들의 레버리지를 견디지 못하고 주저앉으면서 세계금융시장을 크나 큰 위기로 몰아넣었다.

파생상품에서 '상품'이라는 말은 아마도 Structured Product, 우리말로 일반적으로 구조화상품이라고 번역하는 것에서 유래되었지 않나 싶다. 구조화상품은 금융옵션이 내재되어 있는 노트 혹은 채권을 나타내며, 보통의 일반투자자들도 투자를 할 수 있는 대상을 나타낸다. 소매의 평범한 일반투자자들까지도 손을 댈 수 있는 대상이라는 것을 강조하기 위해, 상품이라는 용어를 사용하여 이것이 쉽고 난해하지 않은 어떤 것임을 나타내고자 하는 것이다. 구조화상품은 파생거래의 작은 부분 집합으로, '상품'이라는 말로써 나타낼 수 없는 많은 측면이 파생거래에는 존재한다.

반면에 파생거래 혹은 파생계약이라고 번역을 하게 되면, 이것이 갖고 있는 역사적, 법률적 특성이 좀 더 잘 드러나게 된다. 장내거래이건 장외거래이건 이 파생거래는 기본적으로 두 거래상대방이 만나서 자신들의 의지에 의해 결정하여 거래를 수행하는 것이고, 이는 법적으로 계약의 형식을 가져 그 권리와 의무가 명확히 규정되어 있는 것으로서, 파생거래(혹은 파생계약)라는 용어가 사용될 때 좀 더 그 본질이 생략됨 없이 나타나게 된다고 보여진다. 표준화된 거래를 제공하는 장내파생의 경우, 일반투자자들이 접근할 수 있다는 그 성질상 위에서 얘기한 '상품'으로서의 측면이 있음에도 불구하고, 거래소에서 이를 '상품'으로 부르지 않고 '계약'으로 부르는 것에는 그만한 이유가 있다고 생각된다. 이에, 본 서에서는 일관되게 파생거래 혹은 파생계약이라는 표현을 쓰고, 파생상품이라는 용어는 지양하고자 한다.

장내파생과 장외파생에 있어서도 비슷한 논의가 행해질 수 있다. 일반적인 인식은 장내파생이 더 중요하고 그 규모도 더 큰 것으로 이해되는 듯한데, 한마디로 얘기하자면 이는 오해이다. 일단 그 규모면에서 장내파생은 장내파생과 장외파생을 합한 전세계 파생시장의 10% 정도에 불과한데, 그 크기를 보면 2008년에는 원금 기준 미 달러 58조, 그리고 2010년에는 75조달러인 반면, 장외파생은 2008년에는 673조달러, 2010년에는 583조 달러였다. 장내파생을 거래할 수 있는 선물거래소나 옵션거래소의 설립이 파생거래 시장의 발전에 미친 영향은 물론 작지 않으나, 새로운 금융혁신의 최전방으로서 항상 새로운 일이 벌어지는 곳은 장외파생시장(Over-The-Counter Market; OTC Market)인 것이다. 장외파생으로 거래되는 것들 중 표준화시킴으로써 얻을 수 있는 이익이 큰 일부 거래들의 경우만 거래소들이 장내파생계약화 하여 제공하게 되는데, 그간의 세계의 거래소의 역사를 보면 출시하는 모든 장내파생계약들이 항상 성공하는 것은 아니라는 것을 알 수 있으며, 이는 장내파생거래가 다룰 수 있는 영역이 한정적일 수밖에 없다는 하나의 증거라고도 볼 수 있다.

사실, 곰곰이 생각해 보면 모든 금융상품 혹은 금융거래가 다 파생거래이다. 가장 일반적인 증권으로 인식이 되는 주식과 채권조차도 그 원리를 생각해 보면 파생거래, 특히 옵션으로서의 성질을 갖고 있다. 먼저 주식을 보자. 주식은 그 정의상, 어떤 특정 법적 주체가 지고 있는 모든 부채를 다 제하고 남는 잔존이익으로서, 이것이 거래소에서 쉽게 거래될 수 있도록 요건을 갖추어 놓은 것이 바로 상장지분증권인데 보통 이를 그냥 주식이라고 부르게 된다. 회사의 경우 그 회사가 미래에 벌어들일 것으로 예상되는 현금흐름을 자산으로 인식하여 그 자산의 현재가치가 그 회사가 현재 지고 있는 모든 부채들을 제하고 남는 것이 있을 것이라는 인식하에 그에 가격을 붙여 거래를 하게 되며, 만약 그 미래에 벌어들일 것

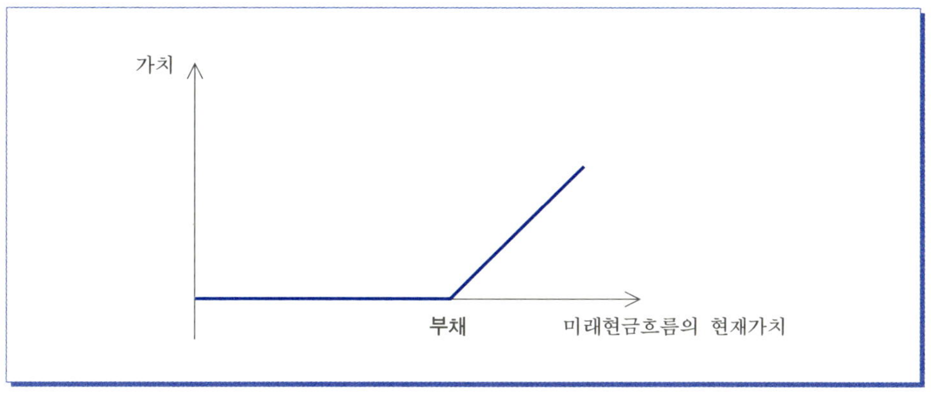

[그림 2.1] 콜 옵션의 롱 포지션으로 이해될 수 있는 주식의 가치

으로 예상되는 현금흐름들의 현재가치의 합이 이미 그 회사가 떠안고 있는 부채들의 가치보다 적을 경우 그 회사는 자신이 지고 있는 채무를 다 갚을 수 없게 되고, 따라서 그 잔존가치는 0, 주식의 가치가 0이 되는 상황이 벌어지게 된다. 이를 그림으로 나타내면 [그림 2.1]과 같은데, 이와 같은 지급그래프를 보이는 거래를 콜 옵션이라고도 부른다. 즉, 주식은 그 자산가치를 기초자산으로 하고 그 행사가격을 그 회사가 지고 있는 부채의 합으로 하는 콜 옵션이기도 하다는 것이다.

한편 채권의 경우는 어떠한가. 채권 소유자, 즉 돈을 회사에 빌려준 사람의 입장에서 보면 그 회사의 자산 가치가 자신들이 빌려준 채권의 가치보다 높은 경우에는 채권을 무사히 다 상환 받을 수 있지만, 그 회사의 자산 가치가 채권의 가치보다 줄어든 경우에는 채권의 원금을 다 돌려받을 수 없고, 극단적으로 회사의 자산이 0이 되어버리면 상환 받게 되는 금액도 0이 되는 그런 것으로서 이를 그림으로 나타내면 [그림 2.2]와 같아지는데, 이는 바로 풋 옵션의 지급그래프와 유사하다. 즉, 무위험자산을 매입한 것과 회사의 현금흐름에 대한 풋 옵션을 매도한 것을 결

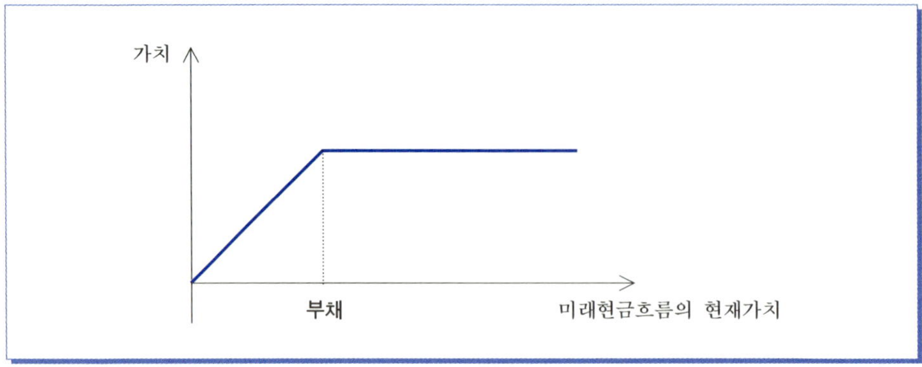

[그림 2.2] 풋 옵션의 숏 포지션이 포함되어 있는 채권의 가치

합한 것과 같다는 것이다. 이 주식과 채권의 두 가지가 다 파생거래의 성격을 갖고 있다는 것을 인식하는 것이야 말로 금융을 제대로 이해하는 출발점이 된다. 회사의 미래 현금창출능력의 불확실성을 기초자산으로 하여 파생거래를 하는데, 이를 장내화하여 좀 더 쉽게 거래되도록 만든 대상이 바로 주식이자 채권이라는 것이다.

사실, 결국 모든 파생거래는 다 이 콜 옵션과 풋 옵션의 조합으로 귀결이 된다. 콜 옵션은 미래의 시점에 기초자산을 미리 약정한 행사가격으로 살 수 있는 권리를 뜻하며, 풋 옵션은 미래의 시점에 기초자산을 미리 약정한 행사가격으로 팔 수 있는 권리를 뜻한다. 이 콜 옵션과 풋 옵션은 매수자와 매도자가 동시에 필요하며, 옵션의 매수자는 옵션에 대해 롱 포지션(Long Position)을 취하고 있다고 얘기되고 매도자는 옵션에 대해 숏 포지션(Short Position)을 취하고 있다고 얘기된다. 예를 들어 일반적인 선도 혹은 선물거래에 대한 롱 포지션은 동일한 기초자산에 대한 콜 옵션에 대한 롱 포지션과 같은 기초자산에 대한 풋 옵션에 대한 숏 포지션으로 이해될 수 있고, 이는 같은 기초자산에 대해서 선도, 선물, 그리고 옵션이 모두 거래가 되는 상황이라면 옵션 시장이 선도 및 선물 시장에 대한 하나의 경계조건으로 작용할 수도 있다는 것을 의미한다. 이뿐만 아니라, 디지털 옵션과 같은 것들도 콜 옵션과 풋 옵션으로 분해될 수 있고, 가장 원론적인 레벨에서는 애로우-드브루(Arrow-Debreu) 증권[3]과 같은 것도 이 콜 옵션과 풋 옵션의 조합으로 표현이 될 수 있다.

바로 앞에서 얘기한 모든 파생거래의 기본 단위를 콜 옵션과 풋 옵션으로 이해하는 것은 사실 일반적인 이해와는 조금 차이가 있겠다. 일반적인 이해란 원래 선도가 원시적인 형태로 존재하고 있었고, 그러다가 거래소가 발명이 되면서 선물이 개발되었고, 이후 옵션이 개발되었다고 얘기하는 것이다. 선도가 있은 후에 선물이 개발되었다는 것은 선물의 성질을 생각해 보건대 재론의 여지가 없는 그런 것이지만, 반면 선도, 선물이 개발이 된 후에야 옵션이 거래되기 시작했다는 일반적인 인식은 본 장의 탈레스의 예에서도 알 수 있듯이 그렇게 사실과 부합되지는 않는다. 이러한 전근대적인 형태의 옵션계약 혹은 옵션거래는 거래소가 설립되기 한참 전에도 실제로 거래가 되곤 했었는데, 물론 이 옵션을 매도하는 측은 달리 헤지할 수 있는 수단이 없어서 몇 년을 못 버티고 파산해 버리는 일이 비일비재하였고, 이에 따라 이 옵션거래는 금융시장에서 생각할 수 있는 가장 미천한 부류의 일로서 멸시 받았던 것이다. 선물과 선도의 충분한 유동성이 옵션 시장조성자들(Market Makers)의 헤징을 좀 더 원활하게 해주는 측면이 있음은 부인할 수 없고, 특히 기초자산에 공매도(Short Selling)

---

3) 미래의 특정 상태에서 한 단위의 누메레에(Numeraire)를 지급하고 그 이외의 상태에서는 아무것도 지급하지 않는 거래되는 계약 혹은 증권을 의미한다. 누메레에는 가치를 측정하는 기본 단위라는 의미의 프랑스어로서, 질량(Mass)에서 그램(Gram)이 의미하는 바를 금전에 적용한 것으로 이해할 수 있다. 쉽게 이야기하자면, 각국의 통화가 그 경제 안에서의 대표적인 누메레에이다.

에 대한 제한이 큰 경우는 그 선도와 선물 시장의 발전이 옵션 시장에 필수불가결한 요소임에는 틀림이 없지만, 그럼에도 불구하고 선물과 선도조차도 옵션의 포트폴리오로서 이해될 수 있다는 인식은 미래의 불확실성을 다루기 위한 수단으로서의 파생거래의 근원적인 정수에 좀 더 다가갈 수 있는 장점이 있다고 생각된다. 선도와 선물이 달성하도록 하게 해 준다는 불확실한 미래의 가격을 고정시킨다는 측면은 미래의 불확실성을 다루는 방법의 한 가지에 불과할 뿐, 꼭 거쳐야 하는 필수 코스는 아니라는 것이다. 오히려 파생거래보다도 더 오랜 역사를 갖고 있는 보험(Insurance)의 존재로부터도 알 수 있듯이, 나에게 불리한 경우에 대한 대비를 하여 나쁜 불확실성을 제거하고 좋은 불확실성은 남겨 놓는 것이 좀 더 일반적인 관행이기 때문이다.

파생거래의 근원적 본질이 미래의 불확실성을 다루기 위한 수단이라면, 파생거래의 거래적 본질은 바로 레버리지이다. 모든 거래에는 자본이 소요되는데, 현물 거래에 100%라는 자본이 소요된다면 선물 거래의 경우에는 거래소가 요구하는 증거금 비율만큼만 필요하게 되고, 대개 작게는 2%에서 많아도 10%를 넘지 않는다. 즉, 10%의 증거금만 요구된다면 선물 거래를 통해 나는 현물 거래 대비 10배가 되는 레버리지를 취할 수 있다는 말이다. 증거금이 아예 요구되지 않는 선도는 물론 말할 것도 없고, 옵션 또한 투기적 거래의 도구로 사용되었을 때 거둘 수 있는 투자자본수익률(Return On Investment; ROI)을 생각해 보면 그 내재적 레버리지가 어마어마해 질 수 있음을 쉽게 깨달을 수 있다. 좀 더 구체적으로 현재 가격이 100원인 기초자산이 있고 미래의 한 시점에 110원이 될 것이라는 견해를 내가 갖고 있다고 할 때, 기초자산 자체를 매입하는 현물

거래를 하면 내 투자자본수익률은 10%가 될 것이나, 만약 이 기초자산에 대한 선물이 거래소에서 거래가 되길 선물가격이 현물가격과 같은 100원이고 그 증거금률이 10%였다고 하면 그 때의 투자자본수익률은 100%가 될 것이고, 또한 옵션이 시장에서 거래가 되어 행사가격이 100원인 콜옵션을 내가 3원이라는 프리미엄을 지불하고 매입하였다면 내 투자자본수익률은 10원 나누기 3원한 것에서 다시 1을 뺀, 즉 233%라는 놀라운 수익률이 된다. 그래서 어떠한 의미에서는 옵션의 내재 레버리지가 제일 크고, 그 다음이 선물이고 레버리지가 걸려 있지 않은 것이 현물이라고 얘기할 수가 있다. 하지만 이는 옵션의 구체적인 조건에 따라서 달라질 수 있는 것이니, 가령 콜 옵션의 행사가격이 0원이라면, 이는 곧 현물과 동일한 것으로서 이 때는 레버리지가 전혀 없는 상태가 되기도 한다.

이 파생거래의 내재적 레버리지가 주는 함의(Implication) 중의 하나는, 오늘날 현대 사회의 진정한 화폐는 금도 아니고 지급준비금제도 하에서 통용되는 명목화폐(Fiat Money)나 이를 바탕으로 생성이 되는 신용(Credit)도 아닌 바로 파생거래 그 자체라는 점이다[93]. 전근대에 금과 같은 실물화폐(Commodity Money)만이 자본으로서 가치를 인정받던 시절이 있었고, 브레튼우즈 체제의 몰락 이후 석유 또는 미국의 신용에 의존하는 미 달러가 국제적으로 통용되는 자본의 역할을 담당해 왔다면, 현대 사회에서 이 파생거래를 논하지 않고서는 부의 생성을 논하기 어려운 지경에 도달한지 이미 오래되었다는 것이다. 단적으로, 보통의 국가의 발권력과 이에 기반을 둔 화폐발권차익(Seigniorage)은 세계 파생시장의 참가자(Player)들이 만들어내는 부의 규모와 비교해 보면 그 빛을 잃는다.

시장조성자의 입장에서 무차익거래조건에 의해 그 헤지가 상대적으로 훨씬 용이한 선도와 선물과 같은 소위 델타원(Delta-One) 거래들과는 달리, 옵션거래는 어떠한 모델을 필요로 하며, 앞에서 언급한 블랙-숄스 공식 같은 것이 그 모델의 한 예가 될 수 있다. 파생거래가 Derivatives로 불리는 것이 기초자산으로부터 파생된(Derived) 어떤 것이다라는 어원을 갖고 있다는 것이 통상적인 인식이지만, 초창기에는 특히 이 옵션의 가격결정모델을 만들던 수학자, 물리학자, 공학자들 사이에서는 그 수학적 모델을 유도해야 되는(Derived) 것으로서의 Derivatives의 의미가 적지 않았다고 한다[93]. 그러던 것이 그 이후 오로지 기초자산으로부터 파생된 어떤 것으로서의 파생거래의 의미만 남게 된 것을 보면 관습의 힘은 그저 놀랍기만 하다. 전세계 어느 국가의 금융전문가들에게 물어도 고개를 갸우뚱거리게 만드는 우리의 CRS[4]라는 용어가 그 한 예이다. 한국은행이 미국 연방준비위원회와 중국인민은행과 맺었다는 스왑계약을 외환스왑(FX Swap)이 아닌 통화스왑(Currency Swap)으로 부르는 것도 마찬가지이다.

옵션거래에 있어서 사실 모델은 알파가 아니고 오메가이다. 모델이 있고 이로부터 가격이 나오는 것이 아니라, 거래되는 가격이 먼저 있고 이를 바탕으로 하여 자기 나름대로의 모델을 가지고 다양한 일을 할 수 있다는 뜻이다. 가격이 유일하게 '객관적으로' 관찰할 수 있는 대상인데, 그 가격을 어떻게 해석할 것이냐의 문제를 서로 상충되는 여러 이론들을 가지고 접근해 볼 수 있다는 것이다. 가령, 원자재(Commodities)를 기초자산으로 갖는 선물 거래에서 통상적으로 발견되는 정상 백워데이션(Normal Backwardation), 즉 선물가격이 현물가격보다 낮은 '현상'을 환 선도에서는 명백하게 성립되는 무차익조건에 의한 선도가격결정이론으로 '설명'하기 위해서 편의수익

4) Cross Currency Swap으로서 약어로 쓸 때에는 한국을 제외한 모든 나라에서 CCS라고 쓴다.

(Convenience Yield)이라는 개념이 만들어 진 것이지, 편의수익이 있기 때문에 정상 백워데이션이 벌어지는 것이 아니라는 것이다. 이와 같이 객관적으로 관찰 가능한 대상과 그 뒤에 추상적, 주관적으로 존재할 수밖에 없는 이론 사이의 전후 관계가 혼돈되기 시작하면 많은 문제들이 나타나기 시작한다. 주식거래 분야의 소위 원론주의자들(Fundamentalist)들의 접근법인 가치가 우선하고 가격은 부차적이라는 사고방식이 이러한 혼란에 어느 정도 일조를 한 것인지도 모르지만, 사실 가격만이 객관적일 수 있고 가치는 필연적으로 주관적일 수밖에 없다.

콜롬비아대학교(Columbia University)에서 천체물리학으로 박사학위를 받고, 골드만삭스에서 피셔 블랙 밑에서 일했던 에마누엘 더만(Emmanuel Derman)은 이를 두고, 모든 금융과 관련된 위기와 혼란 뒤에는 모델과 이론(Theory)을 분간하지 못한 원인이 있었다고 지적하고 있다[101]. 모델은 기본적으로 주관적이며, 단순한 비유 혹은 은유(Metaphor)에 불과한 것으로서 당신이 이미 알고 있는 어떤 것으로 새로운 대상을 표현해 보고자 하는 시도라고 볼 수 있다. 반면에 이론은 세상을 움직이는 근본원리들을 발견하고자 하는 시도로서 이는 확인(Confirmation)이 필요하지만 그의 존재에 대한 정당화가 필요하지는 않은 어떤 것으로서 주관적이지 않고 객관적인 자체의 언어와 자체의 논리에 의해 세상을 기술하게 된다. 그에 의하면 재무론에서 이론이라고 칭해지는 대부분의 것들은 사실 모델에 불과할 뿐 이론일 수가 없는데도 불구하고 이론이라고 칭해지고 있고, 그러다 보니 이에 대한 맹신으로 인해 필연적으로 금융위기와 같은 것들이 발생되게 된다는 것이다.

물리학이나 수학 또는 공학을 박사 수준에서 공부한 사람들이 보기에 그

들이 알고 있는 이론들과 비교해서 재무론에서 얘기되는 모델들은 헛점이 너무나 많은 그런 대상이다. 예를 들어 맥스웰 방정식(Maxwell's Equations)이나 텐서 미적분학(Tensor Calculus), 또는 미분기하학(Differential Geometry)과 같은 것들이 갖는 그 완결성과 우아함을 느껴 본 사람 입장에서, 가령 자산가격결정모형(Capital Asset Pricing Model; CAPM)과 같은 것은 충격적일 정도로 단순하고 조악하다. 금융이론은 주관적이지 않고 과학적이라는 암묵적인 가정이 널리 퍼져 있지만 이 자산가격결정모형이 맞는가 틀리는가에 대해서 학계와 업계를 아우르는 금융분야 종사자 차원의 진정한 합의(Consensus)가 여전히 가까운 장래의 일이 아님을 생각하면, 세상은 이런 식으로 주관적이 되게 됨을 보게 된다.

간혹 받게 되는 질문 한 가지에 대답을 하면서 본 장을 마치려 한다. 파생거래와 보험이 결국은 같은 것이 아니냐는 질문이 그것이다. 좋은 질문이다. 선도와 선물보다는 옵션이 파생거래의 핵심임을 깨달은 질문일 수도 있겠다. 대답을 하자면, 겉모습은 비슷해 보이긴 하지만 속 내용물은 완전히 다르다가 되겠다. 무슨 소리인가 하면, 원하지 않는 불리한 미래 상태에 대한 대비라는 측면에서 둘 사이에는 공통점이 있지만, 보험회사가 보험계약을 취급하는 방식과 금융회사가 옵션을 취급하는 방식은 근본적으로 다르다. 보험회사는 소위 계리적(Actuarial) 모델에 의해 위험관리를 하게 되는데, 이게 무슨 소리냐 하면, 개별 보험계약의 보험금이 너무 커지지 않도록 제약을 가하고, 각각의 부보되는 항목들의 미래발생가능성을 과거의 통계적 데이터 및 모델에 의존하여 예측하고, 서로 무관할 것으로 믿어지는 각 개별 보험계약의 대상들 간의 낮은 상관계수에 의존하여 리스크 매니지먼트를 하는 방식이 그것이다. 물론 자신들이 생각하기에 그대로 다 떠안기에 부담이 되는 계약의 경우에는 신디케이션을 구성하기도 하고, 또 그러고도 부족하다고 느낄 경우에는 재보험사(Reinsurer)와 재보험계약을 맺어 자신들이 통제할 수 있다고 느낄 수 있는 수준의 리스크로 전환시키기도 한다. 궁극적으로 보험회사들이 보험계약의 리스크를 관리하는 방식은 한 마디로 얘기하자면 다각화(Diversification)의 효과를 극대화하는 것으로서, 하나의 개별 계약의 보험금 지급 여부는 전혀 불확실하지만, 이러한 보험 계약이 수십만, 수백만 건이 되면 이의 평균적 보험금은 통계적 수단에 의해서, 물론 그 대상이 통계적으로 안정하다는 가정이 있어야 하지만 충분히 통제 가능하다는 경험에 기반을 두고 있다. 쉽게 얘기해서, 다수의 비슷한 것을 깔고 앉음으로써 그 불확실성을 통제하고자 하는 방식인 것이다.

반면에 금융회사가 옵션을 취급하는 방식은 한 마디로 얘기하자면 동적헤징(Dynamic Hedging)이다. 금융옵션이 거래되게 되면 여러 가지 시장변수들에 대한 노출(Exposure)이 생기는데, 가령 그릭(Greek)이라고 총칭되는 델타(Delta), 감마(Gamma), 베가(Vega), 세타(Theta), 로(Rho), 바나(Vanna), 볼가(Volga) 혹은 봄마(Vomma) 등과 같은 것들이 그것이고, 이에 대한 노출을 다른 종류의 금융상품을 매 순간 거래하여 없애 버리는 것이다. 또한 다수의 옵션을 동시에 거래하다 보면, 그릭상 서로 상쇄(Netting)되는 부분이 생기게 되고, 같은 종류의 옵션을 한 거래상대방으로부터는 사고 다른 거래상대방에게는 팔게 되어 그 거래상대방들에 대한 신용위험을 무시한다고 한다면 리스크를 완전히 제거하게 될 수도 있다. 옵션을 매도할 때 받게 되는 프리미엄은 그 금융회사가 채용하고 있는 옵션가격결정모델에 의해 예측된 동적헤징 시 소요되게 될 비용으로서, 그 옵션프

라이싱모델이 실제와 동떨어져 있거나 동적헤징의 방식에서 기본적으로 가정되는 기초자산가격의 변동이 급격하지 않고 연속적이라는 가정이 위배되거나 할 경우 불측의 손실을 입을 수밖에 없는 만만치 않은 리스크에 실제로 노출된 채로 운영하게 된다. 이 동적헤징을 수행하는 자는 기초자산의 가격이 어떠한 방향성으로 움직일 것인가와 그 기초자산이 미래의 시점에 어떠한 확률로 어떤 가격을 갖게 될 것인가와 같은 문제는 전혀 개의치 않고, 계속 매 순간 어찌 보면 기계적으로 자신에게 주어져 있는 그릭에 대한 노출을 끊임없이 회피해 가는 방식으로 리스크를 관리한다. 이 과정은 절대 무위험이 아니고, 실제로 동적헤징을 한다고 해서 모든 리스크를 완벽하게 없앨 수도 없는, 그래서 이 옵션 북을 운용하도록 임무를 부여 받은 옵션 트레이더들의 고민과 땀과 그리고 마지막으로 가장 결정적일 수도 있는 운을 필요로 하는 그런 것이 되겠다.

아이러니한 점은, 금융회사가 보험회사의 계리적 접근법으로 파생거래에 접근하다 망하기도 하고, 보험회사가 금융옵션 거래를 보험으로(의도적으로) 오인하여 망하기도 한다는 점이다. 그들이 보기에 둘은 다르지 않은 것으로 보인 모양인데, 그들이 같은 결말을 맞이하게 된 것이 놀랍지가 않다.

CHAPTER 3

투자, 투기, 헤지

투자(Investment)라는 말은 우리나라에서 상당히 긍정적인, 적어도 부정적이지는 않은 단어로 인식이 된다. 투자란 고귀한 것이고, 대중이 보지 못하는 지혜를 필요로 하며, 남들이 아니라고 할 때 실행에 옮길 수 있는 결단력이 요구되는 그런 것으로서 그려지기도 한다. 언론과 금융회사들은 투자자 보호의 중요성을 언제나 소리 높여 외쳐 부른다. 주식 투자를, 새로운 비즈니스 아이디어를 갖고 이를 실현시키려는 창업자들과 사업가들, 그리고 건실한 기업들의 자금 조달을 (간접적으로) 도와주는 숭고한 행위로 찬양하기도 한다. 다행히, 부동산 투자에 있어서는 아직은 그러한 미사여구를 발견해 내지 못한 것 같다. 아무튼 투자라는 단어는 긍정적인 의미로 사용이 된다.

영어로 Speculation, 우리말로 투기 혹은 투기적 거래로 번역되는 단어

가 있다. 영어에서는 확실치 않은 일에 리스크를 건다는 정도의 의미로 이해되고 약간의 부정적인 의미가 없진 않지만 그렇다고 완전히 부정적이지만은 않은 의미로 사용이 되는 반면, 우리말로 투기는 어떻게 보더라도 긍정적인 이미지를 찾아 볼 수가 없는 것으로 인식이 된다. 경우에 따라서는, 투기를 도박(Gamble), 돈 걸기(Bet), 내기(Wager)와 동일한 것으로 간주하기도 한다. 상대방의 행위에 대해서 혐오감을 드러내기에 딱 알맞은 그런 단어이다. 부동산 투기, 환 투기, 이렇게 불렀을 때는, '당신이 하고 있는 일은 도덕적으로 옳지 못하다'는 라벨 붙이기를 하고 있는 것이다. 그리고 주식 투기라는 말은 무언가 낯설게 들린다. 주식을 가지고 투기를 하는 사람이 없을 리가 없을 텐데, 이들조차도 대외적으로는 자신들은 주식 투자를 하지 주식 투기를 한다고 이야기하지 않는다. 무언가 '내가 하면 로맨스고 남이 하면 불륜이다'라는 식의 일이 벌어지고 있는 느낌이 든다.

여기에, 헤징(Hedging)이라는 것이 있다. Hedge는 원래 울타리라는 단어이고, 사전적으로 '피하다', '대비하다' 등의 의미를 갖고 있는데, 이것이 금융분야에서는 리스크를 줄이는 행위로 이해된다. 헤징은 특별히 긍정적이지도 않고 특별히 부정적이지도 않은 의미를 갖고 있고, 리스크를 줄이고자 하는 행위는 적어도 어쨌거나 합법적이다라는 한 마디로 중립적인 의미를 갖고 있는 듯하다. 그런데 막연하게는 헤징이 어떤 것이라고 얘기를 하는데, 구체적으로 좀 더 정밀하게 어떤 행위가 정말 헤징이냐 아니냐를 따지고 들어가게 되면 천차만별의 대답이 돌아온다. 그리고 어떤 기업들의 경우 헤징 목적으로 파생거래를 했다고 하는데 나중에 보면 그 손실이 너무나 커 무언가 옳지 않은 느낌을 지울 수가 없다.

잠깐, 누구나 아는 물질의 상태 얘기를 해 보겠다. 물질은 고체, 액체, 기체의 세 가지 상태를 갖고 있으며 극히 예외적인 경우를 제외하고, 지금 이 앞에 있는 상태가 고체 상태인지 액체 상태인지 아니면 기체 상태인지를 구별 못하는 사람은 없다. 그리고 이에 관해서 사람들 사이에 의견이 일치하지 않아서 논란이 되지도 않는다. 누구라도 인정하고 동의할 수 있는 정의와 원칙이 정립되어 있고 이를 바탕으로 일치된 판단을 내릴 수 있기 때문이다. 한편, 현재의 투자와 투기와 헤징과 관련된 판단은 이와는 완전히 동떨어진 그런 모습이다. 어떤 행위가 투자이면서 투기라든가, 또는 투기이면서 동시에 헤징이라는 식의 '귀에 걸면 귀걸이, 코에 걸면 코걸이'와 같은 얘기는 어떤 측면으로도 도움이 되지 않는다. 각 단어가 갖고 있는 긍정적, 부정적, 중립적 함의를 생각하면 더더욱 그렇다.

그래서 이 단어들의 정의를 찾아보았다. 물리학의 역학(Mechanics) 분야를 예로 들자면, 그 서두에서 제일 처음 행해지는 것은 질량(Mass)이라는 것을 어느 누구에게도 혼동되지 않도록 엄밀하게 그리고 정확하게 정의하는 것이다. 그리고 이를 어떻게 정확하게 측정할 것인가의 문제로 넘어간다. 마찬가지로, 투자나, 투기, 그리고 헤징과 같은 단어들이 실제로 어떻게 정의되어 있는지를 아는 것은 이와 관련된 모든 문제들의 출발점이다.

기업재무의 표준적인 교과서[155]를 찾아보면 다음과 같이 정의되어 있다.

i) 헤징은 회사의 리스크에 대한 노출을 파생거래를 통해 줄이는 것이다.

ii) 투기는 회사의 리스크에 대한 노출을 단순히 변경시키거나 심지어는 늘리는 것이다.

무슨 의미인 지는 짐작은 할 수 있는데, 이를 가지고 위에서 우리가 고민했던 내용을 다 해결할 수 있을 것 같지는 않다. 그리고 투자에 대한 정의는 찾을 수가 없었다.

그래서 이번엔 투자론에 대한 표준적인 교과서[90]를 찾아보았다. 헤징은, 어떤 특정한 리스크의 원인에 대한 노출을 상쇄시키는 지급 패턴을 갖는 자산에 투자(Invest)하는 것이라고 정의되어 있다. 그러면서 보험 계약은 명백한 헤징 수단이 될 수 있다고 언급하고, 또 다른 곳에 공식적인 정의를 내리기를, 헤징은 특정 리스크의 원인을 상쇄시키는 기술(Technique)을 의미한다고 되어 있다. 그리고 투기에 대해서는 투자수익률이 무위험이자율보다 큰, 즉 양의 리스크 프리미엄을 획득하기 위해 그에 상당하는 비즈니스 리스크를 지는 행위라고 정의되어 있다. 그러면서 도박에 대해서도 정의해 놓았는데, 도박은 확실하지 않은 상황에 돈을 거는 것으로서, 이 도박과 투기의 핵심적 차이는 도박은 아무런 목적 없이 리스크를 지는 것인 반면, 투기는 그 투기자(Speculator)가 보기에 리스크와 리턴 사이의 유리한 교환(Favorable Risk-Return Trade-Off)이 있다고 보아 그 리스크를 지는 것이라고 설명하고 있다. 그리고 제일 놀랍게도 투자에 대한 정의는 여기서도 찾을 수가 없었다.[1)] 책 제목이 투자, 즉 Investments 이건만 그 Investment가 무엇인지는 정의되어 있지 않은 것이다. 너무나 당연한, 굳이 정의할 필요조차 없는 그런 것이라고 생각했을지도 모르겠지만, 이런 느슨한 태도가 많은 혼란을 가져오게 되는 것이다.

위의 정의들이 표현은 다르지만 사실은 아무런 문제없이 일치된 판단

1) 의심스러운 독자가 있다면 그 교과서 말미에 있는 주제 인덱스(Subject Index)를 찾아보기 바란다.

을 하게 해 준다고 주장하는 독자들이 있을지도 모르겠다. 그래서 몇 가지 경우를 상정해 보겠다. 최적헤지비율(Optimal Hedge Ratio)이라는 것이 있다. 현물자산이 있고 이를 선물(Futures)로 헤지하고자 할 때, 이 현물자산과 선물거래를 합친 포트폴리오의 리스크, 즉 분산을 최소화하는 선물계약의 수를 구하고 이를 현물자산의 양으로 나눈 것을 의미하며, 최소분산헤지비율(Minimum Variance Hedge Ratio)이라고 불리기도 한다. 그 식은 아래 식 (3.1)과 같다.

$$h = \rho\frac{\sigma_{spot}}{\sigma_{future}} \tag{3.1}$$

여기서 ρ는 현물과 선물 사이의 수익률의 상관계수를 나타내며, σ_{spot}은 현물의 수익률의 변동성을, σ_{future}는 선물거래의 수익률의 변동성을 나타내고, h는 현물자산의 수량 대비 선물거래의 수량의 비율로서 이것이 1이라면 현물자산의 수량만큼 선물거래의 수량을, 이것이 0.5라면 1이라는 현물자산의 수량에 대해 0.5만큼의 선물거래의 수량을 취해야 한다는 의미이다.

선물의 만기시점이 도래하면 선물의 가격과 현물자산의 가격은 일치하게 되어 있다. 그 선물거래가 기초로 하고 있는 자산이 바로 그 현물자산이라면 말이다. 그런데 그 만기일이 오기 전에는 어떠한 이유에서건 그 선물가격이 현물가격과 상당히 유리될 수가 있다. 물론, 이것이 어느 한도를 넘어서게 되면 소위 현물시장과 선물시장에서 동시에 활동을 하는 현선물차익거래자(Spot-Futures Arbitrageur)의 개입에 의해 줄어들기는 하지만 말이다. 그래서 경우에 따라서는 현물의 변동성이 선물의 변동성보다 (물론 역사적 실현변동성에서 그러하다는 뜻이다) 상당히 크게 나타날 수가 있고, 그 둘 사이의 역사적 실현상관계수가 1에 어느 정도 근접하는 상황 하에서 이 최적헤지비율은 1을 상회하는 값이 계산되기도 한다. 그래서 이 최적헤지비율이 1.5가 나왔다면, 현물은 1개만 있는데 선물 매도는 1.5개를 해야 되는 일이 벌어진다. 그런데 이론적으로 변동성의 기대값을 최소화한다는 이 비율대로 헤지를 하고 나면, 막상 그 선물거래의 만기일에 나는 1.5배 더 큰 포지션을 들고 있게 되어 결과적으로는 50%에 해당하는 현물자산에 대한 숏 포지션에서 발생되는 손익을 내가 감내해야 한다. 이 경우 나는 헤지를 한 것인가 아니면 투기를 한 것인가. 헤지를 한다고 했는데, 결과적으로 투기가 된 것인가 하는 대답하기 어려운 질문이 생긴다.

사실, 위의 최적헤지비율은 선물의 기초가 되는 자산이 내가 헤지하고자 하는 현물자산과 비슷하지만 꼭 같지는 않은 경우에 좀 더 의미가 있는 식이다. 가령 내가 노출되어 있는 리스크는 국내에서 판매되는 휘발유 가격인데, 이에 대한 파생거래는 찾기 어렵기 때문에 대신 서부텍사스중질유(West Texas Intermediate; WTI)에 대한 선물거래를 가지고 이를 헤지하고자 할 때, 둘 사이에는 선물의 만기일에 조차 일치한다는 보장이 없고, 따라서 위의 식 (3.1)과 같은 것에 의존을 해 보게 되는 것이다. 그러나 뒤의 장들에서도 나오게 되겠지만, 상관계수에 기반을 둔 그 모든 것들이 그러하듯이 위의 최적헤지비율이 지시하는 대로 한다고 해서 내가 원하는 만큼의 충분한 헤지 결과를 얻을 수 있는 가는 참으로 복걸복인 그런 문제다.

또 다른 예를 들어 보자. 최근의 금융 혁신의 최전선에는 고주파거래

(High Frequency Trading; HTF)라는 것이 있다. 과거에, 가령 1950년대의 미국의 예를 들자면, 주식의 평균 보유 기간은 6년 정도였으나 이것이 점점 짧아져서 2000년대에는 6개월 정도에 불과하게 되었다[181]. 또한 1960년대에는 미국 주식시장의 85%가 개인들에 의해 소유되는데 그 의미는 독립적인 다수의 견해들이 만날 때 가장 발휘된다고 알려져 있는 집단적 지혜(Collective Wisdom)의 모습을 주식시장이 가졌다는 뜻이다. 반면, 현재는 그 비율이 채 3분의 1이 안 되는 수준으로서 대부분의 주식이 금융회사에 의해 소유되어 있는 상황이 되었다[130]. 최근의 금융기관의 주식 거래는 자동전달시스템(Direct Market Access; DMA)이라는 방식을 통해 다른 일반투자자들이 거래할 수 있는 시간보다 훨씬 짧은 시간 안에 그들의 거래를 완결시킬 수가 있고[116], 일반투자자들은 전혀 접근할 수 없고 이의 존재조차도 잘 알려져 있지 않은 숨겨진 거래소(Dark Pool)가 존재하여 금융회사들끼리만 주식을 사고 팔 수 있는 장치도 합법적으로 운영이 되고 있는 상황이다[149]. 이러한 상황에서 동일한 주식 혹은 파생거래를 하루에도 몇 번씩 매수했다가 매도하는 등의 극단적으로 짧은 주기의 거래를 통하여 수익을 창출하려는 거래 전략을 택하는 금융회사들이 계속 늘어나고 있는 추세이며, 이러한 거래 방식을 고주파거래라고 부른다. 미국은 주식 거래의 50%에서 70%정도가 이 고주파거래에 의해서 발생되고 있고 유럽도 40%에서 50%정도가 고주파거래일 정도로[66], 이미 도저히 무시할 수 없는 규모로 성장하였다.

이러한 고주파거래 방식을 택하고 있는 금융회사들은 투자를 하고 있는 것인가, 아니면 투기를 하고 있는 것인가? 앞에서 우리는 투자에 대한 간단한 정의조차 발견할 수가 없었기 때문에 투자인가 아닌가를 여기서 판단하는 것조차 어려움이 있었다. 하지만 투기는 어떤가. 이 고주파 거래는 객관적으로 보기에 투기라는 견해가 있다고 할 때, 이러한 전략을 구사하는 헤지펀드가 있어 그 헤지펀드에게 자본을 공여하는 행위는 어떻게 보아야 하나. 그 헤지펀드에 잠금기간(Lock-Up Period)이 있어, 가령 3년 동안은 내가 공여한 자본을 빼 갈 수가 없도록 설정되어 있다면? 이게 헤지펀드가 아니고 일반적인 자산운용사가 제공하는 뮤츄얼펀드(Mutual Fund)라면? 점점 애매해진다. 한편, 헤지라고 얘기할 수 있는 부분은 없는가. 특히 이 고주파거래와 통계적 차익거래(Statistical Arbitrage)가 접목되어 시현되게 되면, 매 거래 자체를 다 헤지로 볼 수 있는 측면이 생기게 되는 것은 아닐까. 앞의 느슨한 정의를 갖고는 대답하기 절대로 쉽지 않은 상황이다.

이에, 저자는 이 장에서 이들을 한번 좀 더 엄격하게 정의해 보고자 한다. 아마도 본 저자의 정의도 뭔가 구멍이 새는 부분이 있을 것이다. 이것만이 최선의 것이라고 주장할 생각은 물론 없다. 다만, 본인의 시도가 좀 더 이 문제에 대해서 진지하게 고민을 시작하는 하나의 계기가 되기를 바랄 뿐이다. 이후, 다른 책이나 논문 등에서 이 문제에 대한 또 다른 생각 혹은 응답을 찾게 된다면 무척 고무적인 일일 것 같다.

투자냐, 투기냐 아니면 헤지냐는 것을 정의하기에 앞서 다음 세 가지를 먼저 주지시키고자 한다.

첫째, 모든 것은 거래(Trade)라는 것이다. 거래가 없다면 투자든, 투기든, 헤지든 그 어느 것도 발생될 수 없다. 트레이딩이라는 용어를 쓰는 것도 가능할 것 같다. 파생거래에 대해서, 특히 선물과 같은 것에 대해서 미래의 가격에 대한 집합적 전망과 같은 기능이 있다고 얘기하기도 하는

데, 거래가 수반되지 않은 전망은 사실 글자 그대로 무용지물이다. 내년도의 국내총생산(Gross Domestic Product; GDP)이 몇 퍼센트가 될 것이라고 얘기하는 것이나, 주식을 보유하고 있지 않은 채로 주식시장이 어떻게 될 것이라고 전망하는 것은 맞건 틀리건 아무도 신경 쓸 이유가 없는 말장난에 불과하다. 한국 국가대표 축구팀이 다음 월드컵에서 어떠한 성적을 거둘지 술자리에서 왈가왈부하는 것과 다를 것이 없다. 반면 유일하게 이러한 전망이 의미를 갖게 되는 상황은 그 전망에 내 자본의 손실 혹은 증대가 달려 있는 경우이다. 내 지분(Stake)을 걸고 거래를 일으키게 되면, 그 거래로부터 그 거래에 달려 있는 미래의 불확실성에 대한 내 주관적 확률(Subjective Probability) 혹은 전망(View)이 객관적으로 드러나게 된다. 실제의 투자와 투기와 헤징은 모두 이 영역의 일이다.

둘째, 투자와 투기와 헤징이 서로 상호배타적인(Mutually Exclusive) 것이 되도록 하겠다는 것을 밝히고 싶다. 무슨 이야기냐 하면, 어떤 것이 투자이면서 동시에 반쯤은 투기라든지, 또 다른 어떤 것이 헤징이긴 한데 동시에 3분의 2쯤의 투기적 요소도 있다든지 이런 결과가 나오게 하지는 않겠다는 뜻이다. 지금 현재의 상태가 딱 이러하다. 이래서는 달라질 것이 없다. 고체면 고체, 액체면 액체여야지, 고체이긴 한데 액체도 좀 될 수 있고, 이런 식으로 얘기하는 것은 정말이지 도움이 되지 않는다.

셋째, 거래에는 시간이라는 좌표축이 있다는 점을 지적하고 싶다. 어떤 거래 방식은 가령 고주파거래와 같은 것은 굉장히 짧은, 심지어는 채 1초가 되지 않는 보유기간을 갖는다. 한편, 반대의 극단에는 사모주식펀드(Private Equity Fund)나 벤처캐피탈(Venture Capital)과 같이 평균적으로 5년 이상은 보유한 채로 가져갈 수밖에 없는 경우들도 존재한다. 그 중간에 헤지펀드, 뮤추얼펀드, 인덱스펀드, 개별 주식, 파생거래 등, 거래의 종류에 따라 다양한 보유기간상의 스펙트럼이 나타나게 될 것이다. 이 시간이라고 하는 축은 필자가 보기에 투자냐, 투기냐, 아니면 헤지냐를 판단할 때 그렇게 결정적인 요소는 아닌 듯하다. 하지만 일종의 참고자료 정도는 될 수 있을 것 같다. 가령 투자가 신성한 것이라고 주장하는 사람들에 의하면 투자는 그 보유기간이 장기인 경향이 있다고 간주하고, 그것을 바람직한 것으로 여기기곤 한다. 그런데 그러면 얼마나 장기의 기간이어야 투자가 되는가의 질문은 정답이 있기 어려운 질문으로 보인다. 한편, 투기는 일반적으로 단기의 보유기간을 갖는 경향이 있지만, 부동산 투기 같은 경우는 상당히 장기의 보유기간을 갖기도 하니 이를 일반화시키기는 곤란해 보인다. 그리고 헤징은 대상에 따라서 단기일 수도 있고 장기일 수도 있다.

앞에서 한 얘기들을 하나의 그림으로 정리하면, [그림 3.1]과 같은 것이 된다. 일종의 극 좌표계(Polar Coordinate System)와 같은 것을 생각하면 될 것 같다. 나중에 거래의 규모라는 또 하나의 축을 추가하여 일종의 3차원 원통좌표계(Cylindrical Coordinate)로 확장할 여지도 있다. 보유시간은 반지름 r로서 표현이 되고, 그 시간이 짧을수록 원점에 가깝게 위치하고 길수록 원점으로부터 멀어진다. 한편 각도는 연속적이지 않고 3개의 값만을 갖는 이산좌표(Discrete Coordinate)가 되고, 따라서 일종의 삼진법(Ternary System)이라고 생각하면 되겠다. 모든 거래는 [그림 3.1]에 있는 세 개의 축, 즉 헤지축, 투자축, 투기축 중의 하나의 위에 놓이게 된다. 거래에 있어서의 삼위 일체(Trinity)로 생각해 볼 여지도 있다. 투자, 투기, 헤지는 각각의 형태로 나타나나 결국은 다 하나, 거래라는 것이다.

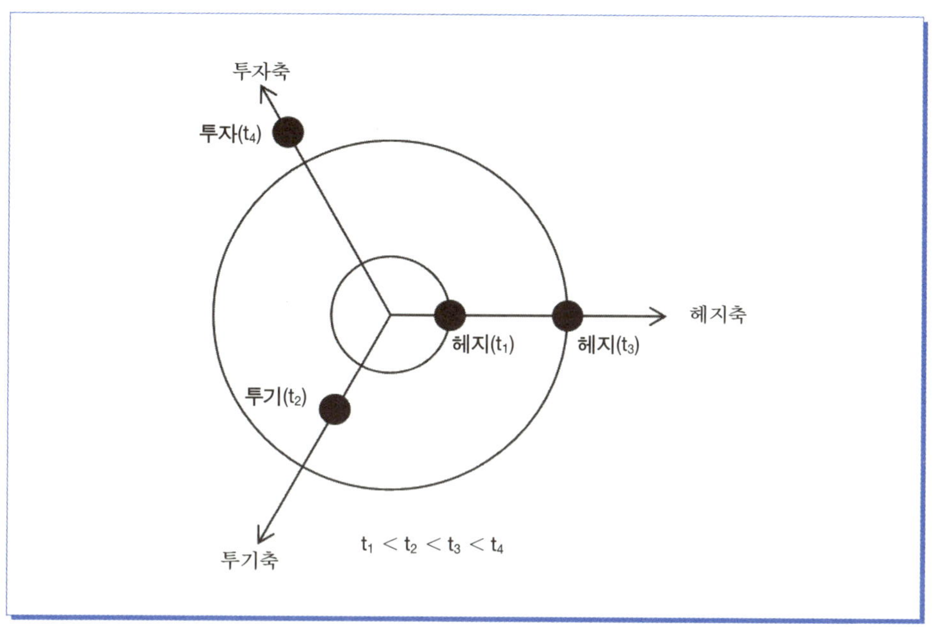

[그림 3.1] 거래라고 하는 우주를 투자, 투기, 헤지로 나눈 좌표계

이제, 이들을 정의하도록 하겠다. 우선 헤징을 살펴보자. 첫째, 어떤 거래가 헤징이 되기 위해서는 헤지를 하고자 하는 대상이 존재하고 있어야 한다. 이 너무나 뻔해 보이는 조건이 명시적으로 주어져 있는 것만으로도 파생거래 관련된 실제 실패 사례들을 다루는 후속 장들에서 좀 더 구체적으로 드러나겠지만, 많은 혼란을 없앨 수 있다. 아주 간단하다. 가령 금이 생길 리도 없고 금을 줘야 할 이유도 없는 어떤 회사가 갑자기 금과 관련된 어떤 파생거래를 하였다. 이것이 투자냐, 투기냐의 문제는 후에 이들을 정의한 후에 살펴 볼 일이지만, 적어도 일단 금에 관련된 리스크에 노출이 된 부분이 없다는 사실만으로 이것은 헤징은 아니라고 판단할 수 있다.

둘째, 헤징 목적의 거래의 거래 원금이 헤지하고자 하는 대상의 원금보다 작거나 같아야 한다.[2] 가령 당신이 옥수수생산업자이고, 당신이 1년 동안 생산해 낼 옥수수의 양이 10만톤인데 옥수수선물을 매도하기를 14만톤을 했다면 이건 헤징이 아니라는 것이다. 10만톤까지는 헤징으로 인정해 줄 수 있지만, 전혀 노출된 리스크가 없는 4만톤의 익스포저가 생겼는데 이는 헤징으로 볼 방법이 없다는 것이다. 헤징으로 볼 수 없는 요소가 단 하나라도 있다면, 그 자체로 전체의 거래는 합법적인 헤징이 될 수 없다는 것이 하나의 보조정리(Lemma)라면 보조정리겠다.

셋째, 헤지하고자 하는 대상의 포지션 방향과 헤지 목적의 거래의 포지션 방향이 서로 반대여야 한다. 가령 내가 팔라듐을 수입해야 하는 자동차회사인데 따라서 내가 헤지하고자 하는 대상에 대해서는 숏 포지션을 갖고 있게 되고,[3] 따라서 어떤 거래가 헤지가 되기 위해서는 이 팔라듐에 대해서 롱 포지션을 가져야 한다는 것이다. 이 뻔한 얘기에 반하는데도 헤지라고 주장하는 경우들을 이제 뒤의 장들에서 만나게 될 것이다.

마지막으로, 헤지하고자 하는 대상의 기초자산과 헤지를 목적으로 하는 거래의 기초자산이 정확히 일치하여야 한다. 이 네 번째 조건은 약간의 논란의 소지가 있고, 필자도 이 조건을 포함시키는 것이 과연 필요한 것인지에 대해서 꽤 고민을 했다. 하지만 결론적으로 조금 더 엄격한 조건을 내세움으로써 잃게 되는 것보다 이러한 조건이 주어져 있지 않을

---

2) 파생거래에 있어서 원금이라고 하는 개념은 사실 상당히 임의적이다. 여기서 사용한 원금이 같아야 한다는 말은 일반적인 선도, 선물, 스왑, 옵션에 대해서 그러하다는 것이고, 파생거래의 지급공식에 레버리지가 내재되어 있다든지 하는 경우에는 원금이 비교의 대상이 되기보다는 그 델타를 보고 판단해야 할 수도 있을 것이다. 이렇게 얘기하면 모호해 보이지만, 실제 케이스가 주어지면 원금 관련된 부분을 판단하는 것은 생각보다 쉽고 자명하다.

3) 미래의 팔라듐 가격이 올라가면 나는 손해가 커지고 반대로 내려가면 이익이 커지게 됨을 인식하면 된다.

때 생길 수 있는 혼란이 더 클 것이라는 판단 하에 이렇게 정하였다. 이것이 문제가 되는 경우는, 내가 헤지하고자 하는 대상에 정확히 대응되는 거래가 존재하지 않아서 어쩔 수 없이 어느 정도 연관성이 있는 다른 것으로 헤징을 시도하는, 소위 대리헤징(Proxy Hedging)의 경우이다. 위에서 든 휘발유와 서부텍사스중질유와의 관계가 그 한 예가 될 수 있겠고, 조금 더 아슬아슬한 예로서 삼성전자에 대한 노출을 코스피200 선물로 헤징하려고 시도하는 것 같은 것이 있을 수 있다. 이러한 경우에 대해서 너무 관대해지면, 어떤 거래가 헤징이냐 아니냐에 대한 판단 자체의 의미가 흐려질 수 있다고 보았다. 공식적으로 헤징으로 분류는 되지 않는다고 하더라도, 기업과 금융회사는 충분히 자신들이 책임을 질 수 있는 범위 내에서 투자 혹은 투기를 수행할 수 있을 것이고, 따라서 의도는 헤징이나 피치 못하게 헤징으로 분류되지 못하는 거래들이 헤징을 의도한 투기라는 식으로 이름 붙는다고 해서 크게 문제될 것은 없을 것 같다. 궁극적으로 모든 거래는 어떠한 이익을 보기 위해서 일으키는 것이니까 말이다.

위의 네 가지 기준을 가지고 다음의 조금은 난해한 경우들에 대해서 어떻게 판단을 내리게 될지 한번 보도록 하자. 당신은 구리를 생산하는 광산업자이다. 향후 1년 동안 생산될 것으로 예상되는 구리의 양은 5만톤, 당신은 1년 만기의 구리에 대한 5만톤 만큼의 콜 옵션을 매도하여 약간의 프리미엄을 수취하였다. 이것이 헤지일까. 위의 네 가지 기준을 차례대로 적용해 보자.

i) 실제 익스포저가 있고,

ii) 그 원금이 실제 익스포저 이내이고,

iii) 방향이 반대이고,

iv) 기초자산이 일치한다.

따라서 이 구리 콜 옵션 매도는 헤지가 아닐 이유가 없고, 이러한 익스포저 이내의 옵션 매도는 헤지로 간주하는 것이 마땅하다[62, 95]. 다른 측면에서 보더라도 구리에 대한 선도를 매도하는 것은 위의 네 가지 기준을 적용하든 아니면 통상적인 기준으로 보든 헤지가 아니라고 얘기할 사람은 없을 터인데, 이 콜 옵션 매도와 구리 선도 매도를 비교했을 때 잘못된 경우, 즉 구리가격이 급격히 올라간 상황에서 콜 옵션 매도가 구리 선도 매도와 비교해서 더 나쁠 것이 없다. 오히려 처음에 수취한 옵션 프리미엄만큼 더 낫다고 볼 수 있다는 점도 이것이 헤지가 아닐 이유가 없다는 데에 한 몫 기여를 하게 된다.

이번에는 당신이 일본에 수출을 하는 수출업자로서 1억엔의 대금을 6개월 뒤에 받기로 되어 있는데, 옌-원 환율에 대한 하락이 우려되어 옌풋/원 콜 옵션을 1억엔만큼 구입하였다. 이것은 헤지일까. 위의 네 가지 기준을 적용해 보면 문제없이 헤지로 판명이 되고, 상식적으로 판단을 해보아도 당연히 헤지로 판단을 하게 되는 이 옵션 매입에 대해서, 놀랍게도 헤지가 아니라 투기라고 얘기하는 책들과 논문들이 간혹 있다. 이들의 논지는, 헤징은 리스크를 제거하는 것이고, 리스크는 변동성인데, 옵션 구입을 통해서는 리스크가 완전히 제거되지 않고 일부 남게 되므로, 이는 헤징이 아닌 투기다라고 주장하는 것이다. 이들에게 있어서, 헤징의 유일한 도구는 선도, 선물, 그리고 바닐라 스왑만 있게 되고, 그 외의 모든 거래는 다 투기의 도구가 되는 것인데, 변동성은 리스크다라는 문장을 일종의 성경 말씀과 같이 받아들이다 보니 이런 식의 결론을 내리게 된다. 이와 같이, 불완전한 모델을 갖고 철저한 논리를 추구하려고 들면 어설프기 짝이 없는 상식에 반하는 주장을 하게 되는데, 이러한 교조적 관점을 갖고 있는 이들과 합리적인 대화를 하기는 매우 어렵다.

위의 네 가지 조건들을 만족하는 옵션 매입이 헤지라는 것을 인정할 때, 행사가격에 따른 차이가 있을지 생각해 볼 수 있다. 행사가격의 선정은 그 옵션을 매입해서 보장을 확보하고자 하는 측의 상황과 고려에 의해 결정되는 것이므로, 외가격이라고 해서 헤지가 아니라든지 하는 식의 얘기를 할 수는 없다고 보여진다. 즉, 행사가격의 가격정도(Moneyness)는 그 거래를 헤지로 판단하는 데 있어 아무런 영향을 미치지 못한다. 보호를 받고자 하는 구간을 한정 짓는 콜 스프레드/풋 스프레드와 같은 것은 어떨까. 기본적으로 헤지의 위의 네 가지 조건들을 만족하는 한, 헤지로 볼 수 있을 것 같다. 콜 스프레드/풋 스프레드의 매입을 통해서 추가적인 익스포저가 생기는 것도 아니고, 헤지를 하고자 하는 측의 입장에서 그 정도 수준의 보장이 충분하다고 여겨서 결정한 일이기 때문이다. 보험을 예로 들자면, 자동차손해보험에서 대물보험금액이 무한대가 아니고 미리 약정한 5천만원이면 5천만원, 1억원이면 1억원과 같이 한정이 되어 있는 것과 유사한 상황인 것이다.

마지막으로 한 가지 경우를 더 보자. 고전적인 투자론에서 얘기하는 다수의 자산으로 포트폴리오를 구성하면 그 1이 아닌 상관계수로부터 얻을 수 있는 변동성 저감의 효과가 존재하게 되는데, 이것을 헤지로 분류할 수 있을까. 앞에서의 변동성 저감의 순수주의자에게는 이것도 변동성을 줄이는 것이기 때문에 헤지라고 부를 여지가 생기겠지만, 이는 그냥 다각화(Diversification)의 효과일 뿐 헤지라고 부를 것은 아니라고 보여지며, 위에서 제시한 네 가지의 기준을 적용하여 보아도 헤지로 분류되지는 않음을 알 수 있다.

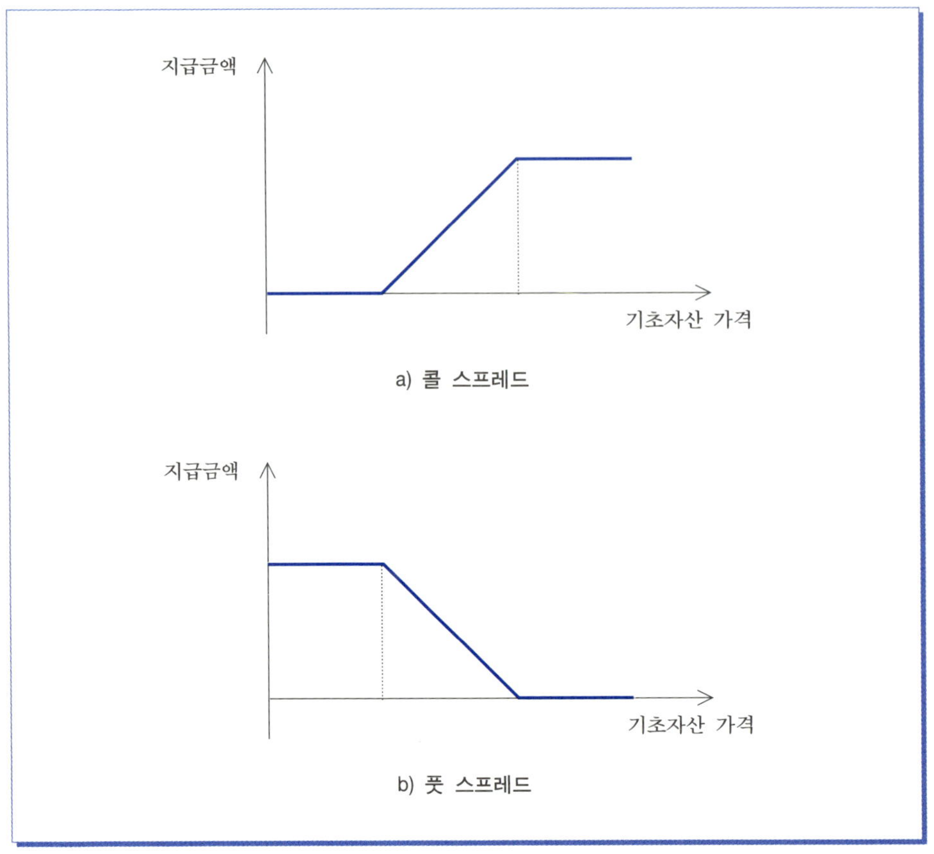

[그림 3.2] 콜 스프레드와 풋 스프레드의 만기 지급 그래프

이제, 투자를 정의하여 보도록 하자. 투자를 정의하고 나면, 앞에서 정의된 헤징의 정의와 투자의 정의를 차례로 적용하여, 헤징도 아니고 투자도 아니라고 판단이 되는 나머지 모든 거래들은 다 자동적으로 투기로 간주가 되게 될 것이다. 이는 그렇게 나쁜 분류 방식이 아니다. 투자, 투기, 헤징, 이 모든 것들은 결국은 다 거래라는 것을 앞에서 분명히 했으며, 거래를 한다는 것은 그것이 사후적으로 맞건 틀리건 간에 그 거래대상에 대한 어떠한 전망을 갖고 이를 통해 받을 것으로 예상하는 혜택이 이를

통해 치러야 하는 비용과 잠재적 손실을 어떤 식으로든지 간에 능가한다고 '믿기' 때문에 하게 되는 것이다. 그 잠재적 혜택과 비용 및 잠재적 손실 간의 관계를 아주 좁게 해석한다면 현대포트폴리오이론에서 얘기하는 변동성-수익률 사이의 관계만을 보게 되는 것이지만, 이에 대해서 너무 교조적인 관점을 택하지 않는 한 어처구니없는 결론을 내려놓고도 잘못된 것을 깨닫지 못하는 일은 벌어지지 않게 될 것이다. 결국, 거래의 본질과 투기의 본질은 그렇게 다르지 않다고 볼 수 있다. 불확실성을 떠안는 대신 그로부터 보다 나은 혜택을 자신의 관점에서 거두기를 기대하는 것, 그것이 거래의 본질이면서 동시에 투기의 본질이니까 말이다.

어떤 거래가 투자가 되기 위한 조건은 두 가지라고 생각된다. 첫 번째, 자신의 100% 소유로 있는 자본이 초기에 투하가 되어야 한다는 것이다. 일반적인 통념상, 자신의 자본금이 불확실한 미래의 결과에 따라 없어질 수도 있고 반대로 몇 배로 늘어날 수도 있는 가능성에 노출되지 않는 투자는 생각할 수 없다. 여기서 중요한 점은 자신의 소유로 있는 자본이어야 한다는 점이다. 자신의 자본이 아닌 빌린 자본이 조금이라도 있다면, 이는 완전한 의미의 투자로 볼 수 없고 레버리지가 취해진 투기로 보는 것이 마땅하다. 그리고 또 다른 중요한 점은, 초기에 이 자본금이 투하가 되어야 한다는 점이다. 초기 자본금이 전혀 소요되지 않는 선도 거래를 투자이기 보다는 투기 혹은 거래로서 보는 시각이 보편적인데, 위 기준을 적용해 보아도 마찬가지의 결론을 얻게 된다.

두 번째이자 마지막 조건으로, 투자자는 투하된 자본금 전체를 잃을 수 있지만 그 이상 잃을 수는 없다는 것이다. 이 역시 투자에 대한 상식적인 인식과 궤를 같이 하는 것으로서, 국내의 자본시장통합법상의 용어를 빌리자면, 투자는 증권과 같은 성질을 갖는다고 얘기할 수도 있겠다.[4] 물론, 증권의 형태로 된 것만 투자라고 얘기하는 것은 아니며, 증권의 형태를 갖지 않더라도 원금 한정 손실의 성질이 주어져 있다면 이는 투자로 보는 것이 타당하다. 이 기준에 의하면 위에서 얘기한 자기자본금 이외의 차입이 들어가 있는 모든 거래는 투자가 아니고 투기가 되며, 이는 위에서 이미 얘기한 바와 같다.

여기서 투자의 범주 내에서 하나의 부분집합을 추가적으로 정의하고자 하는데, 이는 레버리지와 관련된 문제이다. 기초자산의 가격 변동에 따른 내 투자자본금의 가치 변동의 비율을 구했을 때 그 비율이 1보다 크면 이는 그 기초자산에 대해서 강화된(Enhanced) 전망을 갖고 있다는 의미로서, 일종의 레버리지를 취한 것으로 볼 수 있다는 것이다. 그래서 이 비율이 1보다 작거나 같으면 일반적인 투자로 분류를 하고, 이 비율이 1보다 클 경우에는 차입투자(Leveraged Investment) 또는 좀 더 그 상태를 상징적으로 잘 나타낼 수 있도록 팽창투자(Dilatated Investment; Ballooned Investment)와 같은 용어를 사용하여 부르고자 한다. 이와 같이 투자에 투자와 팽창투자의 두 가지가 있다고 하면, 어떤 거래가 투자가 되기 위한 조건을 만족시킨다고 하더라도 그것이 그냥 투자냐 아니면 팽창투자냐에 따라서 지고 있는 리스크의 수준에는 분명히 차이가 있게 되는데 이를 구별해 줄 수 있는 방법을 갖고 있게 되었다는 장점이 생긴다.

몇 가지의 대표적인 예에 대해서 위에 세운 정의가 어떤 판단을 하게 될지 한번 보도록 하자. 내가 갖고 있는 100만원의 돈으로 A회사의 주가

4) 현행 국내법 체계상 예금은 원금 손실이 있을 수 없는 것, 증권은 원금까지는 손실될 수 있지만 그 이상의 손실 가능성은 없는 것, 그리고 파생거래는 원금 이상의 손실이 발생될 수 있는 것으로 규정되고 있다.

가 오를 것으로 전망하여 매입한 경우,5) 이는

i) 초기에 내 자본금만이 불확실성에 투하가 되었고,

ii) 투하된 자본금 이상을 잃을 리가 없다.

그러므로 이 사례는 투자로 판단을 하게 될 테고 이러한 판단은 일반적인 인식과도 일치한다. 이번엔 주식을 사지 않고 B회사의 채권을 샀다면 어떻게 될까. 마찬가지로 첫 번째, 두 번째 조건을 모두 만족시킬 수 있고, 따라서 이는 투자이며, 일반적으로도 물론 적법한 채권투자로 간주된다.

이제 조금 애매한 경우들을 보도록 하자. 국내증권사가 발행하는 원금비보장형 파생결합증권을 갖고 있는 돈으로 청약을 해서 매입한 경우, 투자가 되기 위한 두 가지 조건은 다 만족시키게 되어 투자로 분류를 하게 되는데, 이 또한 일반적인 인식과 다르지 않다. 단, 이 파생결합증권의 지급공식이 가령, 금의 가격에 연동되어 있는데 그 참여율이 120%라면, 이런 경우 보통 투자는 아니고 팽창투자를 한 것이라고 얘기할 수 있다. 투자를 하긴 했지만 좀 더 큰 위험을 진 것인데, 이는 투자자 본인이 책임을 지고 그 투자 결정을 내린 것이라면 아무런 문제를 삼을 필요가 없다.

좀 더 애매한 경우를 생각해 보자. 사모주식펀드와 벤처캐피탈 같은 것은 어떨까. 이러한 것들은 무한책임사원(General Partner; GP)과 유한책임사원(Limited Partner; LP)으로 구성되어 있는데, 유한책임사원은 자본을 초기에 제공하고 이후 자신들이 제공한 자본 이상의 책임을 지지 않으므로 그들의 거래는 투자로 봄에 문제가 없을 것으로 보인다. 그리고 그들 입장에서 레버리지를 일으켰다고 할 만한 요소가 없으므로 이 경우

5) 일반적인 투자자의 경우, 이 보다 더 투자라는 정의에 부합될 만한 경우는 없을 것 같다.

팽창투자가 아니라 통상의 투자일 것이다. 한편, 무한책임사원은 어떤가. 이들은 주식회사의 주주들과는 달리, 이론상 자신들의 초기 투하자본금 이상의 채무를 지게 될 수 있고, 따라서 투자에 대한 두 번째 정의를 위배할 가능성이 있을 것으로 보인다. 그러나 벤처캐피탈이 거래하는 신규 비즈니스들의 경우는 부채를 일으키기가 쉽지 않고 일반적으로 후순위의 하이브리드채권이나 지분 등으로 그 자금조달을 하는 경우가 다반사이기 때문에 사실상 벤처캐피탈의 무한책임사원이 자신들이 투하한 것 이상의 자본의 손실을 입을 가능성은 없을 것으로 판단된다. 하지만 사모주식펀드의 차입매수(Leveraged Buy-Out; LBO)의 경우는 그 단어가 의미하는 그대로 은행 등의 기관으로부터 차입을 하게 되고, 따라서 통상적인 투자로 볼 수는 없고, 최소한 팽창투자, 더 나아가 자신들이 투하한 자본 이상의 손실을 입을 가능성이 있다면 투자가 아닌 투기로 분류되는 것이 마땅할 것으로 보인다.

마지막으로, 투자라고 우겨지지만 위의 투자의 정의를 만족시킬 수 없는 흔한 거래들을 나열해 보겠다. 우선, 옵션 매도는 이유와 종류를 불문하고 투자가 아닌 투기이다. 장외옵션(OTC Option)은 물론 말할 것도 없고, 장내옵션도 증거금이 100%가 아닌 한[6] 투하자본 이상의 손실가능성이 있으므로 투자일 수 없다. 반면에 옵션 매수는 초기에 자본을 투하해야 하고 투하된 프리미엄 이상을 잃을 수가 없기 때문에 투자로 분류될 수 있다. 행사가격이 등가격이거나 내가격 상태에서 거래가 되었다면 통상의 투자로 볼 수 있는 반면, 그 행사가격이 외가격이거나 배리어 조

6) 일반적으로 아니다. 거래소에서 요구하는 증거금이 100%라고 할지라도 브로커인 증권사가 다시 여기에 레버리지를 걸어주는 경우가 다반사다.

건 등이 있다면 팽창투자로 보는 것이 타당해 보인다. 그 다음, 선물 매수와 매도 또한 앞의 장내옵션 매도와 같은 이유로 인해 투기로 봄이 마땅하다. 거래소와 브로커인 증권사가 요구하는 증거금이 초기투하자본이고 이 이상 잃을 수 없기 때문에 팽창투자가 아니냐는 의견이 있을 수 있는데, 그 증거금에 관련된 규정은 선물시장이 원활히 돌아가도록 하게 하기 위해서 만들어진 것으로서, 실제로 선물가격에 매우 급격한 변동이 발생했을 경우 증거금이 다 소진되었다고 해서 거래소에 대한 지급의 의무가 사라지는 것이 아니다. 거래소가 허용해 주는 레버리지를 마다하고, 거래하는 선물 계약의 원금 자체를 일종의 에스크로 계좌에 묶어 놓은 후 그 안에서 거래를 한다면 투기가 아닌 투자로 분류할 수 있게 되겠지만, 이렇게 거래를 할 개인이나 기관은 '절대로' 없다. 마지막으로, 선도의 매수와 매도는 투자의 정의의 첫 번째 조건을 만족시키지 못하므로 이유 불문하고 투기이다.[7)]

말이 나온 김에 선물에 대한 얘기를 좀 더 해 보자. 일반적으로 얘기되기를 궁극적으로 선물은 헤징을 위해 존재하며, 따라서 이는 리스크를 통제할 수 있는 수단으로서 사회 전체적으로 좀 더 그 리스크가 효율적으로 분산될 수 있도록 만들어 준다는 식의 긍정적인 이미지를 만들기 위해 거래소와 선물 관련된 금융회사들은 참 무던히도 애를 써 왔다. 파생거래 관련된 어떤 책을 보아도 이러한 '선물은 헤징 도구다'라는 주장이 앵무새처럼 반복이 되곤 한다. 그런데 이에 대한 반론도 없지는 않은데, 근대적 선물시장이 처음 열린 미국의 원자재선물에 대해 실제로 관찰

---

7) 조지 소로스(George Soros)가 1992년 영국 파운드화를 유럽환율기제(European Exchange Rate Mechanism; ERM)로부터 끌어내릴 때[106, 140] 괜히 이유 없이 환 선도를 쓴 것이 아니다.

해 보니, 이것이 헤징의 도구이기 보다는 일종의 자금조달(Financing)과 유사한 용도로써 사용이 되더라하는 것이 그것이다[180]. 예일대학교(Yale University)에서 박사학위를 받은 제프리 윌리암스(Jeffrey Williams)에 의하면, 은행이 자금시장(Money Market)에서 단기로 차입하여 장기로 대출을 하는 비즈니스를 운영하듯이, 곡물관련회사들은 유사하게 원자재선물의 기간구조(Term Structure)를 이용하여 곡물에 대한 대출 및 차입을 하는 수단으로 원자재선물을 사용을 한다는 것이다. 실제로, 농부들은 이 선물시장에 대해서 항상 적대적이었고 선물 거래를 반대해 왔으며, 거래소에서 선물을 거의 거래하지 않고 설혹 한다고 해도 선물 매도를 하는 것이 아니라 매수를 해 왔는데[93] 선물은 헤징의 도구다라는 일반적인 믿음은 이러한 사실과 잘 부합되지 않는다. 또한, 세계 원자재 선물시장의 반 이상의 규모를 갖고 있는 석유 선물이 헤지 목적의 실수요보다는 각종 자금들의 투기 목적의 거래에 의해 완전히 휘둘리고 있다는 것은 시장 참가자들에게 잘 알려진 사실로서, 선물이 헤징의 도구라는 주장은 교과서에서만 성립될 수 있는 그러한 것이다.

거래가 헤징인 상황에서도 사실 선물은 선도보다 위험한 물건이다. 열이면 열, 파생거래를 다룬다는 교과서들을 살펴보면 '선물은 유동성이 선도보다 크고 비용이 적게 들기 때문에 더 좋은 헤징 도구다'라는 문장이 발견된다. 그런데 실제로 그러한가. 우리의 미 달러-원 시장을 보자. 한국은행이 발표하는 2012년 3분기 외환 거래 실적을 보면[38], 선도는 63.7억불, 선도와 유사한 성격을 갖고 있는 외환스왑은 199.9억불이 일 평균으로 거래되었고, 이는 전분기나 전년도 대비 감소된 수치이다. 한편, 한국거래소에서의 미국달러선물 거래량 데이터를 보면 [표 3.1]에 나온 것과 같이

2012년 12월 중의 평균 거래량은 약 8.7억불 정도에 불과하고, 2012년 1월부터 11월까지의 평균 거래량을 보더라도 21.9억불로서[39] 선도보다 작은 것을 알 수가 있다. 적어도 미 달러-원 시장의 경우는 아니란 말이다. 그리고 이를 간과하곤 하는데, 선물의 변동증거금(Variation Margin)은 현금흐름 상으로 헤저(Hedger)를 완전히 파멸시킬 수 있는 문제가 있다. 수출기업 입장에서 헤지하고자 하는 대상인 수출외화대금은 미래에 들어올 것이기 때문에, 미 달러-원 환율이 어느 정도 이상 상승해 버리면 아무리 평가 상으로 이 현금흐름이 이익을 본다고 하더라도, 그 추가증거금을 지급하기 위해 기업은 현금을 어디선가 구해 와야 하며 이로 인해 부도가 발생될 수 있다. 반면, 선도로 헤지를 했을 경우에는 이러한 문제가 발생되지 않는다.

[표 3.1] 미국달러선물의 2012년 12월 중의 거래량[72]

일 자	거 래 량	미 달러 금액
2012년 12월 11일	74,336	7.4억불
2012년 12월 12일	55,619	5.6억불
2012년 12월 13일	129,049	12.9억불
2012년 12월 14일	96,894	9.7억불
2012년 12월 17일	60,276	6.0억불
2012년 12월 18일	102,865	10.3억불
평 균	86,507	8.7억불

우리의 상황은 어떠한가. 거래량 세계 1위라는 것을 자랑으로 여기는 그 안을 잘 들여다보면 코스피200 선물옵션이 차지하고 있는 비중이 95%

에 달하는 기형적인 모습을 발견하게 된다[30]. '파생시장 투기 우려가 있음을 잘 알고 있지만 일정 수준 투기 수요가 없다면 선물투자는 이뤄질 수 없다. 한때 60%를 상회했던 개인비중이 하락, 외인과 기관, 개인이 3 대 3 대 3을 이루는 현 파생시장비율이 개인적으로 황금비율이라고 생각한다'는 거래소 한 간부의 얘기에서 선물의 근본이 투기임을 너무도 솔직하게 인정하는 의외의 모습을 보게 된다. '거래는 많을수록 좋은 것이다'라는 식의, 지나친 투기의 장으로 변해 버린 시장을 조금이나마 진정시키려는 시도에 대해서 '현재 한국 시장의 파생상품 현실은 규제가 독이 된 상태'라는 식의 말을 서슴지 않는다[69]. 버블이 정상이라고 믿고 있는 사람들에게는 모든 것이 자유를 속박하는 규제일 뿐이다.

하바드대학교의 안드레이 쉴레이퍼(Andrei Shleifer)가 보기에 한국의 장내선물과 옵션을 거래하는 개인들은 딱 전형적인 무작위거래자(Noise Trader)일 것 같다. 그에 의하면 이러한 무작위거래자들이 시장에 존재하는 한, 시장가격이 그들이 옳다고 믿는 가치로부터 아무리 유리된다고 하더라도 사전 청산의 위험성 때문에 재정거래자(Arbitrageur)들조차도 충분히 차익거래를 수행하지 못할 수가 있고, 따라서 차익거래의 개념에 기반을 두고 있는 시장효율성(Market Efficiency)은 그 존재기반을 완전히 잃게 될 수도 있다[164].

사실, 효율적시장가설(Efficient Market Hypothesis; EMH)의 강형(Strong Form)이 시장에서 성립된다고 주장하는 사람은 그다지 많지 않은 것 같다. 내부자 거래(Insider Trading)로 고발되는 경우가 미국에서 심심치 않게 있는 것을 보면, 그래도 이곳은 이를 처벌하려는 의지라도 있다는 것을 느낄 수 있다. 미국 상원의원들의 주식 거래를 오랜 기간 동안 통계적으로 분석해 보면[183], 매수는 평균 연 10.2%, 매도는 평균 연 1.44% 만큼 꾸준하게 시장수익률을 앞섰다고 한다. 미국 상원 의원들이 시장을 이길 정도로 뛰어난 주식 거래자들이거나, 매우 운이 좋은 사람들이거나, 내부정보를 이용해서 거래를 했거나, 아니면 자신들의 거래에 유리한 방향으로 법률을 만들어 왔거나 중에 어느 경우에 해당될 지는 독자 여러분들의 판단에 맡기도록 하겠다. 이런 것이 투자의 진정한 의미일 지도 모른다.

CHAPTER

4

다이아몬드펀드와 JP모건

한국에서 파생거래 관련 대형사고의 첫 번째 사례를 들라고 한다면 아마도 그건 JP모건과 SK증권 등이 설립한 다이아몬드펀드가 관련된 거래가 될 것이다. 당시에 커다란 손실을 입은 거래는 이뿐만이 아니고 다른 펀드들도 유사한 거래를 하다가 마찬가지의 큰 손실을 입었지만 이는 상대적으로 덜 알려져 있는 듯하다. 아마도 다이아몬드펀드의 사례가 가장 많이 알려진 것은 그 거래의 명목금액이 가장 컸고 또한 그 이후 지루한 소송전이 언론에 보도되면서 외국계투자은행의 탐욕의 대표적인 사례로서 일반 대중들에게 각인된 탓으로 보여진다. 이 거래는 i) 과도한 레버리지의 사용과, ii) 금융변수의 역사적 거동에만 의존하는 거래가 얼마나 위험할 수 있는가를 잘 보여주는 교과서적인 경우로서, 그 개별적인 사안들에 대해서는 여러 연구들이 수행된 바가 있다[6, 8, 9, 50]. 따라서 본서에는 좀 더 종합적인 관점에서 사건을 설명하고자 한다.

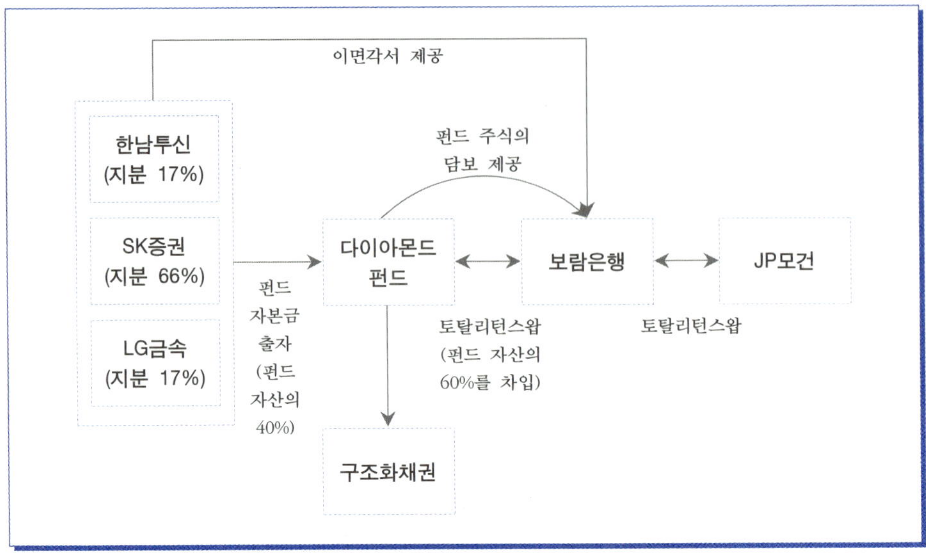

[그림 4.1] JP모건과 다이아몬드펀드와의 거래 구조도

[표 4.1] JP모건이 관련된 다이아몬드펀드와 유사한 거래

국내금융기관	펀드명	투자대상	TRS 원금	만기일
한남투신	Brightrock	채권형외수증권	2천만불	98/1/21
한남투신	Global	인도네시아채권	3천만불	98/1/29
SK증권, 한남투신, LG금속	Diamond	인도네시아채권	5천3백만불	98/2/12
SK증권, 대한투신, 대한생명	Advanced	인도네시아채권	3천5백만불	98/2/20
신세기투신	Emerald	주식형외수증권	4천5백5십만불	98/3/24
총 원금			183.5백만불	

다이아몬드펀드(Diamond Investment Limited)는 1997년 1월 29일 SK증권, 한남투자신탁,[1] LG금속 등 3개사가 조세회피지역인 말레이시아의 라부안 제도에 설립한 펀드로서, 이들 3사는 각각 200억원, 50억원, 50억

원을 출자하여 총 300억원, 미 달러화로 3,440만달러를 조달하고 이를 펀드의 지분으로 삼았다. 펀드는 기본적으로 당시에 유행하였던 고이자율의 쿠폰을 지급하는 동남아국가들과 관련된 채권을 기본 투자대상으로 삼았으며, 첫눈에는 잘 이해되지 않는 추가적인 거래를 국내은행인 보람은행[2]과 체결하였는데, [그림 4.1]에 나와 있듯이 보람은행은 펀드와 체결한 거래와 동일한 거래를 JP모건(당시의 이름은 Morgan Guaranty Trust Company of New York)과 맺었으며 펀드의 관점에서 법적인 거래상대방은 보람은행이지만 거래관련 소개 및 스트럭처링 등 거래를 주도적으로 이끌어 나간 것은 물론 JP모건이었다.

먼저, 벌어진 일들을 좀 더 시간적으로 따라가 보도록 하자. 같은 날, 펀드는 바로 문제의 추가적인 거래를 보람은행과 맺게 되는데 이는 토탈리턴스왑(Total Return Swap; TRS)이라고 불리는 거래였다. 이를 통해 미 달러 5,300만불을 추가로 확보한 펀드는 기존의 펀드 지분 자금인 3,440만 달러와 합쳐 총 8,650만불으로 인도네시아 루피아화 연계 구조화채권을 매입했다. 토탈리턴스왑의 거래일(Trade Date)은 펀드 설립일과 같은 1997년 1월 29일이고 거래유효일(Effective Date)은 1997년 2월 12일이며, 만기일(Maturity Date)은 1998년 2월 12일이었다.

일견 여기까지는 별로 이상할 것이 없어 보인다. 쉽게 얘기하자면 40%의 현금으로 주식 지분을 갖고 여기에 60%의 차입을 일으켜 총 100%를 만들어서 채권투자를 집행했다는 것이다. 공모펀드라면 차입투자가 불허

---

1) 이 회사는 거평그룹의 계열사였는데, 이후 IMF 위기 후 거평그룹이 부도가 나면서 부실화되어 1998년 8월에 국민투신에 인수되었다. 국민투신은 1999년 3월 현대투자신탁증권으로 상호를 변경했다가 구조조정을 거쳐 2004년 미국 프로덴셜금융에 인수돼 푸르덴셜투자증권이 됐다가, 2010년 한화그룹의 계열사로 편입되고 이어 2012년에 한화증권에 합병되었다.

2) 이후 보람은행은 1999년 하나은행에 합병되었다.

되고 지분만을 가지고 투자를 집행해야 하지만 이 펀드는 사모로 조성된 펀드이기 때문에 그러한 제약조건이 있지는 않다. 비견한 예로 부동산펀드 같은 경우 자금차입특례에 의하면 순재산총액의 200% 이내에서 차입할 수 있도록 허용되어 있는데, 이는 현금으로 조성된 33%의 지분을 가지고 67%의 차입을 일으켜 총 100%의 투자를 할 수 있다는 의미이다. 일반 개인들도 아파트와 같은 내 집 마련 시 매입금액의 전액을 자기자금으로 하는 경우는 매우 드물고, 대개의 경우 일정 비율의 자기자금에 더해 은행 등으로부터 부동산담보대출을 통해 자금을 빌리고 또 거기에 더해 전세를 놓을 경우 전세금까지 합쳐서 매입을 하게 되니까 말이다.[3)]

그러면 투자가 집행된 채권을 살펴보도록 하자. 채권의 발행사는 영국의 넷웨스트은행(National Westminster Bank)과 로버트 플레밍 캐피탈(Robert Fleming Capital)로서, 만기는 1년, 액면 및 결제통화는 미 달러화, 쿠폰이 반기마다 발생되는 총 2번의 쿠폰이 있는 노트로서, 쿠폰과 만기 지급금액이 고정금액이 아니라 어떠한 공식에 의해서 결정이 되는 소위 구조화노트(Structured Note)이다. 한국에서의 분류로는 원금 비보장형 파생연계증권(DLS)과 유사한 것으로 볼 수 있다.

구조화채권에 대한 투자는 기본적으로 두 가지 리스크를 지게 된다. 첫째, 채권 발행사에 대한 신용위험이다. 아무리 좋은 조건의 쿠폰과 원금 상환 조건을 약속했다고 하더라도 채권이 기본적으로 투자금액에 대한 미래의 약속임을 감안컨대 그 발행사, 즉 자금의 차입자가 부도를 낼

3) 소위 깡통아파트가 속출하는, 즉 아파트의 매도가능금액이 차입금액보다도 적게 되어 자기지분이 하나도 남아 있지 않고 마이너스가 돼 버린 현재의 상황으로 보자면 이러한 순진한 수준의 차입 또는 레버리지조차 과연 문제가 전혀 없는 것이라고 얘기할 수 있는 것인지 하는 의문이 들 수도 있다.

경우, 상당한 손실을 감내해야 한다. 주지한 바와 같이 펀드는 고이율의 쿠폰이 가능한 동남아시아, 그 중에서도 인도네시아에 연관된 채권투자를 하기를 원하였는 바, 신용위험 측면에서는 인도네시아 기업이나 금융기관이 직접 발행한 채권에 투자를 하는 것보다 영국의 금융회사들이 발행한 채권에 투자하는 것이 더 안전할 것임은 분명하다. 둘째, 구조화채권의 쿠폰 및 원금상환을 결정하는 공식에 내재되어 있는 시장리스크이다. 랜덤워크가설에 의하면 시장가격을 예측한다는 것은 불가능하며 모든 투자의 반은 실패할 수밖에 없는 운명을 타고 났다고 볼 수 있다. 물론, 자본의 논리, 금융시장의 논리는 이처럼 수동적인 태도를 쉽게 용인하지는 않으며, 평균 이하의 수익률은 처벌하고 조금이라도 더 효율적이고 높은 수익률을 갖는 투자를 언제나 추구하게 한다. 여기서 투자자는 자신의 전망 또는 견해(View)에 의해 투자에 대한 결정을 내릴 수밖에 없고, 결과적으로 그 투자가 얼마나 성공적이었느냐 혹은 실패했느냐의 결과는 전적으로 그 투자자가 감내해야 하는 것이다. 어찌되었거나 펀드는 이 채권투자로부터 투자원금 이상을 잃을 수는 없다.

구조화채권의 조건을 좀 더 자세히 살펴보도록 하자. 미 달러 8,650만불의 원금 또는 액면금액을 갖고 있는 이 채권은 액면가에 발행되었으며, 만기일은 1998년 2월 12일로서 토탈리턴스왑의 만기일과 동일하다. 채권의 거래조건서(Termsheet)상의 쿠폰 및 만기원금결정 공식은 다음의 식 (4.1), (4.2), (4.3)과 같다. 여기서 S_{USDINR}은 미 1달러당 인도네시아 루피아화의 수량을 의미하고, N은 액면금액인 미 달러 8,650만불을, DCF는 Day Count Fraction, 즉 이자계산기일을 360 혹은 365로 나눈 값이다. initial, 6m, 1y는 각각 그 환율을 결정하는 시점을 나타내는데, 각 쿠폰 지급일의 2 영업일 전으로 통상적으로 결정되며 본 채권에서도 그러한

규칙을 따른 것으로 보여진다.

$$\text{쿠폰}_{1st} = N \times 20.15\% \times \frac{S_{USDINR}^{initial}}{S_{USDINR}^{6m}} \times DCF_{0,6m},\ \text{지급일 1997년 8월 13일} \quad (4.1)$$

$$\text{쿠폰}_{2nd} = N \times 20.15\% \times \frac{S_{USDINR}^{initial}}{S_{USDINR}^{1y}} \times DCF_{6m,1y},\ \text{지급일 1998년 2월 12일} \quad (4.2)$$

$$\text{원금} = N \times \max\left(0, \frac{S_{USDINR}^{initial}}{S_{USDINR}^{1y}} + \frac{S_{USDINR}^{initial} - S_{USDINR}^{6m}}{S_{USDINR}^{1y}} + \frac{S_{USDINR}^{initial} - S_{USDINR}^{1y}}{S_{USDINR}^{1y}}\right) \quad (4.3)$$

구조화거래의 설계자, 즉 스트럭처러의 관점에서 위 계산식을 보면 어떠한 상황인지 자명하게 보인다. 미 달러 자금을 갖고 있는 투자자가 있다. 이들은 고수익을 거두길 원하는데 그런 관점에서 높은 이자를 지급하는 인도네시아 루피아 채권이 맘에 든다. 그런데 왠지 인도네시아 기업이나 금융기관이 직접 발행한 채권을 사자니 뭔가 좀 찜찜하다, 앞에서 얘기한 발행자의 신용위험, 부도위험이 마음에 걸려서다. 그러니 상대적으로 신용위험을 무시할 만한 외국계 투자은행에게 인도네시아 루피아화 채권에 투자할 수 있는 방법을 만들어 달라고 주문한다. 투자은행의 스트럭처러는 루피아화 채권을 직접 매입해서 약간의 마진을 떼고 나머지 쿠폰과 원금을 투자자에게 넘겨주는 방식을 제안해 본다. 그런데 여기에 약간의 문제가 있다. 투자되는 대상은 루피아화로 되어 있는 채권이지만, 투자자의 현재 자금 및 돌려받기를 원하는 자금이 모두 미 달러화라는 점이다. 즉, 투자자로부터 미 달러 8,650만불을 받아서 받은 날의 미 달러-루피아 환율로 전액 루피아화로 환전하여 루피아화 채권을 매입하면, 그 루피아화 채권이 부도가 나지 않는 한 약속된 쿠폰과 원금이 다 상환되기는 하나 그것이 모두 루피아화라는 것이다. 쿠폰과 원금은 미래, 즉 6개월 후와 1년 후에 발생되게 되는데, 이를 받는 대로 그날의 미 달러-루피아 환율로 다시 미 달러로 바꾸게 되면 다음의 [표 4.2]와 같은 상황이 된다.

첫 번째 쿠폰과 두 번째 쿠폰은 식 (4.1)과 식 (4.2)와 각각 동일한 결과가 되고, [표 4.2]의 미 달러화 만기상환원금은 식 (4.3)에서 최대값 함수 내의 더해지는 세 개의 항 중 첫 번째 항과 같다. 만기상환원금의 두 번째 및 세 번째 항을 무시하게 되면, 이 구조화채권의 쿠폰 및 민기상환원금 결정 공식은 그냥 플레인 바닐라 인도네시아 루피아화 채권을 미 달러화 금액으로 사서 루피아화 쿠폰 및 원금이 지급되는 대로 다시 미 달러화로 바꾼 것에 다름이 아니라는 것이다.

[표 4.2] 루피아화 채권 투자의 미 달러화 관점과 루피아화 관점의 비교

	미 달러화	루피아화
초기원금	N(= 8,650만불)	N_{INR} $(= N \times S_{USDINR,initial})$
첫 번째 쿠폰	$20.15\% \times N_{INR} \times DCF_{0,6m}/S_{USDINR,6m}$ $= 20.15\% \times N \times S_{USDINR,initial} / S_{USDINR,6m}$ $\times DCF_{0,6m}$	$20.15\% \times N_{INR}$ $\times DCF_{0,6m}$
두 번째 쿠폰	$20.15\% \times N_{INR} \times DCF_{6m,1y} / S_{USDINR,1y}$ $= 20.15\% \times N \times S_{USDINR,initial} / S_{USDINR,1y}$ $\times DCF_{6m,1y}$	$20.15\% \times N_{INR}$ $\times DCF_{6m,1y}$
만기상환 원금	$N_{INR} / S_{USDINR,1y}$ $= N \times S_{USDINR,initial} / S_{USDINR,1y}$	N_{INR}

투자자, 즉 펀드는 문제를 제기한다. 연 20.15%의 높은 쿠폰을 지급하는 것은 좋은데, 이 모든 것이 6개월 그리고 1년 후의 미 달러화-루피아 환율의 변동에 따라 완전히 바뀌게 될 것이라는 점이다. 그 환율들이 초기의 환율로부터 전혀 변화되지 않았다면, 원금도 무사히 100% 다 돌려받게 되고(물론, 미 달러화 관점에서), 연 20.15%의 이자도 받게 된다. 나아가 만약 그 환율들이 초기의 환율들보다도 낮아지게 된다면(루피아화의 미 달러화 대비 가치가 더 상승하게 된다면) 심지어는 연 20.15%보다도 높은 이자를 결과적으로 받게 되고, 또한 원금도 자본이득(Capital Gain)을 거두는 상황을 맞이하게 될 수도 있다. 하지만 반대로 그 환율이 조금이라도 상승하게 될 경우, 이자가 줄어드는 것은 물론이거니와 원금에 자본손실이 발생되게 된다. 해외투자할 때면 항상 벌어지는 상황이다. 최소한 원금은 보존하겠다는 관점에서 통상적으로 얘기되는 환 선도(FX Forward) 혹은 차액결제환선도(Non-Deliverable Forward; NDF)를 통해 원금에 대한 헤지를 시도했다고 해 보자. 투자자는 미 달러화 베이스의 투자자이므로 미 달러화를 미래의 시점에 매입해야 한다. 1년 만기의 선물환율이 초기현물환율과 같다는 가정하에서(물론, 그런 경우는 절대로 존재하지 않는다. 구미의 관점에서 쓰여진 많은 책들은 암묵적으로 선물환율이 현물환율과 크게 차이 나지 않음을 가정하곤 하지만, 신흥시장국의 통화가 관련되어 있을 경우 그러한 관점은 현실과 너무나 동떨어져 있다) 그 만기시점의 지급공식은 다음의 식 (4.4)와 같다.

$$\text{만기지급} = N \times \frac{S_{USDINR}^{1y} - S_{USDINR}^{initial}}{S_{USDINR}^{1y}}, \text{ 미 달러화로 결제} \tag{4.4}$$

식 (4.4)는 어딘가 낯이 익다. 어디서 봤나 했더니 식 (4.3)의 세 번째 항과 거의 비슷하다. 그런데 부호가 바뀌어 있다. 식 (4.3)의 세 번째 항은 초기환율에서 만기환율을 빼게 되어 있는데, 식 (4.4)는 만기환율에서 초기환율을 빼게 되어 있고, 그 외에는 전적으로 동일하다. 다시 말하자면, 식 (4.3)의 세 번째 항은 투자자가 선물환[4] 계약을 통해 미 달러화를 루피아화 상대로 현재 환율에 팔아버린 결과가 된다. 헤지를 해야 하려면 미 달러화를 사야 하는데, 정반대로 팔아버린 것이다. 그러고 보니 두 번째 항도 마찬가지다. 이는 6개월 만기의 선물환을 초기현물환율에 팔고 그 차액지급된 루피아화 금액을 6개월간 묵혀 두었다가, 만기 시점의 환율로 다시 미 달러화로 바꾼 결과에 다름 아니다. 6개월째에 발생될 루피아화 쿠폰을 미 달러화에 대해서 헤지하고 싶었다면 6개월 만기의 선물환을 그 쿠폰 금액에 맞춰서 달러화 매입을 했어야 했다. 그런데 또 팔아버렸다. 그것도 쿠폰 금액보다 훨씬 많은 전체 액면금액에 대해서 말이다.

왜 그랬을까? 거래의 당사자로서 그 의사결정 과정에 개입하지 않은 다음에야 그 진의를 100% 알기는 어렵다. 하지만 어느 정도 추정을 해 볼 수는 있다. 당시의 인도네시아 루피아화의 무위험이자율과 미 달러화의 무위험이자율을 감안하면 미 달러-루피아의 선물환율은 현물환율보다 연 6% 정도 높아야 하고, 실제로도 그러하였다. 여기서 미 달러화를 매입하는 선물환 거래를 구조화채권에 끼워 넣게 되면 선물환율이 현물환율보다 높은 그 차이만큼 손실을 확정짓게 되며, 그 규모는 대략 연 6%

4) 환 선도의 다른 용어로서, 한국 외환시장에서는 환 선도보다는 선물환이라는 용어가 더 많이 사용된다. 환 선물과 용어상 잘 구별이 되지 않는 좋지 않은 용어이나, 그들끼리는 굴하지 않고 계속 쓴다. 본 서에서는 둘을 같이 쓰기는 하되, 환 선도라는 표현이 좀 더 일관성이 있는 표현이라는 점을 지적하고자 한다.

정도에 달한다. 그리고 루피아화 관점에서 무위험인 채권의 이자율은 연 12% 정도로서 이렇게 헤지를 해 버리면 연 20.15%가 아니라 연 6% 짜리 채권으로 전락해 버리고 만다. 한편, 1990년대 초부터 1997년 초반까지의 미 달러-루피아 현물환율은 1,900대 초반에서 2,360대 수준으로 상승해 왔다. 일종의 평균회귀(Mean Reversion)를 믿었을까? 현물환율보다 6% 높은 레벨에서 선물환을 팔 수 있는 조건을 이용하되 그 계약 선물환율을 현물환율에 맞춤으로써 발생되는 이득을 가지고 명목상의 쿠폰을 끌어올리는데 사용을 한 것이다. 구조화채권의 명목금액 1배수만큼의 만기 1년짜리 선물환 계약으로 6% 가량의 가치를 만들어 냈는데,[5)] 이를 루피아화 무위험이자율 12%에 더해도 아직 18%이다. JP모건 혹은 넷웨스트은행의 스트럭처러가 보기에 쿠폰 명목이자율로 20%가 넘는 숫자를 보여주는 것이 마케팅 측면에서 바람직하다고 생각했을 수도 있고, SK증권의 담당자가 자신의 능력을 대내외적으로 자랑하기 위해 그러한 조건을 JP모건에 요구했을 수도 있다. 아마 둘 다였을 개연성이 가장 크다고 본다. 18%라는 숫자를 20%가 넘는 숫자로 만들기 위해, 1년 만기 선물환을 더 파는, 가령, 액면금액의 100%가 아니라 150%를 파는 방식을 생각해 볼 수도 있겠지만, 그럼 왜 금액이 서로 일치하지 않느냐는 말이 나올 수도 있으니 6개월째에 발생되는 쿠폰에 이것에 맞춰서 헤지처럼 보이는 6개월 만기의 선물환을 하나 더 추가해서 구조화채권에 붙이자는 생각을 하지 않았을까 짐작이 된다. 정상적인 이자율의 기간구조를 감안하면 1년에 6%이니까 6개월이면 현재 현물환율로 선물환 거래를 했을

---

5) 일반 독자들의 이해의 편의를 위해 이 6%라는 가치가 사실은 1년 후 시점의 미래가치이기 때문에 좀 더 엄밀하게는 할인을 감안하여 현재 시점의 가치로 변환하여야 한다는 사실은 일부러 생략하였다. 현재가치의 관점에서 실제 수익은 6%보다 적을 것이다.

때 발생되는 이익은 3% 가량, 이를 더하면, 만세, 이제 20%가 넘는 21%라는 숫자가 만들어 진다. 여기서 구조화채권 발행자의 약간의 마진을 뺀다고 보면 연 20.15%라는 숫자가 드디어 탄생하게 되는 것이다.

알고 그랬건 모르고 그랬건 이 구조화채권을 매입한 펀드는 미 달러-루피아 환율이 향후 1년 뒤 처음 레벨보다 낮아질 가능성이 크다는 견해를 피력한 셈이 되었다. 좀 더 정확하게 표현하자면 그 1년 후 환율이 현재 레벨보다 급격하게 올라갈 가능성은 매우 희박하다는 견해를 거래로써 표현한 셈이다. 아니, 매우 희박한 것이 아니라 그럴 가능성은 현실적으로 존재하지 않는다는 강한 견해를, 기왕의 통상적인 헤지 없는 루피아화 채권 투자에 더해 2배의 같은 방향의 선물환 거래를 더해 버림으로써 내 비친 셈이다. 그러한 견해를 강하게 갖고 있었다는 전제하에서 왜 선물환을 통한 레버리지를 2배만 추가했는지도 궁금하다. 5배, 10배 혹은 그 이상 못할 것이 뭐가 있겠는가 말이다. 구조화채권 내에 10배 혹은 20배의 내재 레버리지를 가져가는 한국 시장에서 너무나도 인기인 파워스프레드와 같은 거래도 존재하는데 말이다.

평균회귀라는 개념은 야누스의 얼굴과도 같다. 영어로 Mean Reversion, 혹은 Regression towards the Mean이라고 쓰는 평균회귀라는 개념을 최초로 창시해 낸 사람은 우생학으로 유명한 프란시스 골턴(Francis Golton)으로서 당시에 그가 했던 말은 사실, 평범함으로의 복귀(Reversion towards the Mediocrity)였다[109]. 그에게 있어 평균회귀는 바람직한 상태이기 보다는 일종의 바람직하지 않은 불만족스러운 상황이었던 모양이다. 평균을 정상적인(Normal) 상태로 볼 것이냐, 아니면 별 볼 일 없는 평범한 상태로 볼 것이냐에 따라 세상을 바라보는 시각이 많이 달라질 것 같다. 분포의 양 끝 단, 특히 우측 끝단의 비범함을 어떻게 이룰 것인가와 분포의 분산 관점에서 통계를 바라보는 것과, 분포의 평균 관점에서 통계를 바라보는 것은 완전히 다른 일이다.[6] 어쨌거나 현대의 통계학은 케틀레(Lambert Adolphe Jaeques Quetelet)의 평균을 정상적인 것으로 바라보는 사상에 기반을 두게 되었다. 골턴의 편차의 통계학이 주류가 되었다면, 롱텀캐피탈매니지먼트가 평균회귀에 의존하는, 수십 배의 레버리지를 수반하는 채권재정거래(Fixed Income Arbitrage)를 수행하다가 전세계 금융시장을 폭파 일보 직전까지 몰고 갔던 일이[91, 128, 135] 아예 일어나지 않았을 수도 있지 않을까 하는 상상을 해 볼 수도 있다.

다시 펀드가 투자했던 구조화채권 얘기로 돌아와 결과적으로 벌어진 일을 보자. 1997년 2월 12일, 2,377을 기록했던 미 달러-루피아 현물환율은 첫 번째 쿠폰의 결정일인 1997년 8월 11일, 2,611을 기록하게 되고, 만기반환금액결정일인 1998년 2월 10일에는 무려 7,700을 기록하게 된다.[7] 쿠폰과 만기반환금액을 계산해 보면,

$$\text{쿠폰}_{1st} = N \times 20.15\% \times \frac{2{,}377}{2{,}611} \times \frac{182}{365} = N \times 9.15\% \qquad (4.5)$$

$$\text{쿠폰}_{2nd} = N \times 20.15\% \times \frac{2{,}377}{7{,}700} \times \frac{183}{365} = N \times 3.12\% \qquad (4.6)$$

---

6) 골턴은 정규곡선(Normal Curve)이라는 표현을 만든 당사자이지만, 그는 이 정규분포와 관련된 법칙을 편차의 법칙(Law of Deviation)이라고 칭했다.

7) 본 서에서는 모든 시장데이타를 블룸버그(Bloomberg)에 공시되는 데이터로 통일하여 기술하였다. 실제 거래에 사용된 참조가격이 로이터(Reuter) 등의 특정 페이지에 게시되는 값인 경우가 있어서 여기서 계산된 결제 금액 등이 전적으로 실제와 동일하지 않은 경우도 있겠으나, 거래의 성격이 달라질 만큼 크게 벗어나는 경우는 없으리라 사료된다.

$$\text{원금} = N \times \max(0,\ 30.87\% - 3.04\% - 69.13\%) = 0 \tag{4.7}$$

즉, 원금은 완전히 사라지고 쿠폰으로 액면금액의 총 12.27%인 미 달러 1,061만불을 상환 받게 되었다. 만약에 펀드의 자금 전체가 차입과는 무관한 자기자본이었으면 100을 투자해서 88을 잃고 12를 돌려받게 된 상황이 된다. 엄청난 손실을 입었지만 금융시장 전체적으로는 누군가는 수익을 내고 누군가는 손실을 봐야 하는 사실을 감안하면, 이러한 거래를 결정한 담당자들의 실력을 탓하고 그 결과에 대해 책임을 물을 수는 있지만 그 이상의 얘깃거리는 아닐 수도 있다. 그런데 문제는 펀드가 앞에서도 얘기된 것처럼 전체 자본의 60%를 자기자본이 아닌 타인 자본으로 조달했다는 데 있다. 이제 그 말도 많고 탈도 많은 토탈리턴스왑을 자세히 살펴볼 차례이다.

먼저 그 토탈리턴스왑의 거래조건을 살펴보도록 하자. 개괄적으로는 [그림 4.2]와 같다.

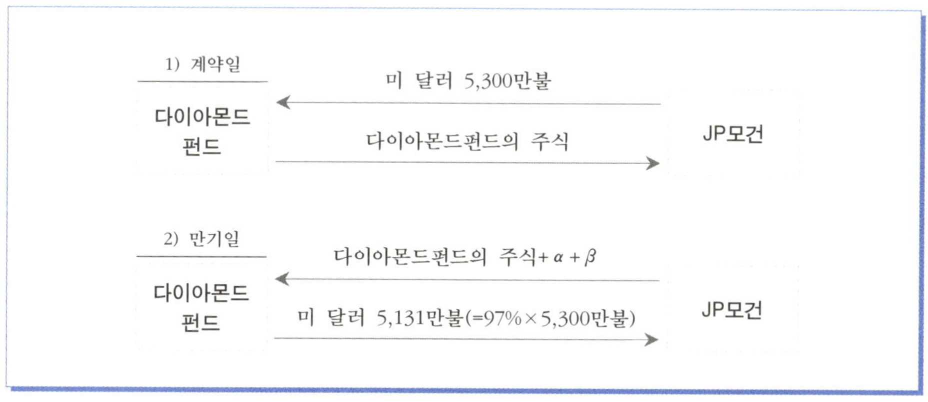

[그림 4.2] 다이아몬드펀드와 JP모건과의 토탈리턴스왑 결제 흐름도

토탈리턴스왑이라는 말을 들으면 뭔가 대단한 일을 하는 것처럼 보이지만 실상은 그리 대단한 일이 아니다. 이 거래를 통해서 펀드는 자기자본 미 달러 3,440만불에 더해 추가적으로 미 달러 5,300만불을 확보하여 거의 전액을 구조화채권에 투자했음을 상기하자. 즉, 이 거래는 기본적으로 대출 혹은 파이낸싱을 하는 거래라는 것이다. 그런데 펀드 입장에서는 자신들의 루피아화에 대한 견해가 맞을 거라는 확신이 있기 때문에 과감히 차입을 일으켜 레버리지를 통한 거래를 하고 싶겠지만, JP모건 입장에서는 이 펀드라는 것이 아무런 업력도 없고 갖고 있는 것이라곤 150%의 레버리지를[8] 일으켜 매입한 구조화채권이 갖고 있는 자산의 전부인 그런 낮은 신용도를 갖고 있는 거래상대방이니, 이런 상대방에게 그냥 신용으로 대출을 해 주는 것은 매우 위험한 일이다. 또한, 한다고 하더라도 그 위험을 보상하기 위해서는 매우 높은 이자율을 받아야만 한다. 대출의 거래상대방이 SK증권이나 LG금속과 같은 업력이 있는 금융기관이나 기업이라면 조금 다른 얘기겠지만, 이 대출의 거래상대방은 펀드이고 이 펀드에 부도가 발생되더라도 JP모건이 SK증권 등에 약정된 대출관련 상환금액을 청구할 수 없음을 기억하자. 펀드와 펀드의 주식소유자인 SK증권 등은 법적으로 완전히 별개의 존재들이란 말이다. 내가 주식을 소유하고 있는 회사에 부도가 나면 내 주식은 가치가 없는 쓰레기가 돼 버리지만, 내 손실은 거기까지로 끝이고 그 회사의 채권자들이 나한테 와서 채무금액을 갚으라고 할 수는 없는 것이다. 이러한 주주 유한책임의 원리는 현대 자본주의의 가장 기본이 되는 원리이기도 하다.

그래서 우선 펀드의 주식을 담보로 제공하고 미 달러 5,300만불을 빌

8) 40%의 자기자본 입장에서 60%의 차입금액은 150%의 레버리지에 해당한다.

리자는 아이디어가 나온다. 돈은 빌려 주는 대신 담보로 펀드의 모든 주식을 잡으라는 것이다. 그렇게 담보로 잡아 놓았다가, 만기에 상환이 원만히 이루어지게 되면 그때 다시 설정해 놓은 저당권/질권 등을 풀어 주식에 대한 완전한 권리를 확보할 수 있도록 하면 되지 않느냐는 거다. 쉽게 얘기하자면, 소위 주식담보대출이 되는 거다.

그런데 이 주식담보대출은 여전히 JP모건 입장에서는 만족스럽지 않다. 구조화채권에 손실이 조금 발생하더라도 그 손실액이 액면금액의 40%를 넘어서지 않는다면 이 주식담보대출을 상환할 수 있는 재원은 펀드에 남아 있게 되겠지만, 그런 상황이라면 굳이 펀드의 주식이 필요 없다. 불안한 상황은 구조화채권의 상환금액이 60%에 못 미쳐서 대출금액의 원금을 제대로 다 돌려받지 못하는 상황인데, 그때는 그 펀드의 주식을 들고 있어 봐야 그 가치가 대출원금에 못 미치는 상환금액 그 자체이다. 이래서는 필요한 상황에서 담보로서의 존재가치가 있다고 얘기할 수가 없다. 이러한 조건으로 대출이 실행될 수 없기는 비단 JP모건뿐 아니라 다른 해외 투자은행이나 상업은행, 그리고 국내금융회사라고 하더라도 매

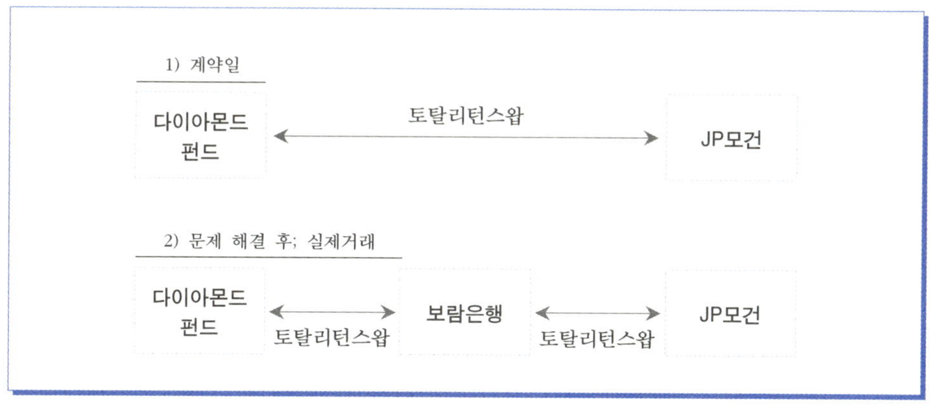

[그림 4.3] JP모건 입장에서의 토탈리턴스왑의 신용위험 해결 방안

일반이다. 거래 자체가 만들어질 수가 없는 것이다.

그래서 결국 어떻게 이 문제가 해결되었는가 하면, [그림 4.3]과 같이 JP모건은 이 페이퍼컴퍼니에 불과한 펀드를 직접 대면하지 않고 국내은행 한 곳을 거래상대방으로 하여 토탈리턴스왑을 하고, 이 국내은행인 보람은행이 펀드를 대면하여 똑같은 토탈리턴스왑(물론 자신들의 마진을 제하고 나서)을 하는 방식을 채택하게 된다. JP모건 입장에서 법적인 거래상대방은 보람은행이니 그 거래상대방 신용위험을 질만 하다고 판단할 수 있다, 왜냐하면 보람은행의 자산규모로 보건대 이 토탈리턴스왑의 상환금액이 보람은행에 부족해서 상환이 안 될 것이라고 보기는 어렵기 때문이다. 여러 기존의 문헌들이 간과하는 부분으로서, JP모건이 펀드가 투자하는 구조화채권이나 혹은 나중에 설명될 토탈리턴스왑의 추가적인 조건을 가지고 투자자를 불리하게 만들어 커다란 수익을 거두려는 음모가 있었다는 식의 음모론을 얘기하곤 하는데, 이는 JP모건의 진의, 즉 투자은행이 어떻게 작동되는지에 대해서 완전히 오해하고 있는 데에서 기인하는 곡해이다. 무슨 이야기인고 하니, JP모건은 이와 같은 토탈리턴스왑을 하고 나면 그 반대방향의 거래를 돌아서서 하게 되고, 이를 통해 환율 등의 시장리스크에 대한 익스포저를 완전히 제거하려고 한다. 다시 말하자면 환율이 올라가던 혹은 떨어지던 아니면 제자리에 있던 간에, JP모건은 그러한 변동으로부터 아무런 영향을 받지 않고 이 거래를 주선해 주고 스트럭처링해 준 대가로 약간의 마진을 취하고자 하는 것이 원하는 것의 전부라는 말이다. 또한, 구조화채권 관련해서 어림짐작으로 JP모건이 이 구조화채권을 많이 들고 있다가 미 달러-루피아 환율이 올라갈 것으로 예상해서 펀드에게 처분해 버린 것이라는 식의 얘기도 하곤 하는데,

생각해 보라. JP모건이 원하기만 한다면, 발행사의 마진이 제해진 이 구조화채권의 조건보다도 더 좋은 조건으로 시장에서 직접 미 달러-루피아 선물환을 수행함으로써 꼭 같은 시장견해를 더 잘 표현할 수 있는데, 왜 굳이 이런 걸 처음부터 사서 들고 있겠는가 말이다. 단언컨대, 투자은행이나 상업은행들은 이런 류의 구조화채권을 시장에 있는 거래들을 조합하여 만들어내는 곳이지, 이런 것들을 사는 기관이 아니다. 이런 것들을 사는 기관은 프라이빗 뱅크, 보험사, 연기금, 공제회 등이다. JP모건 입장에서 이런 거래를 함에 있어 가장 원하지 않는 시나리오가 바로 그 거래 자체가 투자자에게 큰 손실을 입히는 상황이란 말이다. 이후의 거래에 지장이 생기고, 평판 상의 피해를 입고, 또 소송 같은 것에 휘말릴 가능성이 있기 때문이다.

보람은행 입장에서는 이러한 거래는 땅 짚고 헤엄치는 거래로 느껴지기 쉽다. 금융시장에서 쓰는 용어로 이런 걸 몸 대주는 거래라고 한다. 토탈리턴스왑에 내재되어 있는 시장리스크가 어떤 식으로 실현되던 양쪽 거래상대방이 모두 거래의 의무를 준수하기만 한다면 자신들의 대차대조표(Balance Sheet)를 조금 쓰는 대신 거래 시점에 확정되어 있는 자신들의 마진이 별 탈 없이 확보되기 때문이다. 현재도 국내의 많은 금융회사들은 이런 식의 거래를 많이 하고 있다. 비단, 은행뿐 아니라 증권사들도 이런 몸 대주는 거래를 통해서 수익을 만들어 내는데, 가령, 신용부도스왑 같은 신용파생거래를 외국계은행들이 유동화만을 위해 설립된 특수목적회사(Special Purpose Company; SPC)와 직접 거래하기를 꺼려한다는 점에 착안하여 국내증권사가 그 중간에 이 토탈리턴스왑의 보람은행과 같은 역할을 맡고 관련된 콴토 리스크[9] 등을 지면서 전체 거래의 수익의

70~90%를 가져가곤 한다. 지난 3~4년간 국내증권사들의 소위 FICC[10] 부서가 기록한 수익의 거의 대부분은 이러한 거래를 통해서였다. 아무튼, 자신의 신용도가 상대적으로 JP모건보다 낮은 보람은행 입장에서 JP모건의 지급의무 불이행에 대한 우려는 기우에 가깝다.

문제는 JP모건이 펀드에 대해서 갖고 있던 우려가 이제는 보람은행의 문제가 되었다는 점이다. 국내 금융기관인 보람은행의 눈으로 바라보아도 펀드의 부도 가능성은 결코 좌시할 수 있는 수준의 것은 아니다. 그래서 결국 어떤 계약이 추가되는가 하면, 펀드의 주주인 SK증권 등이 펀드의 순자산가치가 미 달러 5,830만불 이하가 되면 그 순자산가치가 최소한 미 달러 6,095만불이 되도록 추가로 출자하기로 약속하는 각서(Letter of Commitment)를 보람은행에 교부하게 된다. 어떻게 보면 여기가 본 사건의 가장 결정적인 부분이다. 이 각서로 인해, 펀드가 입을 수도 있는 펀드자본금 이상의 손실이 원래는 펀드 레벨로만 한정되고 주주인 SK증권 등에게 이전되지 않던 것을 이제는 100% 모두 다 주주들에게 이전되는 결과를 가져오게 되어 SK증권 등은 사실상 토탈리턴스왑에서 발생될 수 있는 모든 손실을 부담하기로 약정해 버린 결과가 되었다. 이 다이아몬드 펀드에 관련된 손실이 크게 사회적인 이슈가 되었는 바, 그 가장 결정적인 요소를 하나 뽑으라고 한다면 필자는 구조화채권의 투자 실패나 토탈

9) 통상적인 신용부도스왑 거래는 미 달러화로 이루어지나, 유동화 목적의 상법상의 특수목적법인이 발행하는 자산담보부기업어음증권(Asset Backed Commercial Paper; ABCP)은 원화로 발행이 되기 때문에 그 변환에 관계된 리스크를 콴토 리스크(Quanto Risk)라고 부른다. 특히, 신용사건 발생 시 그 콴토 리스크는 매우 클 수 있는데, 이를 좀 더 정확히 헤지할 수 있는 방법이 없지는 않음에도 불구하고 이를 무시하고 거래를 하는 것으로 미루어 보건대 이 방법이 국내 실무자들에게는 잘 알려져 있지 않은 듯하다.

10) 채권, 통화 및 원자재(Fixed Income, Currency, Commodity)의 약자로 주식을 제외한 모든 기초자산의 운용 부문을 일컫는다.

리턴스왑 조건의 문제보다는 이 SK증권 등이 제공한 이면 각서를 꼽을 것이다. 일반 개인의 차원으로 비유를 하자면, 겁도 없이 연대보증을 섰다가 부도난 친척의 부채를 모조리 다 뒤집어쓰게 된 것이다.

이면각서의 조건을 다른 각도에서 살펴보도록 하자. 얼마 이하로 순자산가치가 떨어지면 어느 수준 이상으로 맞출 것을 요구하고 있는데, 선물계약의 증거금 제도와 비슷한 방식이다. 보람은행 입장에서 거래상대방의 한 축인 펀드의 신용도가 미덥지 않기 때문이다. 펀드와 보람은행이 맺은 토탈리턴스왑은 기본적으로 주식담보부대출, 즉 쉽게 말해서 돈을 빌리는 대출거래였다는 언급을 앞에서 했는데, 만약 이후에 상술되듯이 큰 손실을 입히는 [그림 4.2]의 β 같은 것이 없이 그냥 평범한 레버리지를 통해서, 즉 일반적인 확정이자율을 갖고 있는 대출을 통해서 구조화채권에 투자했다면 어떻게 됐을까? 펀드의 취약한 신용도를 감안컨대 적지 않은 이자율을 요구받았을 것이 분명할 텐데, 이 이면각서의 조건으로부터 우리는 그 가상의 이자율이 얼마였을 지를 확인해 볼 수 있다. 즉, 미 달러 5,300만불을 빌린 후 1년 뒤에 아무리 펀드의 순자산가치가 떨어진다고 하더라도 최소한 미 달러 6,095만불은 되어야 한다고 요구받고 있다는 것을 감안하면, 이 미 달러 6,095만불이 JP모건이 생각하는 최소한의 시장이율을 감안한 만기 시점의 원금과 이자를 합한 금액이 될 것이라는 것이다. 6,095를 5,300으로 나누어 보면 그 값은 1.15, 즉 JP모건이 요구했던 대출에 대한 시장 이율은 연 15%였다는 것을 간접적으로 알 수 있다. 명목상 연 20.15%의 이자율을 갖고 있지만 그 이자율은 미 달러 입장에서 확정된 이자율이 아니고 원금손실까지 발생될 수 있는 구조화채권에 투자를 하면서 그 차입비용이 확정으로 연 15%였다면 펀드의 자기

자본 입장에서의 수익률이 별로 만족스럽지 않았으리라는 것은 충분히 짐작이 된다. 여기에 토탈리턴스왑의 그 이상해 보이는 조건들이 나타나게 되는 이유가 있다.

이제 토탈리턴스왑의 구체적인 조건을 자세히 살펴보도록 하자. 다이아몬드펀드의 주식 부분은 담보로서 기능하게 되는데, 이와 관련된 내용은 위에서 자세히 기술하였으니 이제는 머릿속에서 지워버리기로 하고, [그림 4.2]의 나머지 부분을 보면, 놀랍게도 본 토탈리턴스왑의 조건에 의하면 만기에 펀드는 보람은행에 차입금액의 97%에 해당하는 미 달러 5,131만불만을 상환하게 된다. 이럴 리가 없다. 1년 간 돈을 빌렸는데 이자를 내는 것은 고사하고 97%만을 갚으면 된다니. 다시 보니, 만기 시점에 JP모건이 펀드에 (물론 보람은행을 통해서) α와 β를 지급한다는 조건이 있다. 이 α와 β의 조건은 다음과 같다.

$$\alpha = M \times \frac{\max\left(0, S_{USDJPY}^{1y} - S_{USDJPY}^{initial}\right)}{S_{USDJPY}^{1y}} \tag{4.8}$$

$$\beta = 5M \times \frac{S_{USDTHB}^{initial} - S_{USDTHB}^{1y}}{S_{USDTHB}^{1y}} \tag{4.9}$$

$$\alpha + \beta \leq 0.97 \times M \tag{4.10}$$

여기서 M은 토탈리턴스왑을 통해 펀드가 초기에 받는 금액인 미 달러 5,300만불이고, α와 β는 각각 미 달러-엔 현물환율과 미 달러-태국 바트 현물환율의 공식으로 주어져 있다. 그리고 그 α와 β의 합은 미 달러 5,300만불의 97%를 넘지 않는다는 조건이 부가적으로 주어져 있다.

α를 먼저 보자. 식 (4.8)은 더도 덜도 말고 미 달러 콜/엔 풋 옵션의 결제 공식으로, 만기는 1년, 행사가격은 초기 미 달러-엔 환율, 그 액면금액은 미 달러 5,300만불이다. 식의 분모에 만기의 미 달러-엔 환율이 있는 것은 원래 엔화로 결제할 것을 그 시점의 미 달러로 결제하겠다는 것 외에 다른 특별한 뜻은 없다. 그리고 이 미 달러 콜/엔 풋 옵션의 보유자는 펀드가 되며, 따라서 이 옵션으로부터 만기 시점에 펀드가 손실을 입을 가능성은 전무하다. 시장 적정 이자율이 연 15%임을 알고 있는데, 만기에 연 −3%의 이자를 지급, 즉 연 3%를 돌려받을 뿐만 아니라, 거기에 추가적으로 미 달러-엔 환율의 변동에 따라 더 받을 가능성이 있다. 전체 그림에서 무언가 빠진 것이 있다.

그게 바로 β이다. 이번엔 미 달러-태국 바트 환율이다. 식은 펀드가 초기의 미 달러-태국 바트 환율을 선물환율로 하여 미 달러를 팔고 그 결제 대금을 다시 미 달러로 하는 일반적인 차액결제선물환의 형태다. 앞의 α와 달리 이는 양의 값이 될 수도 있고 음의 값도 될 수 있다. 이 부분에 앞에서 얘기하던 연 15%에 상당하는 파이낸싱의 조건이 내재되어 있어야 한다고 했는데, 왜 그렇게 되는지 보자.

미 달러-태국 바트의 초기환율은 25.99였다. 그리고 그 계약시점의 시장 미드[11] 선물환율은 27.165였다. 당시의 미 달러-태국 바트 선물환의 비드-오퍼 스프레드는 상당히 넓었는데, 0.5, 즉 현물환율 대비 1.92%였었고

11) Mid price로서 시장 비드(Bid) 가격과 오퍼(Offer 또는 Ask) 가격의 평균으로 구한다. 시가평가(Mark-To-Market Valuation)의 기준값으로 편의상 사용되어지나, 그 이상의 의미는 없는 것이 이 가격으로 거래를 할 수는 없기 때문이다.

이를 감안하면, 실제 사용자 입장에서 미 달러를 태국 바트화 대비 선도로 팔게 될 때의 선물환율은 26.915로 볼 수 있으며, 따라서 26.915로 미 달러를 1년 만기로 팔 수 있는 것을 25.99로 팔았기 때문에 3.56%의 가치를 펀드가 보람은행에 제공하는 것에 다름이 아니게 된다. JP모건의 입장에서 보면, 자신들의 펀딩 비용을 감안하면 최소한 15%는 확보해야 하는데 이거 가지곤 아직 부족하다. 이럴 때 전가의 보도로 등장하는 것이 바로 레버리지다. 액면금액 M의 한 배수당 3.56% 정도의 가치가 있으니, 5배를 하면 총 17.8% 정도의 가치, 됐다, 이제 필요로 하는 가치가 확보가 됐다. 식 (4.9)에 있는 숫자 5가 바로 이렇게 만들어지게 되는 것이다. 15%에 딱 맞춘, 가령 4.21배만 취했어야 하지 않느냐는 식으로 비난하는 경우도 있지만, 일반적인 대출을 담당하는 자금부(Treasury)뿐 아니라 β의 차액결제선물환을 거래하는 선도 데스크 그리고 α의 엔화 옵션을 판매하게 되는 옵션 데스크의 마진을 생각하면 보기에 따라서 그 마진은 그렇게 과한 것이 아닐 수도 있다.

이번엔 엔화 옵션의 가격이 실제로 어느 정도였는지 한번 알아보도록 하자. 이 옵션은 소위 플레인 바닐라 옵션이기 때문에 블랙-숄스 공식의 연장선상에 있으면서 외환 기초자산일 경우 적용이 되는 가만-콜하겐(Garman-Kohlhagen)의 공식에 의해 구할 수 있으며, 그 공식은 다음과 같다[89, 107].

$$\text{프리미엄}_{call} = S_0 e^{-qT} N(d_1) - K e^{-rT} N(d_2) \qquad (4.11)$$

$$d_1 = \frac{\ln\left(\frac{S_0}{K}\right) + \left(r - q + \frac{\sigma^2}{2}\right)T}{\sigma\sqrt{T}} \tag{4.12}$$

$$d_2 = \frac{\ln\left(\frac{S_0}{K}\right) + \left(r - q + \frac{\sigma^2}{2}\right)T}{\sigma\sqrt{T}} = d_1 - \sigma\sqrt{T} \tag{4.13}$$

여기서 S_0는 초기현물환율, K는 행사환율, q는 외국환의 연속복리 무위험이자율로서 이 경우는 미 달러의 이자율, r은 자국환의 연속복리 무위험이자율로서 본 경우에는 엔 이자율, T는 만기까지의 연 단위의 시간, σ는 현물환율의 내재변동성, 그리고 N(·)은 표준정규분포의 누적분포함수이다. 이 미 달러 콜/엔 풋 옵션이 펀드에 매도되던 시점인 1997년 2월 12일의 시장변수들을 보면, 초기현물환율과 행사환율은 124.3, 만기는 1년, 미 달러 단리 무위험이자율 연 5.8125%, 1년 만기의 미 달러-엔 선물환율은 117.975, 이로부터 역으로 계산되는 연속복리 무위험 엔 이자율은 약 연 0.50%, 내재변동성 오퍼는 10.80%이다. 이들 값으로부터 계산된 옵션의 시장 가격은 2.10%, 그렇게 작지 않은 값이다. 앞에서 본 바에 의하면 대략 2.8% 정도의 마진이 토탈리턴스왑에 내재되었을 가능성이 큰데, 이 옵션은 전적으로 펀드가 수취한 것이니, 이 옵션의 가치만큼은 JP모건의 마진이 아니라 헤지 비용으로 간주하는 것이 마땅하다. 그렇다면 이제 보람은행과 JP모건이 공유하게 되는 토탈리턴스왑의 마진은 0.7%로 줄어들게 된다.[12] 그 둘 사이에 어떻게 나누었을까? 이에 대한 자료를 찾

12) 여기서 기술하고 있는 토탈리턴스왑의 조건은 펀드와 보람은행 사이의 계약임을 상기하자.

을 수 없어서 정확한 것을 알 수는 없지만, 그 비율은 둘 사이의 협상력과 교섭력의 문제였을 것이다. 하지만 신흥시장국에 관련된 1년짜리 거래를 하면서 양 기관이 위험 없이 순수하게 수취할 수 있는 마진의 합이 0.7%라면 필자가 보기에 그것은 그렇게 과한 이익인 것처럼 보이지는 않는다. 추가적으로 식 (4.10)에 기술되어 있는 미 달러 콜/엔 풋 옵션과 5배 레버리지의 바트화 차액결제선물환의 펀드 입장에서의 최대이익이 한정되어 있고, 이는 그러한 옵션을 펀드가 보람은행에 판매한 것이 되어 그 값만큼 펀드가 추가적으로 손실을 본 것이라고 볼 여지가 있지만, 이 가치를 계산해 보면 그 행사가격이 너무나 외가격(Out-of-The-Money; OTM)이기 때문에 이 옵션의 이론가치는 0이 나오게 되므로 마진 측면에서의 논의에서는 무시하는 것이 타당하겠다.

사후적으로(Ex post) 실패한 거래를 비난하는 것은 누구나 할 수 있는 일이다. 하지만 아직 미래가 확정되어 있지 않은 시점으로 돌아가 물론 그 사후적인 미래를 전혀 모르는 상태에서 사전적으로(Ex ante) 그 거래에 대해서 어떠한 결정을 내렸겠는가하고 묻는다면 다른 대답이 나오기 십상이다. 그냥 일반적인 대출도 가능했을 텐데 왜 토탈리턴스왑 같은 것을 괜히 해서 어마어마한 손실을 입게 되었느냐고 얘기하긴 쉽지만, 위에서 논의하였듯이 일반적인 대출을 통해서는 전혀 만족스럽지 않은 수익률이 발생되는 것을 감안하면 그렇게 하는 것은 그 시점에서 누구라도 택할 수 없는 선택이었을 것이다. 그러니 얘기는 이런 식으로 진행됐으리라 짐작된다. 차입비용을 구조적으로(Structurally) 줄일 수 있는 방안을 찾아오라고 SK증권 등이 여러 외국계투자은행들에게 명령을 내린다, 그런 방안이 제공되지 않으면 루피아화 구조화채권에의 투자 또한 없을 것이라는 명시적 혹은 암묵적 의사표시와 함께, 또는 투자은행들이 먼저 그러한 방안을 SK증권 등에 제안했을 수도 있다. 누구의 제안으로 얘기가 시작되었건 본 거래의 토탈리턴스왑과 같은 구조화차입(Structured Funding)이 없이는 당시의 루피아화 연계 구조화채권에의 투자 자체가 SK증권 등의 입장에서 성사되기는 극히 어려웠으리라는 점은 지적되어야 한다.

사실, 구조화차입의 시장리스크가 꼭 태국 바트화에 연계되어 있어야 할 필요는 없다. 다른 리스크를 짊으로써 필요로 하는 17~18% 정도의 가치를 만들어내는 것은 얼마든지 가능한 일이다. 특히 레버리지에 대한 제한이 없다면 더군다나 말이다. 궁금한 점은 왜 하필 많은 후보 중에 당시에 태국 바트화를 골랐을까 하는 점이다. 예의 음모론을 들먹거리지는 말자. 이런 식의 반응은 실력을 기르는 데에 전혀 도움이 되지 않는다.

이런 식의 거래, 즉 루피아화 연계 구조화채권에의 투자나 바트화 연계 토탈리턴스왑 같은 거래에 암묵적으로 담겨져 있는 철학은 미래가 현재와 별로 다르지 않을 것이라는, 요즘 유행하고 있는 행동경제학(Behavioral Economics)에서 이야기되는 일종의 현상유지편향(Status Quo Bias)이다[117, 157, 164, 177]. 사람들이 의사결정을 할 때 현재상태에서 벗어나는 일이 일어나기 보다는 현재상태가 계속 유지될 것이라는 맹목적인 신념을 갖기가 쉽다는 것이다. 또 한 가지로, 사람들은 과거에 벌어진 것을 기초로 세상을 이해하려고 들고 귀납적으로 사례를 모으면 그것이 세상의 전부인 양 생각하는 경향이 있다. 나심 탈렙(Nassim Nicholas Taleb)이 그토록 목을 놓아 주장하는 검은 백조(Black Swan)의 존재를 잊지 말아야 한다는 주장이 바로 일반적인 사람들의 그러한 경향을 일깨우고자 하는 그만의 외로운 외침인 것이다[172, 173]. 만약, 미 달러-루피아 환율과 미 달러-바트 환율이 98년 만기 시점에 변동이 없었다면, 보다 극단적으로는 그 중간에 격심한 변동을 보이더라도 거래 후 6개월 및 1년 후 시점에 원래의 환율로 돌아오기만 했다면, 펀드는 토탈리턴스왑에서 3%의 수익을 얻고 (엔 옵션을 전적으로 무시해도) 구조화채권에서 20.15%을 얻어, 펀드는 23.15%의 수익을 얻게 되고, SK증권 등의 입장에서는 150%의 레버리지를 감안하면 출자자금 대비 57.875%의 훌륭한 수익을 얻게 되었을 것이다. 그야말로 희망사항(Wishful Thinking)인 것이다.

구조화차입의 리스크로 왜 바트화를 골랐는지의 주제로 다시 돌아가도록 하자. 일반적인 대출의 이자율로는 거래의 경제성이 전혀 나오지 않으니 구조적으로 그 차입비용을 줄일 수 있는 방안은 필수적이었다는 얘기는 이미 했었다. 미래의 시장 환경이 크게 바뀌지 않는다는 가정 하에서 차입 비용을 쉽게 절감할 수 있는 하나의 아이디어는 루피아화 같이 그 무위험이자율이 미 달러의 무위험이자율보다 높은 통화를 선물환을 통해서 현재현물환율로 사는 것이다. 그런 측면으로 사실 미 달러-루피아 환율은 미 달러-바트 환율보다 더 좋은 대상이다(루피아화의 경우는 연 6%, 바트화의 경우는 연 3.56%가 발생됨을 기억하자). 그런데 이미 이 아이디어는 구조화채권 부분에서 사용이 됐다. 추가적으로 토탈리턴스왑에서조차 미 달러-루피아 환율에 대한 리스크를 같은 방식으로 부담하는 것은 누가 보더라도 좀 무리한 일처럼 보이게 된다.

그래서 미 달러에 대한 이자율 차이(Yield Differential)가 상대적으로 큰 다른 동남아시아 국가의 통화를 찾다가 나온 것이 바트화 아니었겠는가 하는 짐작이 든다. 루피아화 만큼은 아니더라도 그 이자율 차이가 상당하기 때문이다. 거기에 더해 투자론에서 얘기하는 다각화(Diversification)의 효과에 대한 어설픈 이해 및 주장이 있었을 수도 있다. [그림 4.4]를 보자. [그림 4.4]는 1992년 1월 1일의 현물환율을 기준으로 하여, 미 달러-루피아 현물환율과 미 달러-바트 현물환율의 거래시점인 1997년 2월 12일까지의 변동을 그래프로 나타낸 것이다. 무엇이 보이는가. 미 달러-루피아 현물환율은 거의 선형적으로 대략 연 3%씩 증가되어 왔으니, 거래 후 1년 뒤인 만기에도 그 정도 상승되고 말 가능성이 크지 않겠는가. 이런 식의 JP모건의 마케팅 및 SK증권 등의 내부 심사가 있지 않았겠는가 말이다. 그런 시나리오가 발생되더라도 구조화채권의 수익은 여전히 연 18% 정도는 될 것이라는 점을 잊지 말자. 거기에, 평균회귀의 가능성을 무슨 대단한 진리인양 들먹이면서 미 달러-루피아화 환율이 떨어질 수도 있다. 그러면 훨씬 더 큰 수익이 발생될 수도 있음을 넌지시 암시했을 것 같다. 미 달러-바트 환율의 변동은 어떻게 보이는가? 지난 6년 간 거의 변동이 없었으니, 앞으로 1년 동안도 그렇지 않을까하는 생각이 들지 않는가? 그러면 여기서 다시 3%의 수익이 발생되니, 이 전체 거래는 하기만 하면 연 20% 정도의 수익은 충분히 발생될 수 있지 않을까하는 자기만족적인 생각에 안주하게 되었을 것으로 짐작이 된다. 여기에 또 한 가지 이들에게 안심할만한 거리로서 작용했을 것이, 태국은 이 거래가 체결되던 1997년 2월에 복수통화바스켓 방식의 환율결정 방식을 쓰다가 1997년 7월에 변동환율제도로 이행했다는 점이다. 그러니까 과거의 이력상, 그리고 운영되고 있는 제도상, 미 달러-바트 현물환율이 급격히 상승할 리가 없지 않겠는가 하는 식의 판단을 JP모건이나 SK증권 등이 했을 개연성이 매우 높다.

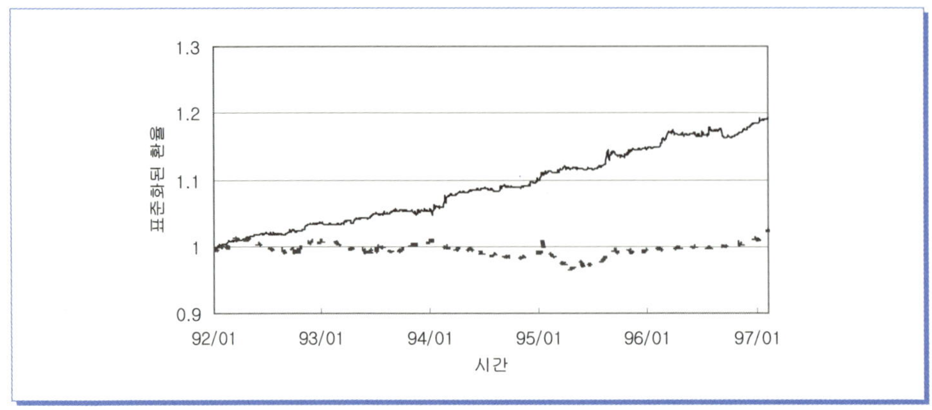

[그림 4.4] 1992년 1월부터 1997년 2월 12일까지의 미 달러-루피아 환율의 변동과 미 달러-바트 환율의 변동; 1991년 1월 1일의 환율로 정규화;
가는 실선: 미 달러-루피아 현물환율, 굵은 점선: 미 달러-바트 현물환율

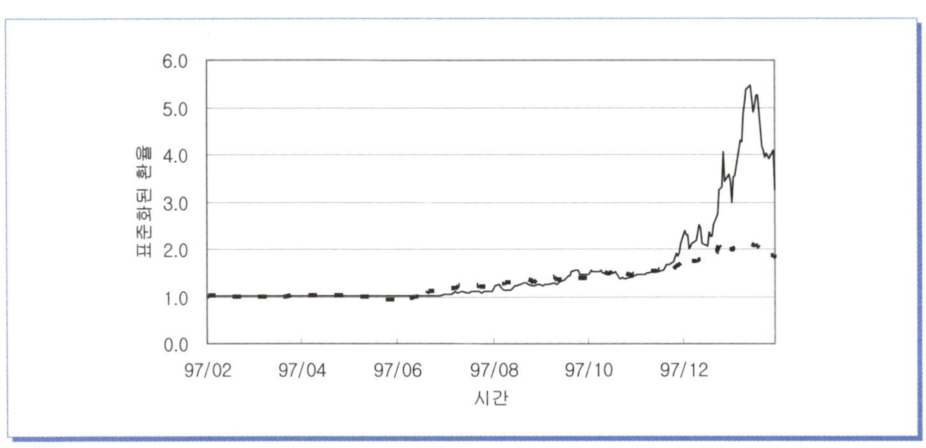

[그림 4.5] 1997년 2월 12일부터 1998년 2월 10일까지의 미 달러-루피아 환율의 변동과 미 달러-바트 환율의 변동; 1997년 2월 12일의 환율로 정규화;
가는 실선: 미 달러-루피아 현물환율, 굵은 점선: 미 달러-바트 현물환율

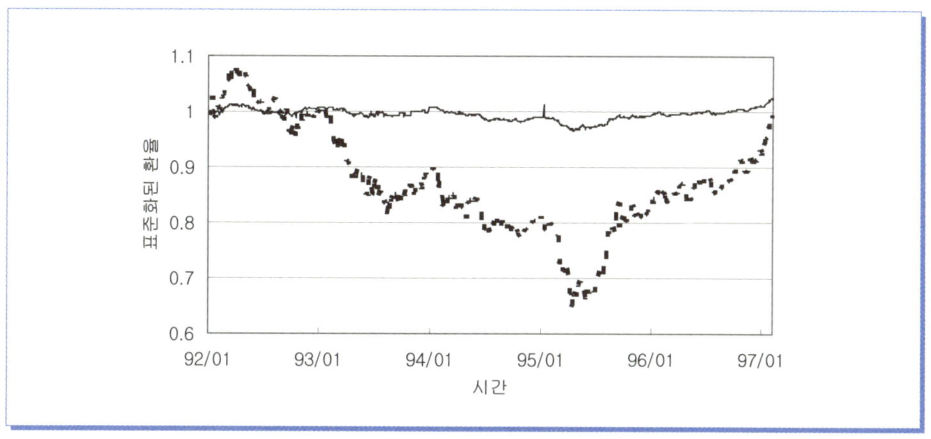

[그림 4.6] **1992년 1월부터 1997년 2월 12일까지의 미 달러-바트 환율과 미 달러-엔 환율의 변동; 1992년 1월 1일의 환율로 정규화; 가는 실선: 미 달러-바트 현물환율, 굵은 점선: 미 달러-엔 현물환율**

전체 거래에서 제일 뜬금없는 부분은 사실 미 달러 콜-엔 풋 옵션을 펀드가 소유하는 부분인데, 어떻게 이 부분이 거래에 삽입되었는가에 대한 단초를 제공해 주는 것이 거래시점의 바트화 환율의 통화바스켓 구성일지도 모른다. 바트화 환율은 태국의 무역 규모 등을 감안하여 미 달러 80%, 엔화 12%, 구 서독 마르크화 8%의 비율로 결정됐다. 따라서 미 달러-바트 현물환율이 상승하면 미 달러-엔 현물환율도 100%만큼은 아니더라도 일정 부분은 상승하게 된다, 이런 생각을 하고 집어넣게 된 것이 아닐까 추측할 수 있다. 실제로 [그림 4.6]을 보면, 1992년 1월부터 1997년 2월까지 미 달러-바트 환율과 미 달러-엔 환율 사이에는 정확히 5배는 아니더라도 일정수준의 공적분(Co-integration) 관계에 있는 것처럼 보이기도 한다. 그 환율들 사이의 동 기간 동안의 상관계수(Linear Correlation Coefficient)를 구해 보면 82.8%가 계산되는데, 이는 일반적인 한 쌍의 임의의 금융변수들을 대상으로 계산했을 때 쉽사리 볼 수 있는 그런 숫자가 아니다. 예외적으로 높은 값이란 뜻이고, 전술한 바와 같이 통화바스켓 제도에 의해 강제되어 있는 그런 것이라는 점이다. 어쩌면 이 부분이 이 다이아몬드펀드에 관련된 여러 부분들 중에서 가장 고민의 흔적이 엿보이는, 그래서 후대의 스트럭처러가 딜을 재구성해 보면서 가장 연민의 감정을 자아내게 하는 부분이다. 이 엔 옵션이 JP모건이 주장해서 포함되었는지 아니면 SK증권 등이 요구해서 추가되었는지 궁금할 따름이다. 적어도 이 부분은 무식하게 레버리지를 올리는 쪽이 아니라, 딜이 잘못되더라도 일종의 최후의 방어선으로서 작동할 수 있도록 신중한(Prudent) 관점에서 설계된 것처럼 보이기 때문이다.

딜에 대한 분석은 이제 할 만큼 했으니, 이제 최종적으로 토탈리턴스왑에 어떠한 일이 벌어졌는지 살펴보자. 먼저 미 달러 콜-엔 풋 옵션을 보면, 행사환율은 124.3이었고, 만기일인 1998년 2월 10일의 현물환율은 123.27이니, 결국 이 옵션은 행사되지 못하고 아무런 금전 지급 없이 만료되었다.[13] 한편, 미 달러-바트 환율을 보면 초기환율은 25.99였고, 만기일의 현물환율은 46.25로, 그 결제 금액은 식 (4.9)에 대입하면 얻을 수 있으며, 그 결과는 다음과 같다.

$$\beta = 5 \times 5{,}300\text{만불} \times \frac{25.99 - 46.25}{46.25} = -11{,}608\text{만불} \tag{4.14}$$

13) 다른 문헌들에 의하면 이 옵션이 행사되었다는 언급이 나오는데, 환율 결정을 어느 고시환율을 따르느냐에 따른 문제일 것이다. 옵션이 행사되었다는 문헌에서 얘기하는 그 결제금액은 원금 대비 1%에 못 미치는 적은 금액으로서 본 장의 결론에 큰 영향을 미치지는 못한다.

식 (4.10)에 의하면 식 (4.14)의 β가 만족해야 하는 조건이 있는데, 식 (4.14)와 같은 음수값은 무조건 그 조건을 만족하게 되어 있으며, 따라서 이대로 결제가 이루어질 수밖에 없게 되었다. 원래 양수라면 보람은행이 펀드에 그 금액만큼을 지급한다는 의미이므로, 반대로 음수는 그 절대값 만큼을 펀드가 보람은행에 지급해야 한다는 뜻이다. 따라서 만기일에 펀드가 보람은행에 지급하게 되는 금액은 미 달러 5천3백만불의 97%의 고정금액에 위 미 달러 1억 천6백8만불을 더한, 미 달러 1억 6천7백4십9만불이 되게 된 것이다. 펀드의 유일한 잔존자산이었던 구조화채권의 쿠폰 지급금액인 미 달러 천만6십1만불을 보람은행에 전액 지급하더라도 위 금액과의 차액인 미 달러 1억 5천6백8십8만불이 남게 되고, 이는 보람은행에 이면각서를 제공한 SK증권 등이 다시 부담해야 하는 결과를 낳게 되었다.

역사적 백테스팅(Historical Backtesting)에 기반을 둔 거래 결정과 헤지의 탈을 쓴 레버리지의 향연은 그렇게 천억원이 넘는 손실을 발생시키면서 끝이 나 버렸다.

CHAPTER 5

부채담보부증권(CDO) 손실

숫자 자체는 객관적이다. 하지만 숫자로 표현되는 통계는 객관적으로 보이는 그 외양 안에 사실은 그 통계를 들먹거린 사람의 의도가 숨겨져 있곤 하다[87, 111]. 마치, 순진한, 순결한, 순백의 양의 탈을 쓰고 있지만 속은 시커멓기 짝이 없는 늑대라고나 할까. 통계학의 영어 단어인 statistics가 국가(State)에 관련된 정보의 분석이라고 하는 어원을 갖고 있는데, 국가의 의도에 따라서 그 공표되는 통계량이 재정의되곤 하는 것을 생각하면 앞의 언급이 이해될 것이다.

초기의 통계학의 기술적 도구들은 비록 보잘 것 없었지만, 이때의 통계는 정적이고 변하지 않는 대상에 대한 분석이기 보다는 그 변화해 나가는 것을 역동적으로 파악해 나가기 위한 수단으로서 그 가치를 인정받았다.

한편, 현대의 통계학은 기술적인 세련됨을 얻은 대신에 정적이고 이상화된 대상을 다루는 수단으로 변모되면서 현재의 지위를 확보하였다. 거의 대부분의 사회과학과 일부의 자연과학, 특히 의학, 약학, 생물학 등의 분야에서 통계학적 수단은 알파이자 오메가이다. 어느 정도 수준 이상의 학술지에서 통계적 수단에 의존하지 않은 실증적 연구결과를 발견하기란 하늘의 별을 따는 것보다 어려운 일이다. 그리고 여기서 보고되는 결과들이란 소위 통계적으로 유의미한 결과들이다. 단순히 우연의 결과로만 일어났다고 보기 힘든 그래서 실제로 그럴 가능성이 매우 높다고 통계적 검정법에 의해 판단되는 결과들만이 보고된다는 것이다. 그런데 통계적으로 유의미하다는 것이 증명됐다는 기존의 연구 문헌들의 결과를 실제로 추후에 검증해 보면, 그 중 상당수는 그 유의성이 관찰이 되지 않는다는 최근의 연구 결과는 신선하지만 곰곰 생각해 보면 놀랄 일도 아니다[115]. 실제 세계와의 적합성을 따지기 보다는 이상화된 모델의 수학적 조작의 용이성에 더 큰 가치를 부여하고, 이에 따라 실제 세계에 눈을 감아 버리는 것은 금융이론의 역사에서 비단 처음 있는 일이 아니었다[80, 141]. 즉, 그 모집단의 성질이 계속 변하는데 통계적 유의성을 증명하면 뭐하는가.

그러한 배경 하에 탄생한 것이 바로 부채담보부증권(Collateralized Debt Obligations; CDO)이다. 대략 10년 주기로 발생하는 것처럼 보이는 세계 금융위기의 2000년대의 주연인 것이다. 1990년대의 주연이 롱텀캐피탈매니지먼트라면, 2000년대에는 부채담보부증권이었다. 1997년의 러시아의 국채 지급불이행과 그로 인한 롱텀캐피탈매니지먼트의 몰락, 그리고 그 와중에 벌어졌던 태국, 인도네시아, 한국 등과 같은 아시아 국가들의 통화 가치의 하락으로 전세계적인 금융위기를 겪은 후, 이후 2000년대 초반 소위

닷컴 버블이 드디어 붕괴되면서 발생된 디플레이션의 압력을 해결하고자 미국은 느슨한 통화정책을 유지하였고, 이는 이후 주택시장의 버블로 탈바꿈하여 2008년 소위 서브프라임 모기지 사태(Sub-prime Mortgage Crisis)가 야기되면서 다시 한 번 전지구적인 금융위기가 촉발되게 된 것이다.

그 와중에 우리은행을 비롯한 국내금융기관들은 물경 1조원이 넘는 손실을 부채담보부증권과 그 변종에 대한 거래로부터 입게 되었다. 이와 관련하여, 우리은행은 부채담보부증권 거래상대방이었던 씨티은행, 메릴린치(Merryll Lynch), 스코틀랜드왕립은행(Royal Bank of Scotland; RBS)을 상대로 소송 제기 검토한 끝에[55], 2012년 5월 씨티그룹을 상대로 드디어 미국 현지에서 소송을 제기한 바 있고[14], 농협 또한 2012년 3월 모건스탠리(Morgan Stanley), 무디스(Moody's), 스탠다드 앤 푸어스(Standard & Poors; S&P)를 상대로 뉴욕연방법원에서 진행 중인 손해배상 청구소송에 원고로 참여하였으며[34], 이 외에도 보험사인 흥국생명과 흥국화재는 2007년 골드만삭스(Goldman Sachs)의 CDO 펀드인 팀버 울프(Timber Wolf) 펀드에 투자했다가 총 439억원의 손실을 입고 2011년 3월에 뉴욕연방법원에 손해배상 청구소송을 낸 바 있다[55].

먼저, 그 구체적인 사실들을 확인해 보자. 2000년대 초반부터 전세계적인 인기를 구가하기 시작하여 새로운 금융 혁신의 총아로 칭송 받던 부채담보부증권에 대한 투자는 국내의 금융기관들로서도 무시할 만한 것은 아니었다. 2004년부터 조금씩 투자 및 거래에 나서기 시작한 국내 금융기관들 중 가장 큰 규모로 집행한 곳이 바로 우리은행이었다. 2004년 6월부터 2007년 7월, 미국 부동산시장에서 파열음이 들려오기 시작하던 때까지 부채담보부증권 10억 6천만달러, 신용부도스왑 4억 8천만달러, 총

[표 5.1] 농협중앙회 CDO, CDS 거래 현황[48]

(단위: 백만불)

구분	01년	02년	03년	04년	05년	06년	07년	08년
CDO	10	30	40	87	131	124	278	36
CDS	-	-	-	-	-	60	60	0
계	10	30	40	87	131	184	338	36
누계	10	40	80	167	298	482	820	856

15억 4천만달러의 원금 및 액면금액에 해당하는 거래를 집행하였다[1, 58]. 그 다음으로 큰 규모로 거래를 한 곳은 농협으로서 2001년에 천만달러, 2002년에 3천만달러, 2003년에 3,950만달러 등 조금씩 손을 대다가 2004년부터 본격적으로 나서기 시작하여 거의 매년 1억불 이상씩, 특히 2007년에는 상반기에만 2억불 등 총 8억 5,540만달러(신용부도스왑 1억 2천만달러 포함) 집행하였다[48]. 이 외에도 [표 5.2]에 나온 바와 같이 다양한 시중은행들이 부채담보부증권과 신용부도스왑을 거래했던 바[25, 26, 47], 역시 그 규모 면에서 두드러지는 것은 우리은행, 농협, 그리고 신한은행의 세 곳이라 할 수 있겠다. 눈에 띄는 것은 우리은행과 농협은 부채담보부증권의 비중이 높은 반면, 신한은행의 경우 부채담보부증권보다는 신용부도스왑으로 거의 대부분의 거래를 수행했다는 점이다. 이 둘의 차이에 대해서는 후에 설명할 예정이다.

투자적격등급의 우량한 채권 혹은 신용물이면서도 해당 등급의 시장평균 금리를 훨씬 상회하는 금리를 제공하는 부채담보부증권과 신용부도스왑에 대한 거래는 위 금융기관들에게는 황금알을 낳는 거위처럼 느껴졌을지도 모른다. 그런데 미국의 부동산담보부채권(MBS) 시장의 문제가 점점

[표 5.2] 기타 시중은행들의 CDO, CDS 거래 현황[25, 26, 47][1)]

(단위: 백만불)

시중은행	CDO	CDS	계
신한은행	5	736	741
대구은행	-	55	55
외환은행	80	30	110
하나은행	-	10	10
산업은행	3	4	4
국민은행	-	3	3

더 대중들에게 알려지기 시작하던 2007년 7월, 우리은행의 부채담보부증권에 대한 손실에 대한 기사가 알려진다[26]. 4억 9,200만달러의 원금 중 2,900만달러의 평가손실이 난다는 기사가 전해진 것이다. 손실률은 5.9%, 이 때의 기사를 지금 현재 읽어 보면 당시 관계자들의 전망이 여전히 얼마나 낙관적이었는지 깨달을 수 있다. 일부 발췌해 보면,

> 우리은행은 CDO의 대부분이 **신용등급 A이상에 대해 이뤄진 만큼 부도 등에 따른 대규모 손실 발생 가능성은 높지 않다고 설명**했다. 실제로 우리은행 보유한 CDO 채권의 신용등급은 AA가 1건, A가 30건, BBB가 2건이다. 부실 우려가 큰 BBB 채권의 금액은 약 4천만 달러로 전체 8.1% 수준. 우리은행 관계자는 “신용등급 A는 우리나라 국가등급과 같은 수준으로 미국의 서브프라임 대출자의 25% 이상이 모두 부도가 발생해 경매절차에 들어가는 경우 손실이 발생할 수 있는 채권”이라며 **“과거 10년간의 평균 부도율이 5.6% 수준임을 감안**[2)]하면 만기 보유시 채권의 안정성에 대한 문제는 없다”고 설명했다.

---

1) CDS 잔액의 경우 원화로 보도되어, 이를 2007년 12월말의 환율 935.37을 적용하여 미 달러로 환산한 금액이다.

2) 강조체(Bold)는 저자가 강조하기 위해 나타낸 것이다. 과거의 데이터를 가지고 미래를 예측하

이 때 당시만 해도 다른 은행들의 부채담보부증권 투자에 대한 평가손실은 상대적으로 낮은 편으로서, 농협이 2%대, 외환은행이 0.5%대, 산업은행은 0.7%대 수준이었다[26]. 그러나 이러한 낙관적 전망도 잠깐, 시간이 가면서 이 평가손실은 눈덩이처럼 늘어나기 시작, 2007년 말까지 우리은행은 부채담보부증권의 90%를 투자손실로 상각 처리하게 되고[53], 농협은 2009년 2분기까지 총 6억 1,580만달러의 손실, 즉 원금 대비 72%를 잃어버리고 말았다[48]. 한편, 거래 규모가 작았던 다른 은행들의 경우 평균적으로 21% 정도의 손실률을 보여[49], 같은 부채담보부증권에 대한 거래라고 해도 그 안의 내용은 다를 수 있다는 것도 확인되었다.

결국 2009년 10월 기준으로 18개 시중은행의 전체 부채담보부증권 액면금액 19억달러 중 85%인 16억 2천만달러가 손실 처리되었고, 신용부도스왑은 14억 6천만달러의 액면금액 중 36%인 5억3천만달러가 손실 처리되고 말았다[58].3) 우리은행만을 놓고 본다면, 결국 2004년부터 2007년 사이에 15억 8천만달러의 액면 금액 대비 90% 이상인 1조 6,200억원을 손실 처리하게 되었고, 2011년 11월 기준으로 2,300억원의 잔존 액면금액에 대한 시가 평가 결과는 3.5%에 불과한 80억원인 것으로 나타났다[76]. 한 마디로 그 손실 금액과 그 손실률은 입을 다물지 못하게 하는 그런 수준의 것이다.

는 것은 대형 사고를 야기시키는 거의 틀림없는 레시피이다.

3) 이 손실의 비율을 보고 부채담보부증권이 신용부도스왑보다 손실률이 높은 더 위험한 거래다라는 식의 잘못된 오해를 하지 않길 바란다. 이는 어떤 기초자산을 가지고 어떻게 구조화할 것이냐의 문제이지, 그 거래가 부채담보부증권으로 분류되냐 신용부도스왑으로 분류되냐의 문제가 아니기 때문이다. 나중에 다시 설명하겠지만, 여기서의 신용부도스왑 거래들은 부채담보부증권의 일부 트렌치(Tranche)를 원금비공여(Unfunded) 형식으로 한 것에 불과하다.

우리은행의 부채담보부증권에 대한 거래와 관련된 이야기를 하려면, 현재의 금융시스템이 만들어지기까지의 그 역사적 변천, 신용평가사의 역할, 자산유동화 기법의 개발, 신용파생거래의 도입, 그리고 구조화 금융(Structured Finance) 거래의 핵심 변수인 상관계수의 성질에 대해 차례대로 짚어 봐야 한다. 짧지 않고 간단치 않은 이야기이지만 하나씩 풀어나가 보도록 하겠다.

최초엔 은행과 대출(Loan)만이 있었다. 자본이 필요하지만 그 자금을 직접 소유하고 있지 않은 기관의 경우 그 자금을 조달할 수 있는 유일한 창구는 은행뿐이었다.[4] 말할 것도 없이, 현대적인 개념의 중앙은행(Central Bank)이나 시장(Market)에서 거래되는 채권(Bond)이나 주식(Equity) 같은 것은 물론 존재하지 않았고, 대출을 해 주는 은행의 입장에서도 차입해 가는 기관의 부도 가능성은 너무나 실제적인 그런 것이었기 때문에, 심지어 국가나 공국조차도 담보를 제공하지 않으면 자금을 조달하기 어려운, 신용 대출이라는 것은 상상하기 어려운 그런 상황이었다. 은행은 대출 외에도 소위 머천트 뱅킹(Merchant Banking)의 역할을 수행하기도 했는데, 이는 특정 사업에 대한 지분 투자를 통해 고수익을 추구하는 방식으로서 현대의 주식과 비슷하지만 이를 팔아 버릴 수 있는 시장의 비존재로 인해 은행 입장에서 감당해야 하는 리스크는 현대의 주식과는 비교할 수 없게 큰 그런 것이었다. 자금을 조달할 수 있는 방법이 워낙 한정 되어 있다 보니 그 조달 비용은 감당할 수 없을 정도로 높았고, 이에 따라 사회 전체의 자본의 이용은 효율적이지 않았고 사회의 발전은 더딜 수밖에 없었다.

---

4) 당시의 은행들은 일가친척들의 재산을 가지고 대부를 수행하는 가문들로서 현대적인 부분지급준비금제도(Fractional Reserve Banking System) 하의 은행과는 거리가 있었으며, 현대의 상호신용금고(Savings & Loans), 현재 한국에서 저축은행이라고 불리는 것들과 좀 더 비견될만하겠다.

1609년 네덜란드는 상장 주식의 발명과 일종의 원시 중앙은행인 암스테르담은행(the Wisselbank or Bank of Amsterdam)의 설립을 통해 현대 금융시스템으로 가는 초석을 놓게 된다[171]. 곧 얼마 지나지 않아, 네덜란드는 현대 금융시스템의 필수 요소들을 모두 갖추게 되는데, 즉 자국 정부의 높은 신용, 화폐가치의 안정성, 중앙은행 및 은행 시스템, 그리고 국채나 주식이 거래되는 시장 등이 그것이다. 이러한 시스템을 구축한 네덜란드가 17세기의 강대국으로 자리매김하게 된 것은 결코 놀랄 일이 아니다[171]. 이어, 1688년, 당시까지는 글자 그대로 변방의 미개한 나라에 불과했던 영국이 네덜란드의 방식을 채택하여 그 뒤를 따르게 되는데, 네덜란드의 공작이었던 오렌지공(William of Orange)을 자국의 왕으로 초빙함으로써 네덜란드 금융가들의 노하우를 전수 받게 되고, 1694년, 영란은행(Bank of England)을 설립함으로써 금융시장의 기둥을 마련하게 된다. 이러한 영국이 전세계에서 첫 번째로 산업혁명을 이뤄내고 18세기와 19세기의 초강대국으로서 군림하게 된 것 또한 역사의 우연만은 아닌 것이다[102]. 그리고 약 100년 후, 신생공화국인 미국은 알렉산더 해밀턴의 설계 하에 동일한 금융 시스템을 갖게 되고, 그 이후 현재까지도 세계의 초강대국으로서의 지위를 유지하고 있다[170].

상대적으로 훨씬 최근의 발명인 옵션을 제외하면, 당시의 금융 시스템이 현재와 비교해서 유일하게 결여되어 있는 것은 바로 신용평가사의 존재이다. 그렇다고 당시의 시스템이 불완전하거나 잘 작동되지 않았는가 하면 절대 그렇다고 얘기할 수는 없는 것이 바로 위의 세 나라의 수백년 간의 성공적인 운영 이력이 있기 때문이다. 그 기간 동안 위 3개국의 국채는 시장에서 신뢰를 받으며 발행되고 거래되어 왔고, 상대적으로 그 신뢰도가 떨어지는 국가의 국채는 시장 기구(Market Mechanism), 즉 그 낮은 신용에 걸 맞는 가격으로 거래됨으로써 채권시장은[5] 큰 차질 없이 작동되었던 것이다. 그렇다면 도대체 어떤 연유로 신용평가사가 등장하게 된 것일까.

최초의 신용평가사라고 할 수 있는 것은 미국에서 1909년에 등장하였는데, 그것이 바로 무디스(Moody's Investor Service)이다. 무디스는 채권평가사(Bond Rating Agency)라는 개념을 최초로 정립하였는데, 이는 그 이전에 1800년대부터 회사에 대한 분석 자료를 제공하던 두 가지 역할을 하나로 합친 것으로 볼 수 있으며, 그 첫 번째 역할은 신용분석회사(Credit Reporting Agency)의 역할로서 분석 대상 회사의 신용도에 대한 보고서 및 정보를 제공하는 것이었다. 두 번째는 특정 산업에 대한 심도 있는 보고서를 제공하는 전문 비즈니스/금융 언론의 역할이었는데, 미국 철도저널(The American Railroad Journal)의 편집인(Editor)이었던 헨리 바넘 푸어(Henry Varnum Poor)는 미국 남북전쟁 이후 자신의 미국철도회사연감(Manual of the Railroads of the United States)을 발간하기 시작하였고, 1916년 무디스와 같은 채권평가 비즈니스를 수행하기 시작하여, 1941년 스탠다드 통계(Standard Statistics)와의 합병을 통해 현재의 스탠다드 앤 푸어스에 이르게 된다. 이들 미국계 두 회사, 즉 무디스와 스탠다드 앤 푸어스는 지금까지도 전세계의 채권평가 비즈니스를 주무르는 주도적 위치를 유지하고 있으며, 전세계 시장점유율은 각각 40% 정도씩 된다.[6]

---

5) 당시로서 국가나 지방정부가 아닌 채권 발행자는 존재하지 않았다고 생각하기 쉬우나, 꼭 그런 것만도 아니다. 미국에서 1850년대부터 철도회사의 채권들이 발행되어 실제로 시장에서 활발하게 거래되었고 최초의 신용평가사가 등장할 때까지 50여년 넘게 큰 문제없이 소화되어 왔기 때문이다.

6) 이들이 미국의 국가 이익을 간접적으로 대변한다면, 이의 대척점에 서 있는 것이 영국의 국가 이익을 대변하는 피치(The Fitch Ratings)이며 이 회사의 세계시장점유율은 14% 정도이다. 1년에 한번 정도 우리나라 신문에 기사가 나곤 하는 세계 각국의 대학평가 순위를 발표하는 더

궁극적으로 신용평가사들이 제공하는 것은 채권의 등급으로서, 회사마다 조금씩 다른 기호를 사용하고 있지만 크게 보아서는 대동소이하다. 사실, 무디스와 스탠다드 앤 푸어스는 조금 다른 방식의 기호를 사용하고 있을 뿐만 아니라 그 등급을 매기는 방법론 및 그 근본철학도 상이하다[125]. 가령, 무디스는 평균손실률의 관점으로 등급을 관리한다면 스탠다드 앤 푸어스와 피치는 평균부도율의 관점으로 등급을 관리한다. 가장 높은 등급으로 AAA(스탠다드 앤 푸어스와 피치)와 Aaa(무디스)가 있고, 스탠다드 앤 푸어스와 피치의 등급에는 AA+, AA, AA−, A+, A, A−, BBB+, BBB, BBB−, BB+, BB, BB−, B+, B, B−, CCC+, CCC, CCC−, CC, C, D의 총 22단계, 무디스의 등급에는 Aa1, Aa2, Aa3, A1, A2, A3, Baa1, Baa2, Baa3, Ba1, Ba2, Ba3, B1, B2, B3, Caa1, Caa2, Caa3, Ca, C의 총 21단계가 있다[83]. 증권사들의 주식에 대한 평가가 매수, 보유, 매도의 세 가지만 존재하는 것에 비하면 상당히 세분화되고 전문적인 결과인 것처럼 보인다.

사실, 이 등급들은 신용평가사들의 의견에 불과할 뿐, 어떤 공식적인 의미를 부여할 만한 것은 아니었다. 새로 채권을 발행하고자 하는, 즉 자본시장으로부터 직접 차입을 하고자 하는 채권발행자와 아무런 이해상충이 없는 객관적 제3자인 신용평가사들이 그러한 정보를 필요로 하고 요구하는 투자자들로부터 일정한 서비스 요금을 받고 그러한 보고서 혹은 등급을 선정하여 제공하는 것은 누가 보아도 나무랄 데가 없는 일이다. 당연히, 그 중 일부의 경우는 신용평가 기관의 방법론이나 견해에 따라

타임스 역시 영국의 국가 이익을 노골적으로 대변하는 곳으로서, 이 평가는 항상 영국의 대학들과 과거 영연방 국가들의 대학들에게 높은 순위를 부여한다. 이게 한국의 신문에 기사로 나간다는 것은 슬픈 일이다.

다른 결론이 나올 수도 있을 것이다. 다른 결론이 나오는 경우가 발생하지 않는다면 그것이 더 문제일 수도 있다. 그런 여러 가지 스펙트럼을 가지는 견해들을 종합하여 최종적으로 투자 결정 등을 내리는 것은 투자자가 어느 누구에게도 위임할 수 없고 스스로 책임져야 하는, 특히 전문적인 금융회사라면 더더욱 그러한 책무인 것이다. 그런 관점에서 등급을 어떠한 방식으로 산정하던, 그 등급을 22단계로 나누던, 3단계로 나누던, 아니면 150 단계로 나누던 그건 신용평가사가 정할 문제인 것이다.

그러던 것이 1960년대에 들면서 조금씩 이상해지기 시작했다. 먼저, 독립적인 신용평가사들이 커다란 언론 및 출판 그룹에게 인수되더니, 근본적으로 객관성을 담보하기 어려운 비즈니스 모델을 추구하기 시작하게 된다. 무디스는 1962년 던 앤 브래드스트리트(Dun & Bradstreet)에게 인수되었고, 스탠다드 앤 푸어스 역시 60년대에 세계적인 출판그룹 맥그로 힐(McGraw Hill)에게 인수되는데, 1970년대에 들어서면서 기존의 보고서를 받아 보는 투자자들로부터 요금을 받는 모델을 버리고, 신용등급을 부여하는 대가를 발행자로부터 받는 모델로 전환하게 되는 것이다. 이 전환을 통해 무디스와 스탠다드 앤 푸어스와 같은 신용평가사들은 안정적인 고수익을 거두는 회사로 탈바꿈하게 된다.

새로 발행하는 채권에 대해 등급을 부여하고, 그 채권 발행자로부터 돈을 받는 이 비즈니스 모델은 누가 보더라도 문제의 소지가 있는 것이었다. 이는 이후 두 가지 방향의 의도하지 않았던 부산물을 낳게 되었는데, 돈을 받고 등급을 주는 것이라면 그 객관성을 어떻게 담보할 수 있겠느냐는 비판에 대응하기 위해 신용평가사들이 정성적인 부분을 강조하기 보다는 정량적인 부분, 즉 등급의 지나칠 정도의 세분화, 수학적으로 세련된 모델의 채용,[7] 과거 데이터에 근거한 등급 산정 등의 방향으로 계속 진화해 나갔다는 것이다. 또 하나의 방향은 신용등급 산정의 건 수가 곧 자신들의 매출이 되어버린 신용평가사들은 그 채권이 어떠한 종류의 채권이던 가리지 않고 적극적으로 등급 부여를 할 마음을 먹게 되었다는 것으로서, 이것은 특히 미국에서 자산유동화(Asset Securitization)나 구조화금융의 비약적인 성장의 한 중요한 요소로써 작용하게 되었다. 예를 들어, 1975년에는 고작 600건의 신규발행 채권에 신용등급부여가 이루어진 반면, 2000년에는 무디스 혼자서 20,000건의 미국 국내 채권과 1,200건의 해외채권에 신용등급을 부여하게 되고, 스탠다드 앤 푸어스 또한 비슷한 숫자의 채권을 평가하게 되었다[148].

예일대에서 법학을 공부하고 모건스탠리와 크레딧스위스퍼스트보스톤(Credit Swiss First Boston; CSFB)에서 파생 스트럭처러로 일하기도 했던, 캘리포니아 샌디에이고대학교(University of California, San Diego)에서 법률을 가르치는 프랭크 파트노이(Frank Partnoy)는 특히 이 과정에서 감독당국이 취했던 행위가 문제라고 지적하고 있다[148, 171]. 1936년, 미국의 통화감독국(The U.S. Comptroller of the Currency)은 은행들은 투기적인 투자증권은 구입하지 말 것을 명시한 규제를 발표하면서 투기적인 투자증권에 해당되는지에 대한 판단은 최소한 두 곳 이상에서 발행된 신용평가서로 갈음할 수 있다는 문구를 삽입하였는데, 민간 영리기업에 불과한 신용평가사의 의견에 지나친 규제적 권한과 권위를 준 것이

7) 핌코(Pimco)의 창립자 빌 그로스(William Gross)는 이를 가리켜, 투자자들은 신용평가사들의 등급 같은 것은 무시하는 편이 나은데, 왜냐하면 신용평가사들은 수학적 능력은 있지만 이를 실제에 어떻게 적용해야 하는지에 대해서는 철저하게 무지한 일종의 정신발육 지체아(Idiot Savant)와 같기 때문이라고 하였다[178].

아니냐는 의견이 들끓어서 이 두 곳 이상의 신용평가서에 대한 문구는 1938년 삭제되게 되었다. 하지만 약 30여 년이 지난 1970년대 초반 베트남전 등으로 어려운 정치적, 경제적 환경에 처한 미국은 신용평가사의 등급을 공식적인 규제의 수단으로 되살리면서, 1973년 미국 증권거래위원회(The US Securities and Exchange Commission; SEC)는 심지어 한 발자국 더 나가 이들 신용평가사들을 국가가 인정하는 공식적인 기관(Nationally Recognized Statistical Ratings Organizations)으로 지정하기까지 이르게 된다. 바로 이 때 쯤에 무디스와 스탠다드 앤 푸어스는 발행자로부터 돈을 받는 비즈니스 모델로 전환을 하게 된 것이다.

독자들 중 일부는 두 곳 이상의 신용평가사(라고는 해도 결국은 바로 무디스와 스탠다드 앤 푸어스의 두 곳)로부터 등급을 의무적으로 받게 하는 것이 해 될 것은 없지 않느냐는 생각을 할지도 모르겠다. 문제는 아마 당초에 생각지도 않았던 방향에서 생겨나게 되는데, 투기등급(Speculative Grade)이 아닌 채권, 즉 투자등급(Investment Grade)으로 분류가 된 채권에 대한 투자는 그게 잘못되더라도 그 투자 결정을 내린 사람이 책임 회피할 수 있는 구실을 제공해 주게 되었다는 것이다. 본인이 상당한 주의(Due Diligence)를 기울여 내려야 하는 투자 결정에 있어서, 이제는 기계적으로 등급을 보고 그 등급이 투자등급인 한에서 제일 높은 수익률을 약속하는 (따라서 제일 위험할) 채권을 매수하는 유인이 생겼다는 것이다. 미국 증권거래위원회의 결정으로 인해, 알파벳 글자 몇 개를 읽고 거기에 딸린 숫자를 보는 것이 채권 투자가 되어 버린 것이다. 그냥 게으름의 산물일 뿐 이건 기술도 아니고 아무 것도 아니다.

미국 증권거래위원회가 제안하고 그 후 대부분의 국가에서 채택한 채

권의 투자등급과 투기등급의 구분의 이분법은 결국 부도 확률과 그 수익률에서 연속적인(Analog; Continuous) 스펙트럼을 갖고 있던 모든 채권들의 계(Universe)를 0 아니면 1의 이분법적인(Dichotomous; Binary) 분절적(Digital; Discrete) 계로 바꾸어 버린 결과를 가져 왔다. 신용평가사들 마다 다른 방식의 등급 산정 방식을 가질 지언 정, BBB- 혹은 Baa3 이상의 등급은 투자등급으로 간주되고 BB+ 혹은 Ba1 이하의 등급은 투기등급으로 간주된다. 그리고 각 등급 안에서 상대적인 강도를 나타내는 세부 등급들은 사실 그렇게 큰 영향을 미치지 못한다. [표 5.3]은 스탠다드 앤 푸어스가 2012년 초에 발표한, 1981년부터 2011년까지 30년 동안 자신들이 부여한 신용등급을 가진 전세계 회사들이 실제로 통계적으로 어떤 누적부도확률을 보여 왔는가를 보여주는 표로서, 등급 AAA와 A가 누적부도확률상으로 그렇게 큰 차이가 나지 않고, 5년이 지나도 여전히

[표 5.3] 스탠다드 앤 푸어스의 등급별 평균 누적부도 확률(1981년부터 2011년까지)[166]

글로벌	1년	2년	3년	4년	5년
AAA	0.00%	0.03%	0.14%	0.25%	0.37%
AA	0.02%	0.07%	0.14%	0.26%	0.37%
A	0.08%	0.18%	0.32%	0.48%	0.66%
BBB	0.24%	0.67%	1.13%	1.71%	2.30%
BB	0.90%	2.70%	4.80%	6.80%	8.61%
B	4.48%	9.95%	14.57%	18.15%	20.83%
CCC/C	26.82%	35.84%	41.14%	44.27%	46.72%
투자등급	0.12%	0.33%	0.57%	0.86%	1.17%
투기등급	4.21%	8.23%	11.74%	14.56%	16.82%

1%에 못 미치는 작은 값임을 주목할 필요가 있다. 이는 현재의 22등급 혹은 21등급을 되어 있는 신용등급의 체계를 지금보다 더 세분화시킨다고 해도 마찬가지이다. 결국 문제가 되는 것은 투자등급에 속하냐 아니면 투기등급으로 분류가 되느냐가 중요한 의미를 갖는다는 것이다. 신호처리(Signal Processing) 혹은 파동학(Wave Mechanics)의 이론으로 보자면 그 공간 샘플링 주파수라고 할 수 있는 일종의 파동수(Wave Number)가 너무 작아서 세상이 온통 왜곡(Distortion)되어 버리는 것과 유사한 결과가 되어 버렸다. 공간적 나이퀴스트 주파수(Spatial Nyquist Frequency)[8] 보다 높은 파동수는 모두 에일리어싱(Aliasing)[9]돼 버려서 원래의 연속적인 스펙트럼은 사라지고 일그러진 세상이 되어 버린다는 것이다.

이러한 이분법적인 분류가 실제로 어떤 결과를 가져올 수 있는지 한번 보자. 우선 모든 신용평가사들이 주장하는 것처럼 이들이 매기는 신용등급은 회고적(Retrospective)이진 않고 전망적(Prospective)이라고 받아들이자. 그리고 또한 그들이 얘기하는 대로 단지 정량적인 요소들에만 의존하여 등급을 부여하는 것이 아니고 정성적인 요소들, 즉 계량화시킬 수 없지만 신용 전망에 중요한 요소들, 가령 경영진의 경쟁력이라든지, 하는 요소도 감안하여 등급을 조정한다는 것도 받아들이자. 사실, 보기에 따라서 이러한 주관적이면서 임의적인(Ad-hoc) 조정은 객관성을 헤칠 수 있는, 피해야 하는 것으로 인식될 수도 있지만, 필자의 견해로는 사실 이는 도움이 되는 측면이 있는 것으로서 무조건적으로 배제되어야 할 것은 아니라고 본다. 그래서

8) 아날로그-디지털 변환에 의해 연속신호를 시계열로 바꿀 때, 샘플간격에 따라 식별 가능한 최대 주파수를 말한다.

9) 샘플링시 표본화 주파수가 신호의 최대 주파수의 2배보다 작아 인접한 스펙트럼이 서로 겹쳐 생기는 신호 왜곡 현상을 말한다.

어떤 기업을 평가했는데, 정량적, 정성적 정보들을 종합하여 보니, 이게 보기에 따라선 BBB−로도 산정이 될 수 있고 또 한편 BB+로 부여해도 무방한 딱 경계선에 걸린 경우라고 상상해 보자. [표 5.3]에 빗대어 이야기 해보자면, 5년 내 부도확률을 계산해 보니 4.0%가 나오는데, BBB−의 부도확률은 3.5%이고 BB+의 부도확률은 4.5%라면 어떻게 해야 하는가? 신용평가 애널리스트의 한 순간의 결정에 의해 이 회사가 투자 적격 아니면 투자 부적격 판정을 받게 되는 것을 어떻게 정당화할 수 있겠는가.

사실, 신용평가사들은 충분히 조심스럽게 자신들이 부도확률을 예측하고 있는 것은 아니라는 점을 분명히 하고 있긴 하다. 그들이 부여하는 등급은 부도확률에 대한 정량적 예측이 아니고, 등급들 간의 상대적인 신용도의 우열을 보여주는 서수적(Ordinal) 변수이다. [표 5.3]과 같은 것은 평균적으로 그들의 등급부여가 서수적 관계에서 어긋나지 않았음을 보여주는 입증자료로서 제시되고 있고 여기까지는 사실 큰 문제는 없다. 문제는 이러한 과거 자료의 제시가 많은 사람들에게는 미래의 부도확률에 대한 전망으로 받아들여지고, 신용평가사들도 자신들의 권위에 해가 가지 않는 범위 내에서 이러한 잘못된 전망을 암묵적으로 용인하고 있다는 점이다. 정상상태의 망령은 여기서도 발견된다.

채권의 전체집합을 투자등급과 투기등급의 상호배타적(Mutually Exclusively) 부분집합으로 나눌 때의 가장 두드러진 오류는 소위 타락한 천사(Fallen Angel)의 경우에 발견된다. 타락한 천사란 원래 투자등급이었다가 여러 가지 이유로 인해 신용평가사들로부터 그 신용등급이 투기등급으로 강등된 회사들 또는 그 회사들의 채권을 일컫는다. 투기등급이 되어 버렸기 때문에 대부분의 기관투자가들은 이러한 채권을 멀리하곤 하지만 사실

그러한 이유로 인해 이들 등급의 채권의 수익률은 이 등급에서 역사적으로 관찰되는 부도율을 보상하고도 남을 정도로 높다는 것이다[110]. 1970년대와 80년대에 고수익채권(High-Yield Bond) 혹은 정크 본드(Junk Bond)의 왕으로서 이 시기의 하나의 중요한 금융혁신을 이뤄낸 마이클 밀켄(Michael Milken)이 주목한 것도 바로 이러한 이분법적인 분류가 야기하는 왜곡이었다[171].

연속적인 스펙트럼을 갖는 것이 자연스러운 채권의 유니버스를 몇 개의 등급으로 디지털화했을 때 발생되는 다른 하나의 문제는 같은 등급을 부여 받더라도 실제로 시장 수익률, 즉 시장 기구(Market Mechanism)가 예측하는 각 채권의 부도확률 및 부도시 손실액은 천차만별이기 쉽다는 점이다. 가까운 한국의 예를 보자. 무디스의 자회사인 예전의 한국신용평가, 현재의 KIS채권평가의 자료에 의하면[19], A- 등급을 갖고 있는 기업별 금리 차이가 2012년 12월 기준으로 5.50%까지 벌어져 있다는 것이다. A- 등급 중, 예를 들면 현대비앤지스틸은 3% 중반에 불과하지만 STX, 계룡건설, 한라건설과 같은 회사들은 7%에서 8%에 달하고 STX 조선해양의 경우는 9%가 넘어가게 된다. 보기에 따라서 이는 신용평가사들이 등급 조정에 인색하거나 혹은 적기에 조정하지 못하는 문제점[10] 때문에 발생되는 일이라고 현재의 등급부여 시스템을 옹호하는 경우도 있겠지만, 시장 가격이 이미 변동된 후에 이를 뒤늦게 쫓아가는 식의 등급 시스템이라면 이는 일종의 불필요한 잉여 아니겠는가. 시장 기구가 신용평가사들의 등급보다 더 예측력이 있다는 것 또한 잘 알려져 있는 사실로서[110],

10) 신용평가사들이 수익을 채권을 발행하는 회사에 거의 전적으로 의존하는 현재의 모델이 그 큰 원인 중의 하나임은 자명한 일이다.

신용평가사들의 등급에 강제적인 권한을 부여하지만 않는다면 사실 큰 문제가 될 것도 없는 일이 될 수도 있다. 그러한 등급들을 하나의 의견, 견해로서 참고만 할 수 있는 상황이라면 말이다.

신용평가사들의 분절화된 등급 체계와 이를 기반으로 하여 상호 배타적인 이분법적인 분류를 강제한 규제 당국의 근시안적인 시각 외에도 이 신용평가사들의 평가에서 보이는 또 다른 하나의 심각한 문제가 있었으니, 이는 바로 이들이 부여하는 신용등급 자체가 비즈니스 사이클에 동조하는 경향이 있다는 점이다[110, 171]. 무슨 이야기냐 하면, 경기가 확장되는 국면일 때는 등급을 상향하는 경향이 있고 반대로 경기가 하락하는 국면일 때는 등급을 하향 조정하는 경향이 있다는 것이다. 경기가 좋은 상황에서 등급이 올라가는 것은 당연한 것 아니냐고 생각하는 독자도 있을지 모르나, 브래독 힉맨(Braddock Hickman)에게는 바로 그것이 문제였다. 그의 말을 빌려 보자면,

> 신용평가사의 등급 평정이 경기 상황에 그토록 민감하게 조정된다는 것은 의아한 일인데, 왜냐하면 종종 신용평가사들은 자신들이 측정하는 것은 내재적 질(Intrinsic Quality), 즉 비즈니스 순환에 무관한 어떤 영속적인 것이라고 얘기하기 때문이다. 〈중략〉 [신용등급]이 비즈니스 사이클 동안의 투자자의 신뢰도 변화에 영향을 받았을 것 같지는 않다. 보다 가능성이 높은 가설은, 신용등급 평정에서 보여지는 주기적 거동은 [평가사들이 이용하는] 여러 가지의 재무적 비율의 [순주기적(Pro-cyclical)] 민감도로 인해 나타난다는 것이다.

신용등급이 경기상황의 주기에 따라 춤추는 것이 방법론적으로 타당하냐의 문제는 차치하고서라도, 이렇게 등급이 동조화될 경우 필연적으로 야기되는 결과가 있는데 이는 시스템적인 불안정성(Systemic Instability)을

피해갈 수 없다는 점이다. 다시 말해서, 경기가 좋을 때 자산시장은 실제로 감당할 수 있는 것보다 더 확장되기 마련이고 반대로 경기가 나빠졌을 때, 즉, 일종의 재무적 안전장치가 가장 필요할 때, 자산시장은 계속 나빠지게 되는 악순환을 거듭하게 된다는 것이다. 이러한 문제는 자산 및 부채의 시가 평가(Marked-To-Market)의 관점에서도 설명된 바 있다[162].

여기서 신용평가사의 역할 및 이들이 부여하는 신용등급 체계가 갖고 있는 문제점에 대한 대안을 한번 고민해 보고자 한다. 첫 번째로, 신용평가사들이 매기는 등급에 의해 투자등급과 투기등급으로 나뉘는 현재의 규정을 개정하는 것이 있겠다. 하지만 아마도 이런 개정을 스스로 하겠다고 나서는 감독당국은 없을 것이다. 따라서 이를 강행규정으로 유지하여야 한다면, 적어도 이 등급 부여를 민간 신용평가사들에게 위탁하고 이들이 채권 발행사로부터 요금을 받는 현재의 체재는 재검토되어야 할 것으로 생각된다. 한 가지 방법은 이 채권 평가를 담당하는 비영리의 공적기관을 만들고 그 운영은 정부의 비용으로 충당하는 것이다. 발행사의 돈에 의존하지 않는 공공신용평가사는 무리한 신용등급 부여의 유인으로부터 좀 더 자유스러울 것으로 기대되며, 또한 객관적인 신용 평가와 정책금융적 고려라는 때론 상충되지만 어느 하나 버릴 수 없는 목표를 추구하도록 설계될 수 있을지도 모른다. 두 번째로, 신용평가사들의 등급 체계를 현재의 분절적인 것에서 연속적인 것으로 바꾸는 것이다. 단도직입적으로 말해서 애매한 등급 뒤에 숨지 말고, 부도확률이 되었던 예상손실률이 되었던 그 숫자를 직접 말하라는 것이다. 여기서 점 추정값(Point Estimator)은 사실상 아무런 의미가 없을 것이고, 일종의 범위(Range)로서 제시된다면 충분히 그 개별 채권이 갖는 성질을 좀 더 잘 표현하게 될 것이라고 보여진다. 가령 현재에는 같

은 A 등급이라고 하더라도, 그 안에는 [0.8%, 1.2%]의 범위로 표현되는 부도확률도 있을 것이고, 또 경우에 따라서는 [0.01%, 1.99%]로 표현되는 부도확률도 있을 것인데, 이러한 범위 정보는 개별 투자자들이 소화하여 투자 결정을 내리는 데에 도움이 될 것이고, 또한, 개별 신용평가사들의 전망적 평가에 대한 역사적 검증을 하는 데에도 유용할 것이다. 경기 호황 국면의 BBB+의 의미와 경기 불황 국면의 BBB+의 의미가 부도확률의 관점에서 같지 않다면, 이 모든 등급 부여 및 이에 기반을 둔 투자적격/비적격의 분류의 관행에 가치를 부여하기가 쉽지 않아 보인다.

이제 다음 주제로 넘어가 보자. 우리말로 증권화(Securitization)라고 부르기도 하고 구조화금융(Structured Finance)으로 부르기도 하는 기법[11]은 바로 현대 금융론의 4대 축의 하나인 현대 포트폴리오 이론(Modern Portfolio Theory; MPT)에 기반을 두고 있는 것으로서, 개별 자산의 거동, 즉 가령, 개별 채권의 부도확률을 예측하는 것은 어렵지만, 이들 개별 채권들이 합쳐져서 구성된 포트폴리오는 보다 예측 가능한 통계적 성질을 갖는다는 점에 착안점을 두고 있다. 여기서부터는 역사적인 관점보다는 단순화된 예제들을 가지고 설명하는 것이 좀 더 주제에 쉽게 다가갈 수 있을 것으로 판단된다.

향후 1년 안에 부도가 발생될 위험중립적(Risk Neutral) 확률이 q이고, 부도 시 원금 및 이자 모두를 전혀 받을 수 없을 것으로 예상되는 채권이 있다고 가정하자. 논의의 편의를 위해 [그림 5.1]과 같이 이자는 1년

11) 증권화라고 부를 때에는 특수목적법인(Special Purpose Vehicle; SPV)을 통해서 새로운 증권을 발행한다는 데에 좀 더 강조점이 주어지고 대개의 경우 패스 쓰루(Pass Through), 즉 단독 트렌치의 형태로 수행이 되고, 구조화금융이라고 부를 때에는 대개 트렌치가 여러 개 존재하고 비차입형태의 장외파생거래로 수행되기도 하는 차이가 존재하지만 크게 보아서는 같은 범주에 속한다.

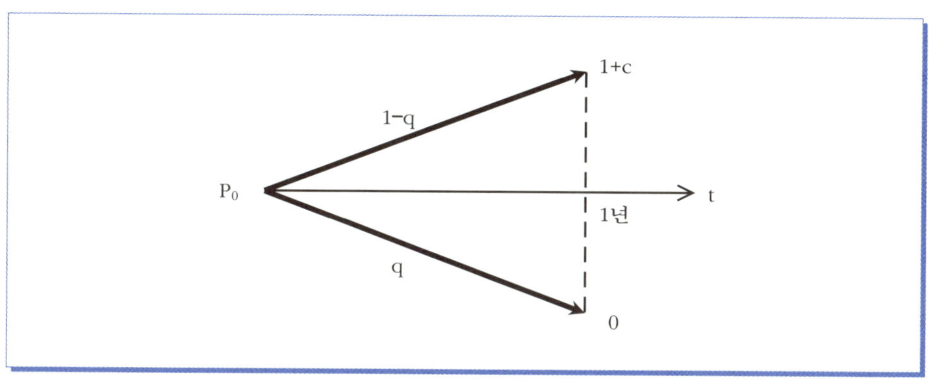

[그림 5.1] 1년 만기 채권의 이항나무 모형

뒤 후취로 발생된다고 하고, 부도는 1년 말 시점에서만 발생될 수 있다고 할 때 이 채권의 가격, 즉 그 이자율은 얼마가 되어야 할까.

현재의 채권 가격 P_0는 파(Par)에 발행이 된다고 가정하면,

$$1 = \frac{1}{1+r}[(1-q)\times(1+c)+q\times 0] \tag{5.1}$$

여기서 r은 단리의 무위험이자율이다. 식 (5.1)을 재정리하면 다음과 같다.

$$c = \frac{r+q}{1-q} \tag{5.2}$$

[그림 5.2]에서 볼 수 있는 바와 같이, 부도발생확률이 5% 정도만 되더라도 그 요구 수익률은 연 10%를 넘거나 그에 육박할 수 있고, 부도발생확률이 20%에 다다르게 되면 그 요구 수익률은 연 30%에 다다르게 된다.

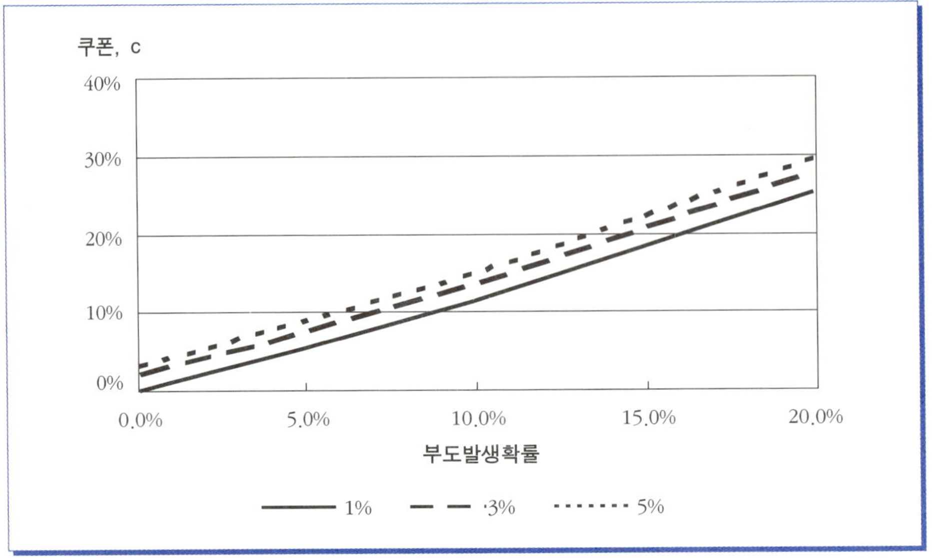

[그림 5.2] 부도발생 확률과 쿠폰의 관계; 무위험단리이자율이 각각 연 1%, 3%, 5%일 때

그런데 만약 이 5%의 부도확률을 갖고 있는 채권이 하나가 아니고 또 하나가 있다고 할 때, 그 두 채권을 섞어서 새로운 채권을 만들면 어떻게 될까. 즉, 전체의 50%는 첫 번째 채권으로, 나머지 50%는 두 번째 채권으로 하여 전체 자산을 구성하고 이를 바탕으로 새로운 채권을 발행한다면 그 새로운 채권의 쿠폰은 어떻게 결정되어야 할까. 정답은 '알 수 없다'이다. 그 두 채권 사이의 관계가 기술되어 있지 않다면 말이다.

두 채권 사이의 관계를 기술하는 방법은 사실 유일하지 않고 여러 가지가 존재한다. 하지만 교과서에 나와 있고 필드에서 사용하는 방법은 상관계수(Correlation Coefficient)를 가정하고 이를 이용하는 방법이다. 열이면 열 다 이렇게 한다고 봐도 무방하다. 왜 여러 가지 방법 중에 상관계수만이 사용이 되는 걸까, 이 변수가 우월해서일까? 꼭 그렇지는 않다. 상관계수가 갖는 한계가 분명히 있기 때문이다. 아마도 상관계수가 이토록 사용이 되는 데에는 이것이 이해하는데 별로 힘이 들지 않고, 통계적으로 다루기 쉬운 변수이기 때문일 것이다. 대신, 실제 대상을 통계적으로 쉽게 다루고자 할 때는 반드시 치러야 하는 값이 있다. 그 통계적 기법을 적용하기 위해서는 많은 통계적 가정들이 실제로 정당화되어야 하는데, 많은 현실의 문제들은 이러한 가정들을 도외시하거나 현실에 맞지 않는 모델을 억지로 맞는다고 믿어버리는 데에서 발생한다.

상관계수의 정의를 우선 한번 알아보자. 이 개념을 처음 도입한 사람은 칼 피어슨(Karl Pearson)인데, 그래서 피어슨의 상관계수라고 불리기도 한다[152]. 두 확률변수 A와 B 사이의 상관계수 ρ는

$$\rho = \frac{Cov[A,\ B]}{\sigma_A \sigma_B} \tag{5.3}$$

으로 정의되며, 여기서 Cov[A, B]는 두 변수 사이의 공분산(Covariance)이고, σ_A와 σ_B는 A와 B의 표준편차이다.

기본적으로 상관계수는 관찰된 두 확률변수 사이의 선형적 관계를 나타내는 변수로서 −1에서 1 사이의 값만이 존재하게 되는데, 1에 가까울수록 두 확률변수 사이의 강한 양의 선형적 관계가 있다고 얘기 되고, −1에 가까울수록 강한 음의 선형적 관계가 있다고 얘기 된다. 계산된 상관계수가 0인 경우 무관하다(Uncorrelated)는 표현을 쓰며, 독립적(Independent)이다라는 조건과 혼동하는 경우가 있지만, 사실은 무관성은 독립성의 필요조건일 뿐 충분조건은 아니다. 즉, 독립이면 반드시 무관하지만 무관하다고 해서 독립인 것은 아니라는 것이다.

재무론에서 너무나 널리 중요하게 사용되는 상관계수는 사실 부서지기

쉬운(Fragile) 그런 변수이다. 위에서 얘기된 일반적인 이해, 즉 양의 상관계수는 두 확률 변수가 같이 움직이는 경향을 보여 주고, 그 상관계수가 클수록 더욱 강한 경향성이 있다는 식의 이해가 실제로는 현실과 완전히 동떨어진 많은 경우들이 있을 수 있다는 이야기이다[127]. 상관계수가 갖는 한계에 대해서 하나씩 예를 들어 보도록 하겠다.

위의 두 채권의 예로 돌아가 첫 번째 채권이 부도나지 않는 경우 두 번째 채권도 부도가 나지 않고, 첫 번째 채권이 부도나는 경우 두 번째 채권도 부도가 나는 관계를 가정해 보자. 이러한 관계가 주어져 있을 때 그 상관계수를 계산해 보면 1이 나온다. 흔히 이걸 거꾸로 생각하는 경우들이 많은데 좀 더 좋은 방법은 지금 한대로 하는 것이다. 즉, 상관계수가 1이라서 위의 관계가 나오는 것이 아니라, 위의 관계가 먼저 주어져 있고 이를 위의 식 (5.3)으로 계산해 보니 1이라는 상관계수가 관찰된다는 식으로 말이다. 이러한 관계가 주어져 있을 때, 새로운 채권은 어떠한 거동을 보이게 될까? 각각의 채권 자체와 전혀 다를 바 없는 거동을 보이는 것을 알 수가 있다. 위험중립부도확률과 부도시 손실금액이 같고, 미래의 각 상태(State)별 동일한 부도 특성을 보이니, 이 두 채권은 확률의 관점에서 전적으로 동일한 채권이 된다는 것이다. 따라서 새로 발행되는 채권의 쿠폰 또한 각각의 채권의 경우와 동일해야만 한다.

이번에는 정반대의 관계를 가정해 보자. 즉, [그림 5.3]과 같이 첫 번째 채권이 부도나는 경우 두 번째 채권은 부도나지 않고, 첫 번째 채권이 부도나지 않는 경우 두 번째 채권이 반드시 부도가 나는 그런 경우 말이다. 이 경우, 미래에 어느 상태가 도래하던지 만기시의 지급금액은 0.5(1 + c)에 불과하게 될 것이고, 따라서 이 신규 담보부 채권의 쿠폰 c는 100%가 넘는

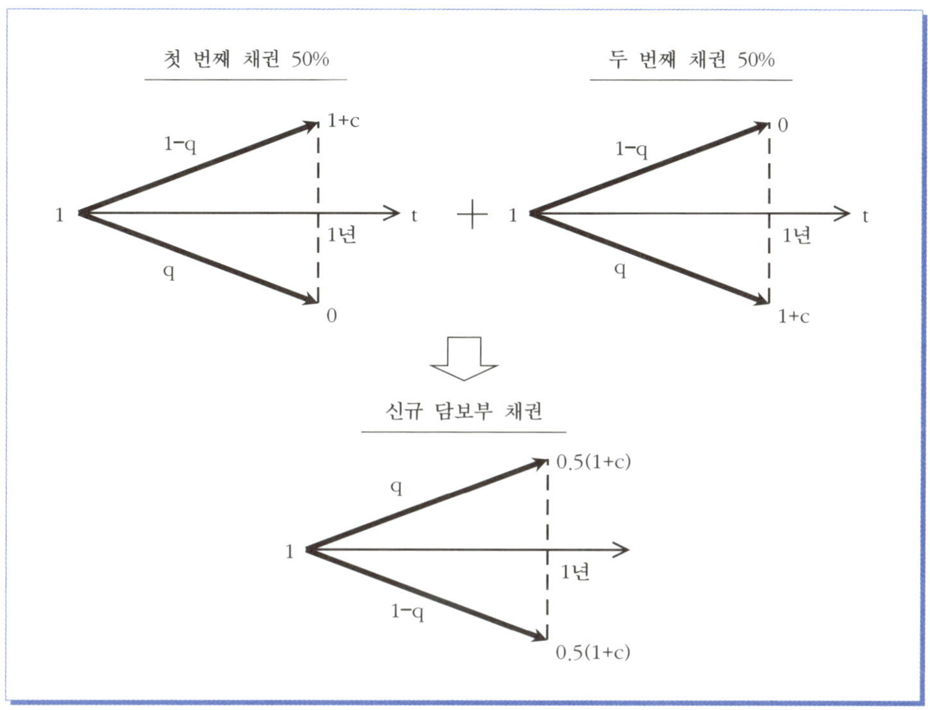

[그림 5.3] 두 채권 중 하나는 반드시 부도나는 관계가 주어진 경우의 이항모형

값이 되어야 한다. 이러한 관계의 상관계수는 어떻게 될까. 계산해 보면 -1이 나온다.

여기서 잠깐, 계산된 상관계수가 -1이라는 사실이 반드시 위에서 가정한 관계를 의미하는 것이 아니라는 것을 보이고 가도록 하자. 가령 첫 번째 채권이 부도나지 않는 경우 두 번째 채권은 부도가 나되, 두 번째 채권이 부도나지 않는 경우 첫 번째 채권은 부도는 아니고 단지 0.01% 적은 이자가 지급된다고 할 때, 그 상관계수를 계산해 보면 정확하게 -1이 나온다. -0.9999 같은 값이 아니라 완전히 똑같은 -1이다. 숫자로 표현한다면 A의 상태가 오면 두 채권이 각기 (1.01, 0)을 지불하고, B의 상

태가 오면 두 채권이 각각 (1.0099, 1.05)를 지불하는 경우가 그 한 예가 되겠다. 직접 한번 계산해 보기 바란다.

두 채권 사이에 존재할 수 있는 관계가 위에서 가정한 것들만 존재할까? 그럴 리는 없을 것이다. 관계의 종류는 실로 무궁무진하다. 그 다음으로 생각해 볼 수 있는 것이, 첫 번째 채권이 부도나지 않는 경우 두 번째 채권도 부도가 나지 않지만, 첫 번째 채권이 부도나는 경우 두 번째 채권은 각각 50%의 확률로 부도가 나거나 부도가 나지 않거나 하는 경우 같은 것을 생각해 볼 수 있을 것이다. 이 경우의 상관계수를 계산해 보면, 약 58%의 값이 나온다. 어떤 특정 데이터에 대해서 상관계수를 계산한 결과가 58%가 나왔다고 해서, 그 두 채권 사이에 위에서 언급한 관계가 있다고 볼 수 있을까? 그렇지는 않다는 것이다.

피어슨 상관계수 자체가 두 확률변수 사이의 선형적인 관계만을 묘사할 수 있기 때문에 만약 두 변수 사이에 비선형적(Nonlinear)인 관계가 있을 경우, 상관계수는 상당히 무기력해진다[127]. 다음의 예를 보자. X-Y 평면상에 있는 점 (1, 0)이 원점을 중심으로 시계방향으로 45도씩 돌아가서 한 바퀴 회전하여 원래의 위치로 돌아왔다고 했을 때의 X 좌표 값과 Y 좌표 값의 상관계수를 구해 보면 얼마가 나올까. 계산해 보면 0이 나오는데, 그렇다고 해서 둘 사이에 관계가 없는 것은 아니라는 것이다. 결정론적인 관계가 존재하지만 선형적 관계만을 잡아 낼 수 있는 상관계수로서는 이를 감지할 방법이 없다. 또 다른 예를 들어 보자. 확률변수 A는 0부터 9까지 1씩 증가되고, 확률변수 B는 A가 홀수일 때는 A 나누기 100으로, A가 짝수일 때는 A 나누기 -100으로 주어진다고 하자. [그림 5.4]와 같이 표현되는 이 두 변수 사이의 상관계수를 계산해 보면,

14.7%, 상관계수에만 의존해서 이 두 변수 사이의 진정한 관계를 발견하거나 묘사할 방법은 없다. 역시, 결정론적인 관계가 주어져 있지만 그 관계가 선형적이 아니라면 상관계수를 계산함으로써 그 관계를 찾아낼 수는 없다는 것이다.

재무론에 있어서 또 다른 상관계수의 한계는 수익률과 자산가격 사이에 직관적이지 않은 역설적인(Paradoxical) 관계가 존재할 수 있다는 점에 있다[127]. 일반적으로 가정되기를, 특히 옵션가격결정이론과 같은 것에서 상관계수는 수익률, 좀 더 정확하게는 로그수익률에 대해서 정의된다. 그리고 두 자산의 로그수익률 간에 1에 가까운 상관계수가 존재한다면 두 자산 간에는 강한 상관관계가 있어서, 첫 번째 자산 가격이 오르는 경우 두 번째 자산 가격도 올라 있을 것으로 가정되고, 그 상관계수가 충분히 1에 가까운 경우 첫 번째 자산에 대한 위험관리 목적으로 두 번째 자산에 대한 공매도 같은 것이 고려되기도 한다. [표 5.4]에 나와 있는

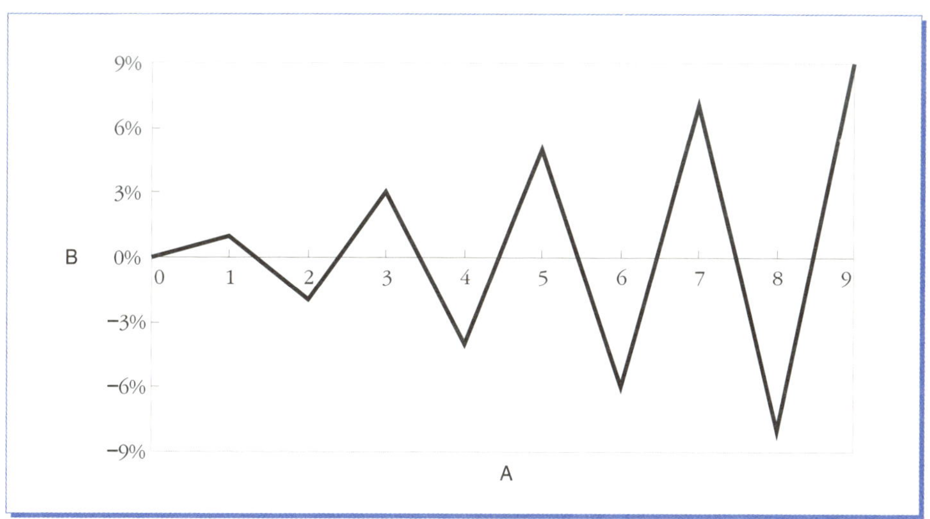

[그림 5.4] 두 확률변수 A와 B 사이의 관계

두 자산 가격의 시계열 자료(Time Series Data)를 보자. 초기에 100의 같은 가격을 갖고 있던 두 자산 A와 B는 이후 A가 2% 상승할 때는 B는 1% 상승하고, A가 1% 하락할 때는 B는 2.2% 하락한다는 규칙에 의해 변동된다고 가정하면, A와 B의 로그수익률 간의 상관계수는 완벽한 1로 계산된다. 그런데 자산 가격 자체의 관점에서 이 1이라고 하는 상관계수에 어울릴 만하다고 우리가 보통 생각하는 변동이 발생되었는가를 생각해 보면, 전혀 그렇지가 않다는 것이다. [그림 5.5]에 보여지듯이, 이 1이라고 하는 상관계수와 전혀 정반대의 결과라고 할 수 있는 A의 가격은 꾸준히 상승했고 B의 가격은 꾸준히 하락한 결과가 벌어졌다. 애초에 자산 가격 자체의 궁극적인 상승이냐 하락이냐 하는 트렌드에 관심이 있는 상황이었다면 수익률의 상관계수가 아니라 가격 자체의 상관계수를 보는 것이 그 상황을 좀 더 잘 파악할 수 있는 방법이 될 것이라는 것이다. [표 5.4]의 자산가격들 간의 상관계수를 계산해 보면 −0.98로서, −1에

[표 5.4] 로그수익률의 상관계수가 1인 두 자산 가격의 시계열 자료

시 간	자산 A 가격	자산 B 가격	A의 로그 수익률	B의 로그 수익률
0	100	100	-	-
1	102	101	2.0%	1.0%
2	100.98	98.78	−1.0%	−2.2%
3	103.00	99.77	2.0%	1.0%
4	101.97	97.57	−1.0%	−2.2%
…	…	…	…	…
50	127.61	73.54	−1.0%	−2.2%
상관계수	−98.0%		100.0%	

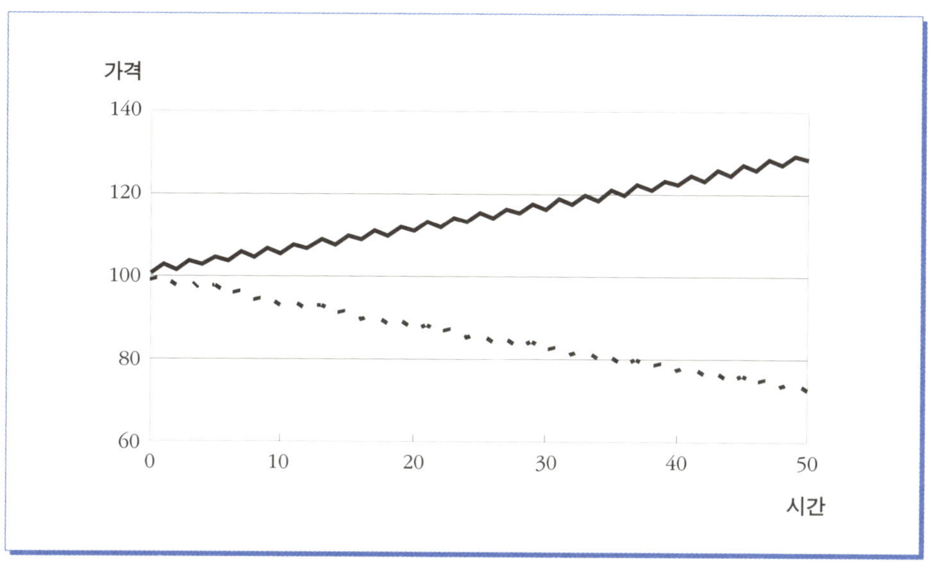

[그림 5.5] [표 5.4]의 두 자산 A와 B의 가격 시계열 그래프; 실선=A, 점선=B

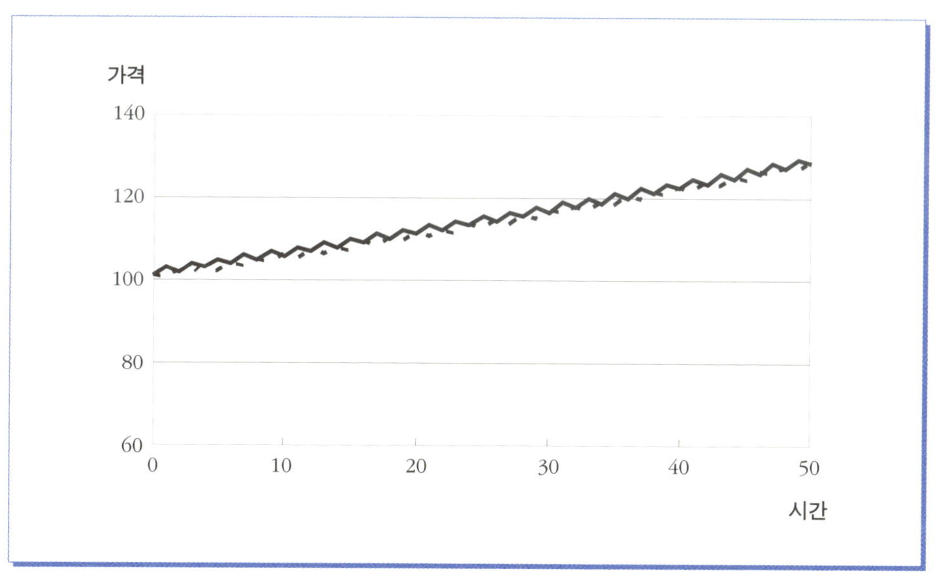

[그림 5.6] 두 자산의 수익률의 상관계수가 −0.995이지만 가격의 상관계수는 0.982인 경우

가까운 상관계수가 존재할 것 같다는 직관에 부합하는 결과가 나온다. 이와 정반대의 상황으로 [그림 5.6]과 같이 수익률 간의 상관계수는 사실상 −1로 계산되지만 자산가격 간의 상관계수는 사실상 1로 계산되는 경우를 만들어 내는 것도 그렇게 어렵지 않은 일이다[127].

그런데 가격 자체의 상관계수를 봤다고 해서 자산 가격의 실제의 거동을 다 알게 되는 것은 아니라는 난감한 점이 또 존재한다. [표 5.5]에 나타낸 두 자산을 보자. A는 [표 5.4]와 동일한 자산이고 C는 새로운 자산인데, 이번에는 수익률의 상관계수와 가격의 상관계수가 각각 0.999, 0.998로서 두 값 다 사실상 1인 값으로 계산되고 있다. 그런데 [그림 5.7]에 나타낸 두 자산 가격의 실제 변동은 어떠한가. 자산 A의 상승과 사실상 거의 무관하게 자산 C는 제자리에서 맴돌고 있는 상황이다. 즉, 상관계수 자체로는 실제 그 변동되는 정도의 절대값을 표현할 방법이 없다는 것이다.

[표 5.5] 로그수익률과 자산가격의 상관계수가 모두 거의 1인 두 자산 가격의 시계열 자료

시 간	자산 A 가격	자산 C 가격	A의 로그수익률	C의 로그수익률
0	100	100	-	-
1	102	100.1	2.0%	0.1%
2	100.98	100.005	−1.0%	−0.1%
3	103.00	100.15	2.0%	0.1%
4	101.97	100.055	−1.0%	−0.1%
…	…	…	…	
50	127.61	101.205	−1.0%	−0.1%
상관계수	99.8%		99.9%	

상관계수의 또 다른 한계는 사실 우리는 상관관계가 아니라 인과관계(Causation, Causality)에 관심이 있다는 점이다. 인과관계가 없는 상관계수는 공허하기만 하다. 가령 미국 경제의 상황을 미리 알려 주는 선행지표(Leading Indicator)로서, 미국 프로미식축구리그(National Football League)의 결승전인 수퍼볼(the Super Bowl)이 유명했던 적이 있다. 이 수퍼볼은 1967년에 시작되었는데, 아메리칸 풋볼 컨퍼런스(American Football Conference; AFC)의 우승팀과 내셔널 풋볼 컨퍼런스(National Football Conference; NFC)의 우승팀이 매년 1월말, 2월초 경에 최종 결승전을 치루는 것이다. 신기하게도, 1997년에 치뤄진 31번째 수퍼볼까지의 결과를 통계적으로 보면, 내셔널 풋볼 컨퍼런스의 우승팀이 수퍼볼을 가져간 해에는 평균적으로 14% 정도 주식시장이 상승한 반면,[12] 아메리칸 풋볼 컨퍼런스의

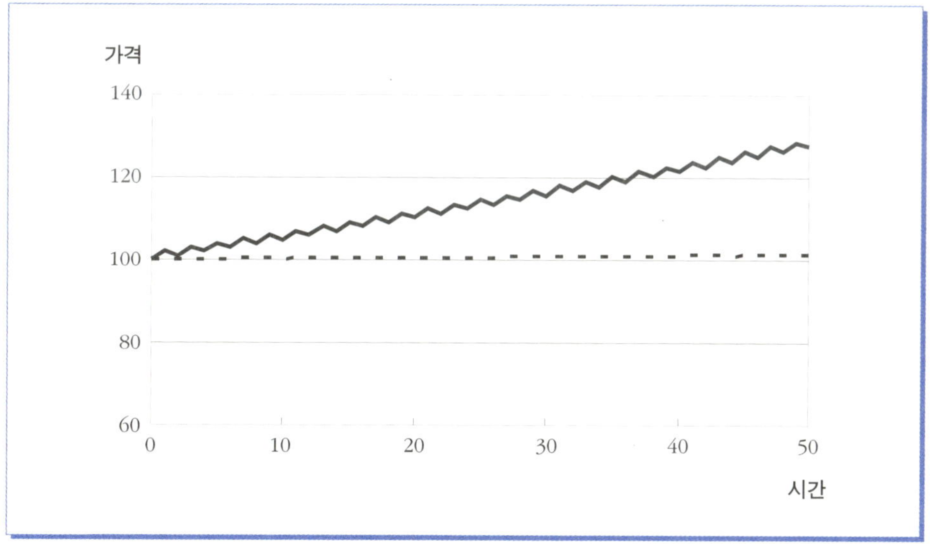

[그림 5.7] [표 5.5]의 두 자산 A와 C의 가격 시계열 그래프; 실선=A, 점선=C

12) 미국 S&P 500 지수로 측정된 결과이다.

우승팀이 수퍼볼을 차지한 해에는 거의 10%에 육박하는 손실이 발생되었다. 이에 대해 통상적인 통계적 검정을 수행하면, 그 p-value가 0.00000021, 즉 4백7십만불의 1의 확률로 드문 경우가 되게 된다[165]. 물론, 이는 단순히 우연의 결과에 불과하다. 1998년부터, 마침내 다른 결과가 나타나기 시작하는데, 아메리칸 풋볼 컨퍼런스 소속인 덴버 브롱코스가 수퍼볼을 차지하지만 그 해 주식시장은 28%의 상승을 보인다. 2008년에는 내셔널 풋볼 컨퍼런스 소속의 뉴욕 자이언츠가 수퍼볼을 가져가지만, 미국 주택시장의 버블의 몰락 속에 주식시장은 35% 하락하게 된다. 사실, 1998년 이래로 아메리칸 풋볼 컨퍼런스 소속의 팀이 수퍼볼을 차지했을 때 오히려 내셔널 풋볼 컨퍼런스 소속의 팀이 이겼을 때보다 10% 정도 평균적으로 더 나은 주식시장의 성과가 나타났다. 정반대의 결과가 벌어지고 있는 것이다.

[표 5.6] 수퍼볼 역대 우승팀의 소속 리그와 S&P 500의 그 해 성과[144]

연도	우승팀	소속	주가	연도	우승팀	소속	주가
67	Packers	N	상승	90	49ers	N	하락
68	Packers	N	상승	91	Giants	N	상승
69	Jets	A	하락	92	Redskins	N	상승
70	Chiefs	A	상승	93	Cowboys	N	상승
71	Colts	A	상승	94	Cowboys	N	하락
72	Cowboys	N	상승	95	49ers	N	상승
73	Dolphins	A	하락	96	Cowboys	N	상승
74	Dolphins	A	하락	97	Packers	N	상승
75	Steelers	A	상승	98	Broncos	A	상승
76	Steelers	A	상승	99	Broncos	A	상승
77	Raiders	A	하락	00	Rams	N	하락
78	Cowboys	N	상승	01	Ravens	A	하락
79	Steelers	A	상승	02	Patriots	A	하락

연도	우승팀	소속	주가	연도	우승팀	소속	주가
80	Steelers	A	상승	03	Buccaneers	N	상승
81	Raiders	A	하락	04	Patriots	A	상승
82	49ers	N	상승	05	Patriots	A	상승
83	Redskins	N	상승	06	Steelers	A	상승
84	Raiders	A	상승	07	Colts	A	상승
85	49ers	N	상승	08	Giants	N	하락
86	Bears	N	상승	09	Steelers	A	상승
87	Giants	N	상승	10	Saints	N	상승
88	Redskins	N	상승	11	Packers	N	하락
89	49ers	N	상승	12	Giants	N	상승

A: 아메리칸 풋볼 컨퍼런스, N: 내셔널 풋볼 컨퍼런스

과거 일정 기간 동안의 시계열 자료를 가지고 역사적 상관계수를 구하여 이 값이 앞으로 다가올 기간 동안의 확률변수들의 거동을 잘 표현해 주기를 기대하는 것은 사실 대단히 대담한 일이다. 이는 기본적으로 우리가 상관계수를 구하는 방법이 거의 전적으로 과거의 실현된 결과에만 의존하고, 현재의 정보나 미래의 전망은 아무런 영향을 미치지 못하도록 되어 있기 때문이다. 사실, 자산가격이나 그 수익률 같은 금융변수들이 시불변성(Time Stationarity)을 갖고 있다고 보기는 어렵다. 게다가 위에서 언급된 상관계수와 관련된 모든 문제들이 어떻게 잘 해결이 되어 있다고 하더라도, 현재의 역사적 상관계수를 계산하는 관행상 상관계수가 바뀌는 순간을 그 즉시 감지해 낼 방법이 묘연하다. 일정한 조건이 성립되는 특수한 경우,[13] 과거의 이미 실현되어버린(Realized) 상관계수가 아닌 미래의 전망에 해당하는 내재 상관계수(Implied Correlation)를 계산해 낼 수 있는

13) 한 예가, 세 통화(Currency) 사이의 세 쌍의 환율에 대한 플레인 바닐라 옵션이 모두 거래가 되어 이들의 내재변동성으로부터 내재 상관계수를 구할 수 있는 경우이다.

경우도 있긴 하지만 이러한 경우는 매우 드물고, 또한 이를 구할 수 있다고 하더라도 이의 예측력은 의문시된다[179].

결론적으로, 계산된 상관계수를 가지고 그 배후에 원인으로서 존재할 변수들 간의 관계를 유추하는 것은 극히 어려운 일이다. 그럼에도 불구하고, 너무나 손쉽게 상관계수 자체가 하나의 기제(Mechanism)이자 원인(Driver)인 것처럼 이야기하는 경향을 볼 수 있다. 많은 경우, 아무런 관계 자체가 없는 경우도 많고, 있다고 하더라도 그 강도가 미약하여 실제로 그 값은 신호(Signal)이기보다는 잡음(Noise)인 경우가 태반이다. 아무런 원인 없이 상당히 높은 값의 상관계수가 계산되는 것은 예외이기 보다는 규칙에 가깝다. 그리고 트레이딩을 해야 하는 대상, 즉 기초자산으로서 상관계수는 헤지가 잘 안되는 것으로 악명이 높다. 방향성을 거래하는 트레이더나 변동성을 거래하는 트레이더보다 상관계수 북(Book)을 운용하는 트레이더들이 좀 더 자주 완전히 망해버리는(Blow up) 것은 결코 우연의 소산이 아니다.

이제, 부채담보부증권과 같은 구조화금융 거래에서 가장 핵심이 되는 요소인 트렌치(Tranche)를 얘기해 보도록 하자. 트렌치는 사실 불어로서 트랑쉬로 발음되며 그 의미는 조각, 분할, 부분 등과 같은 뜻으로, 발행되는 증권에 선순위/후순위 관계를 주고, 이를 클래스 A, 클래스 B, 클래스 C 등으로 분류하여 순위가 낮은 클래스가 손실을 먼저 부담하고 그 클래스의 원금이 손실로 인해 다 소진되면, 그 다음 클래스가 손실을 부담하는 방식으로 설계된 증권들을 말한다. 트렌치는 사실 구조화금융에서 처음 개발된 것은 아닌데, 가령 은행 대출의 경우에도 다중 트렌치 대출 같은 것은 있어 왔고, 회사가 자신들의 자본구조(Capital Structure)를 자기자본주식과 채권의 두 가지 종류로 가져가는 것도 일종의 트렌치 기술이 사용된 것으로 볼 수 있다.

트렌치 기법이 특히 빛을 발하는 상황은 다수의 자산을 담보로 하여 새로운 채권을 발행할 때이다. 개별 채권 혹은 자산의 금액은 작지만, 비슷한 종류의 개별 건 수는 많은 자산군이 이상적인 대상이 될 수 있는바, 부동산담보대출채권(Mortgage)이나 신용카드매출채권 등과 같은 것들이 그 대표적인 예가 될 수 있다. 이러한 자잘한, 하지만 합쳐 놓으면 그 규모가 절대로 적지 않은 채권들을 은행의 대차대조표에 묶어 두지 말고 유동화 전문회사(Special Purpose Vehicle; SPV)에 팔아 버림으로써 새로운 대출 여력을 확보해 내는 것은 1970년대의 새로운 금융 혁신으로서 주목을 받았다. 미국은 이러한 자산들을 전문적으로 유동화하는 패니메이(Fannie Mae)나 프레디맥(Freddie Mac)과 같은 정부보증기업(Government-Sponsored Company)과 지니메이(Ginnie Mae)와 같은 정부기관을 설립하고 이 과정을 주도적으로 이끌어 나가게 된다. 처음에는 유동화되는 자산들의 풀(Pool)에서 발생되는 현금흐름을 그대로 전달하는 수준의 패스스루(Pass Through)형식의 부동산담보부채권담보부증권(Mortgage Backed Security; MBS)이나 자산담보부증권(Asset Backed Security; ABS) 같은 것들이 시장에 공급되다가 선순위/후순위가 존재하는 트렌치를 갖고 있는 페이스루(Pay Through) 형식의 증권들이 개발되게 되었다.

이 트렌치가 실제로 어떻게 작동되는지를 간단한 예제를 갖고 알아보도록 하자. [그림 5.1]에 나타낸 쿠폰 c를 지급하는 채권이 두 종류가 있어, 이 두 종류의 채권을 담보자산으로 하여 새로운 페이스루 형식의 채권을 만든다고 가정하자. 여기서 손실개시점(Attachment Point)과 손실종료점(Detachment Point)이라는 변수를 정의할 필요가 있는데, 손실개시점은 담보자산의 부도 등 손실이 발생될 때 그것이 해당 트렌치로 전가되는 전체 발행원금 대비 비율의 시점을 나타내고, 손실종료점은 그 반대로 그 트렌치가 다 소진되어 버리는 전체 발행원금 대비 비율의 시점을 나타낸다. 그러니까 예를 들어 100개의 동일한 금액의 자산을 풀링(Pooling)해서 손실개시점과 손실종료점이 각각 [3%, 6%]인 트렌치가 있다고 하면,[14] 세 번째 자산이 부도날 때까지는 이 트렌치는 원금 손실이 없고 네 번째 자산에 부도가 발생되면서부터 원금의 3분의 1의 손실을 입게 되고, 여섯 번째 자산이 부도나는 순간 모든 원금이 100% 손실되게 되는 것이다.

각 채권을 50%씩 편입시킨다고 하고 두 종류의 트렌치를 발행하기로 하는데, 선순위(Senior) 트렌치는 [50%, 100%]로 하고, 후순위(Subordinate, Equity) 트렌치는 [0%, 50%]로 해 보자. 사실, 이와 같은 트렌치의 설정은 유일한 것은 아니고, 가령 후순위는 [0%, 20%]로 하고 중순위(Mezzanine)를 [20%, 50%], 선순위를 [50%, 100%]로 하거나, 후순위를 [0%, 30%], 선순위를 [30%, 100%]로 하는 등, 여러 가지의 조합이 모두 가능하다. 물론, 손실개시점/손실종료점이 어디에 놓이느냐에 따라서 각 트렌치들의 가격, 즉 요구수익률은 변동되게 되는데, 가령 동일한 쿠폰을 지급하는 두 종류의 채권을 50%씩 하여 담보자산을 구성하는 우리의 예제에서, [0%, 50%]의 후순위와 [0%, 20%]의 후순위는 다각화(Diversification)의 효과가 불충분하기 때문에 같은 값을 갖게 될 것이다.[15]

---

14) 트렌치의 손실개시점과 손실종료점은 위에서 나타낸 대로 [손실개시점, 손실종료점]의 표기로 표현하며, 이후 손실개시점/손실종료점이라는 명시 없이 이와 같은 표현을 사용하도록 하겠다.

15) 이는 담보자산인 채권 부도시 그 잔존가액(Residual Value)이 전혀 없다는 가정하에서 그러하며, 이는 두 채권 중 어느 하나라도 부도가 날 경우, [0%, 50%]던 [0%, 20%]던 완전히 원금이 소진되는 것은 동일하기 때문에 그러하다. 좀 더 엄밀하게는 잔존가액이 0이 아니라

앞에서 살펴보았던 두 채권 사이의 관계들이 주어져 있다고 할 때, [0%, 50%]의 후순위 트렌치와 [50%, 100%]의 선순위 트렌치에는 어떠한 일이 벌어지는지 보자. 먼저, 두 채권 사이에 같이 부도가 나던가 같이 부도가 나지 않던가 하는 관계가 주어져 있다고 하면, 두 채권 중 하나만 부도가 나는 상황은 발생될 수 없게 되고, 따라서 두 채권 모두 부도가 나지 않는 경우에는 후순위 트렌치와 선순위 트렌치는 모두 변제가 되게 될 것이고, 반대로 두 채권 모두 부도가 나는 경우에는 후순위 트렌치와 선순위 트렌치 모두 100%의 원금 손실을 기록하게 될 것이다.[16] 따라서 이 경우에, 선순위와 후순위에 전혀 차이가 없기 때문에 같은 가격, 즉 쿠폰을 가져야 한다.

또 다른 경우로서, 한 채권에 부도가 날 경우 다른 채권은 부도가 나지 않는 관계가 둘 사이에 있다고 하면, 미래의 어떠한 경우에도 하나의 채권은 부도가 나게 될 것이고, 따라서 100%의 확률로 원금의 50%는 사라지게 된다. 따라서 후순위 트렌치는 어떠한 경우에도 부도가 날 수 밖에 없고, 선순위 트렌치는 어떠한 경우에도 손실을 입을 일이 없게 될 것이다. 100%의 확률로 전액 원금 손실이 확정되어 있는 후순위 트렌치의 가격은 이론적으로는 무한대(Infinite)의 값을 가져야 하며, 실제로 이러한 채권은 가격이 존재하지 않는 거래가 불가능한 자산이 될 것이다. 반면에, [50%, 100%]의 선순위 트렌치는 위의 관계가 틀림이 없다면 절대로 손실을 입을 리가 없기 때문에 이의 가격, 즉 시장이 요구하는 쿠폰은 무위험이자율과 같아야 할 것이다.

고 가정한다면, 약간의 가격 차이는 있게 된다.

16) 논의의 편의를 위해 채권 부도시 잔존가액이 0이라는 가정을 사용하고 있다.

또 다른 생각해 볼 수 있는 관계로, 두 채권이 서로 독립적이라는 가정을 해 보자. 이는 베르누이 과정(Bernoulli Process)으로서, 쉽게 얘기하자면 앞면 아니면 뒷면이 나오는 동전 던지기를 반복하는 것과 같다. 물론, 공정한(Fair) 동전은 아니고, 앞면의 확률은 1 − q, 뒷면의 확률은 q에 의해 주어진 동전을 가지고 수행하는 것이다. [0%, 50%]의 후순위 트렌치가 부도나게 될 확률은 어떻게 될까. 첫 번째 채권과 두 번째 채권의 부도 여부를 나타내는 조합으로 표현하여 (부도, 비부도), (비부도, 부도), 그리고 (부도, 부도)의 세 가지 경우가 발생되면 이 후순위 트렌치는 부도를 맞게 될 것인데, 이를 확률로 표현하면

$$\Pr[\text{후순위부도}] = q(1-q) + (1-q)q + q \times q = q(2-q) \tag{5.4}$$

와 같다. 식 (5.4)에 의하면, 이 후순위 트렌치의 부도확률은 개별 기초자산의 부도확률 q가 (2 − q)배 만큼 커졌다는 것을 알 수 있다. 그렇게 크지 않은 q 값을 가정하면, 대략 2배만큼 커졌다고 이해할 수 있겠다. 이를 통해 이 후순위 트렌치의 쿠폰을 계산하면 식 (5.5)와 같다.

$$c = \frac{r + q(2-q)}{(1-q)^2} \tag{5.5}$$

작은 q 값에 대해서는 원 기초채권의 쿠폰 대비 대략 q만큼 쿠폰이 커지는 결과가 발생하는데, [그림 5.8]에서 볼 수 있듯이 q 값이 커질수록 비선형적으로 쿠폰이 증가하게 된다.

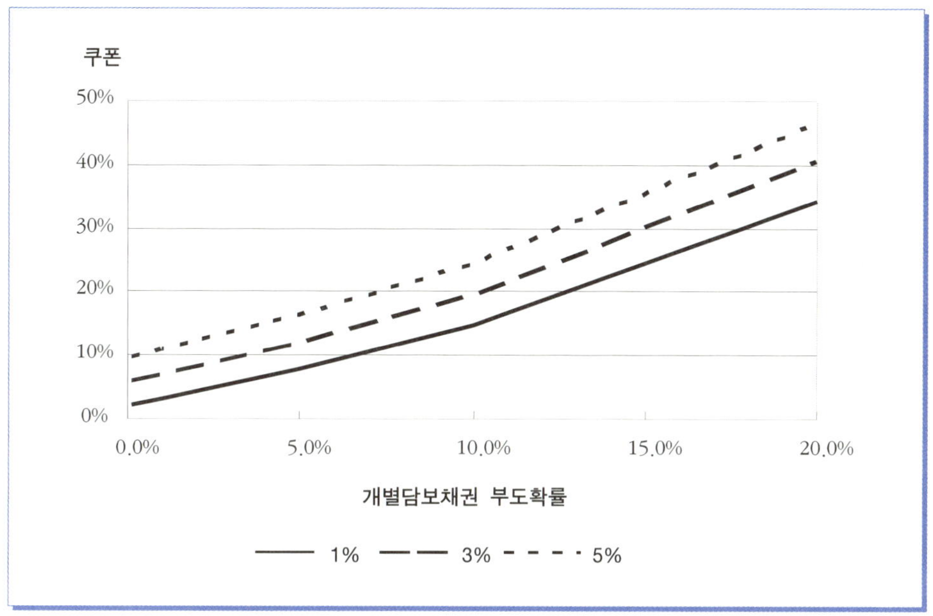

[그림 5.8] [0%, 50%] 후순위 트렌치의 쿠폰과 개별담보자산 부도확률과의 관계; 무위험단리이자율이 각각 연 1%, 3%, 5%일 때

선순위 트렌치는 어떻게 될까. 이 트렌치에 부도가 발생될 확률은, 위의 후순위 트렌치가 먼저 발생되는 50%의 손실을 다 흡수하도록 되어 있기 때문에, 담보자산인 두 채권에 모두 부도가 발생되는 경우만을 고려하면 될 것이므로, 이는 식 (5.6)과 같다.

$$\Pr[\text{선순위부도}] = q^2 \quad (5.6)$$

개별담보채권의 부도확률과 비교할 때 그 부도확률이 대폭적으로 줄어들었음을 볼 수가 있다. 이에 해당하는 쿠폰은 쉽게 구할 수 있으며 이는 식 (5.7)과 같다.

$$c = \frac{r + q^2}{1 - q^2} \tag{5.7}$$

위의 세 사고실험(Thought Experiment)으로부터 우리는 그 자산들 사이의 관계에 따라 선순위와 후순위의 가격이 급격하게 변할 수 있음을 보았다. 이 시점부터 시장에 있는 금융회사들을 쫓아서 상당히 대담한 가정을 하도록 할 텐데, 이는 자산들 사이의 관계에 대해서 깊게 생각하지 말고 상관계수에 의해서 이 모든 것들이 다 표현될 수 있다고 믿어버리는 것이다. 이것이 쉽게 정당화될 수 있는 가정이 아니라는 것은 위에서 누누이 이야기하였다. 다만, 이와 같은 가정을 가지고 문제를 접근하게 될 때 실제로 어떠한 일들이 벌어질 수 있을지를 보이기 위함이다.

무위험단리이자율이 연 3%이고 개별채권의 부도확률이 5%인 경우를 한 예로 하여, 두 채권 사이의 상관계수에 따라서 각 트렌치의 쿠폰이 어떻게 변화하는지를 나타낸 것이 [그림 5.9]이다.[17] [그림 5.9]와 같이, 일반적으로 선순위 트렌치는 그 상관계수가 커짐에 따라 그 쿠폰이 올라가는 경향을 보이게 되어 있으며, 바꾸어 얘기하면, 기존에 발행되어있던 트렌치라면 그 내재부도확률은 커지게 되고 그 채권 가격은 평가상으로 하락하게 된다는 이야기이다. 그리고 일반적으로 후순위 트렌치는 상관계수가 커짐에 따라서 내재부도확률이 낮아지게 되어 그 가격이 오히려 상승하는 경향이 있다는 것이다.

두 개의 채권을 담보로 했을 때를 가지고 상관계수가 각 트렌치에 미

17) 위에서 얘기했듯이 상관계수가 1인 경우, 후순위 트렌치의 쿠폰은 무한대인데, 편의상 그 거동을 보여주기 위하여 [그림 5.9]에서 100%로 나타내었다.

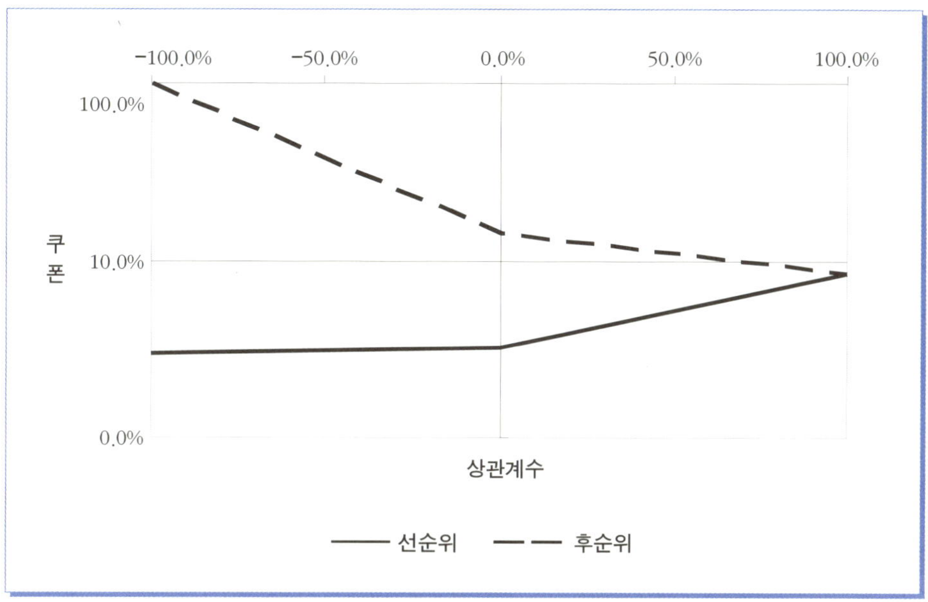

[그림 5.9] 상관계수에 따른 선순위/후순위 트렌치들의 쿠폰의 변동

치는 영향을 설명하였는데 물론, 실제로 두 개의 채권만을 담보자산으로 하여 발행되는 경우는 매우 드물고, 수십, 수백 개, 혹은 그 이상의 수의 채권을 담보로 하여 발행되는 것이 일반적이다. 하지만 그 원리는 꼭 같다. 그 담보자산들 간의 상관계수에 대한 가정이 필요한데, 쌍상관계수(Pair-wise Correlation)를 일일이 관리할 수 없기 때문에 그 전체 자산군에 대한 평균적인 상관계수를 가정한다.

한편, 증권화/자산유동화 기법이 금융회사들의 대차대조표를 관리하는 하나의 수단으로써 발전되어 나아감과 동시에 다른 방식으로 같은 목적을 달성할 수 있는 방안이 1990년대 초반부터 개발이 되기 시작했다. 채권을 직접 매입하지 않고도 이에 대한 익스포저를 합성적으로(Synthetically) 가져갈 수 있는 방안인 토탈리턴스왑이 개발이 되고[174], 이어 채권에 대한

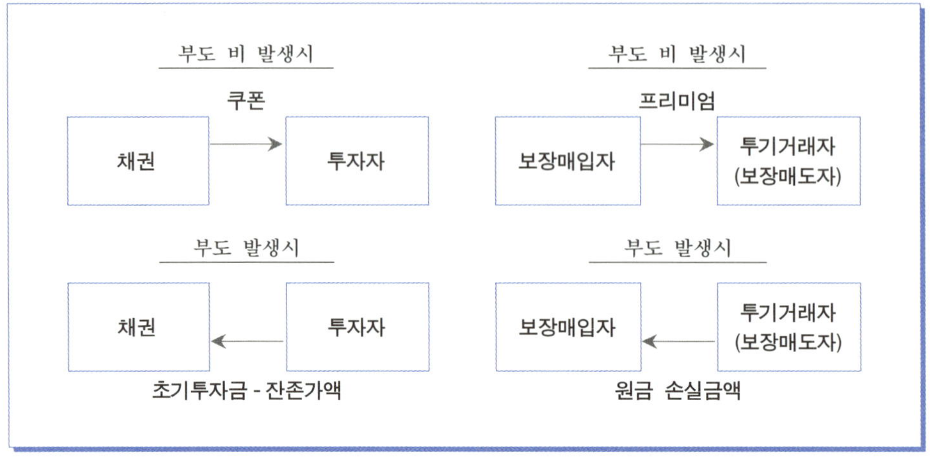

[그림 5.10] 채권 매입과 신용부도스왑 보장 매도의 경우의 비교

신용리스크만을 떼 내어 거래를 할 수 있게 해 주는 저 유명한 신용부도스왑(Credit Default Swap; CDS)이 1994년에 탄생되어, JP모건과 유럽개발은행(European Bank of Reconstruction and Development; EBRD) 사이에 미 달러 50억불 규모의 첫 거래가 이루어졌던 것이다. 이후 신용부도스왑은 글자 그대로 파생거래시장의 총아가 되어, 1998년까지만 해도 잔액 기준으로 미 달러 3천억불 정도로 평가되던 신용부도스왑 시장의 규모는[176], 2000년대 초반부터 헤지 목적보다는 수익을 목적으로 시장에 참여하기 시작한 각종 금융회사들로 인해 폭발적으로 성장하기 시작, 2003년에는 3조 7천억불, 2007년에는 62조 2천억불이라는 글자 그대로 천문학적인 규모로 성장했다가 2008년 세계금융위기 하에서 38조 6천억불로 대폭 줄어들었고[114], 그 이후로도 회복되지 않고 계속 축소되고 있는 상황으로서 2011년 말 기준 25조 9천억불 규모의 시장으로 평가되고 있다[12].

투기적 목적의 거래자 관점에서 신용부도스왑의 장점은 너무나 명백했다. [그림 5.10]에서 볼 수 있듯이 궁극적으로 채권을 직접 매입하는 것과 신용부도스왑 보장(Protection) 매도하는 것의 경제적 결과는 동일하다. 즉, 부도가 발생되지 않는다면 채권 매입의 경우 쿠폰을, 보장 매도의 경우는 프리미엄을 수취하게 되고, 부도가 발생된다면, 채권 매입의 경우는 초기원금에서 잔존가액을 뺀 만큼의 손실을, 보장 매도의 경우도 마찬가지로 원금 손실금액만큼의 손실을 입게 되니까 말이다. 하지만 채권 매입의 경우는 초기의 투자원금이 필요하기 때문에, 이를 자기자본으로 갖고 있거나 아니면 파이낸싱을 통해서 확보해야 하는 제약 및 귀찮은 점이 있는 반면, 보장 매도는 거래상대방이 거래를 받아주는 한 이러한 제약 없이 프리미엄을 수취할 수 있으므로 훨씬 간편하고 레버리지를 일으키기도 용이하다. 게다가, 채권발행자의 신용을 기초자산으로 보고 채권 거래를 하고자 할 때, 그 신용에 대한 롱 포지션을 가져가는 것은 쉽지만 숏 포지션을 가져가는 것은 대차거래를 해야 하기 때문에 현실적인 제약이 큰 반면, 신용부도스왑을 통해서는 그 신용에 대한 롱 포지션(보장 매도)이던 숏 포지션(보장 매수)이던 보다 쉽게 가져갈 수 있는 장점이 있다.

자, 지금까지 풀어 놓았던 재료들을 하나의 냄비에 넣고 잘 휘젓게 되면, 드디어 본 장의 주제인 부채담보부증권이라는 요리가 탄생한다. 부채담보부증권은 근본적으로 다수의 개별부채를 담보자산으로 하여 새로운 증권을 만들어 내는데, 개별부채들 간의 상관계수가 어떠한 값을 가질 것이라는 것을 가정하여 여러 종류의 트렌치들을 발행하고, 통계적 모델에 전적으로 의존하는 발행된 각 트렌치들에 대해서 신용평가사들이 투자적격의 등급을 부여함으로써 완성이 되는 것이다. 초기에는 담보자산으로서 은행이 보유하고 있던 채권, 대출채권, 부동산담보부채권 등과 같은 것들만 사

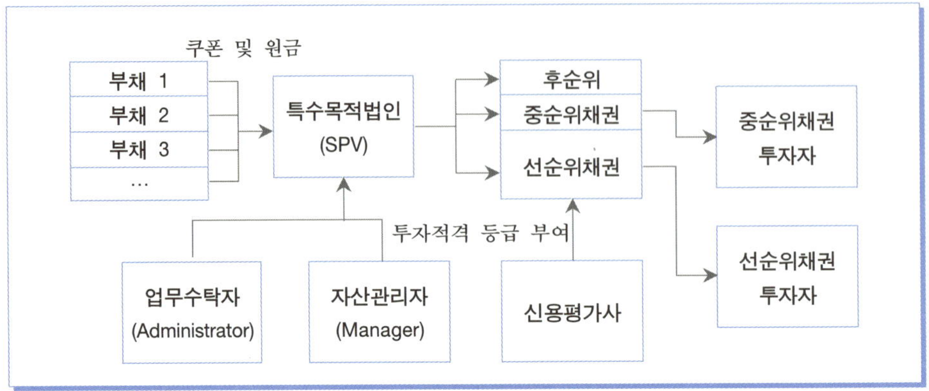

[그림 5.11] 현물부채담보부증권의 구조

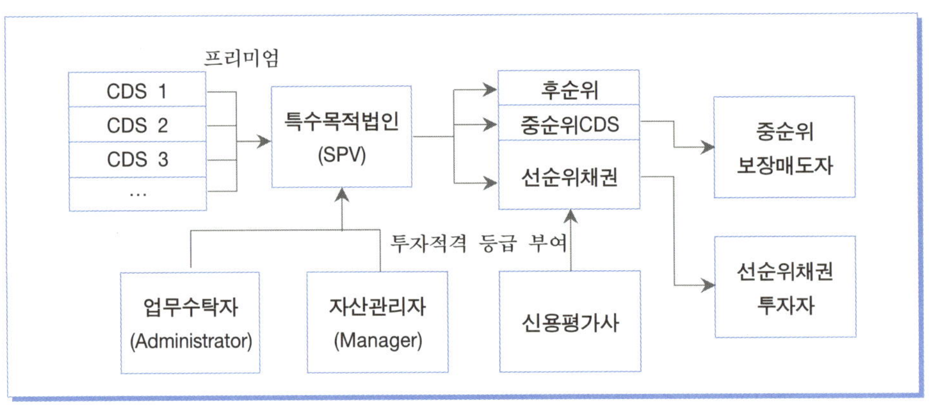

[그림 5.12] 합성부채담보부증권의 구조

용을 하는 소위 현물부채담보부증권(Cash CDO)들이 발행이 되다가, 나중에는 신용부도스왑 혹은 바스켓 신용부도스왑 같은 것으로 담보자산을 채우는 것이 오히려 빈번해 지기도 하였는데 이를 합성부채담보부증권(Synthetic CDO)이라고 부른다. 그 각각의 구조를 그림으로 보자면 [그림 5.11], [그림 5.12]와 같다. 그리고 실제 합성부채담보부증권의 트렌치 구분과 그 트렌치 별 스프레드의 예시를 [표 5.7]에 나타내었다.

[표 5.7] 부채담보부증권의 트렌치 구분 및 스프레드 사례

클래스	금액	등급	스프레드
A	60백만불	AAA	0.5%
B	10백만불	BBB	2.0%
C	10백만불	BB	5.0%
후 순 위	20백만불	무등급	존재 안함
총 금 액	1억불		

몇 가지 설명을 하고 넘어가도록 하자. [그림 5.11]과 [그림 5.12]에서 보면, 후순위는 정의가 되어 있긴 하지만 실제 투자자나 어떤 거래상대방에게 넘어가지 않고 그냥 있는 것을 볼 수가 있다. 예외적인 경우, 이 후순위 트렌치에 대해서 포지션을 떠 안아가는 헤지펀드들이 없었던 것은 아니지만[175], 내재 레버리지가 너무나 높고 부도의 확률이 너무나 높은 이 독극물(Toxic)과도 같은 트렌치를 파는 것은 쉬운 일이 아니기 때문에 대부분의 경우는 거래를 입안한 주선자(Originator) 은행의 대차대조표로 재편입되었다고 봐도 무방하다. 앞의 두 자산의 예에서 상관계수가 낮고 담보자산의 수가 증가될 경우 후순위 트렌치, 그것도 첫 번째 손실을 입는 최후순위 트렌치의 쿠폰은 무한대로 발산할 수도 있음을 보였는데, [표 5.8]에서 보여지듯이 장내에서 거래되는 후순위 트렌치들의 가격은 30%에서 50% 정도에 달한다. 이것이 최근의 금융위기에서 대부분의 투자은행들이 존립이 위태로울 정도의 손실을 보고, 그 중 가장 심한 손실을 입은 은행들은 부도 처리되거나 인수된 큰 원인 중의 하나인 것이다. 팔지 못하고 갖고 있던 이 후순위 트렌치들이 거의 다 부도 처리되었다는 말이다.

[표 5.8] CDS 지수인 iTraxx 유럽의 가격 예시 (2004년 7월)[97]

5년물	비드	오퍼	내재상관계수
[0%, 3%]	29.5%	31.5%	21%
[3%, 6%]	1.79%	1.99%	3%
[6%, 9%]	0.78%	0.84%	14%
[9%, 12%]	0.45%	0.50%	21%
[12%, 22%]	0.21%	0.25%	30%
10년물	**비드**	**오퍼**	**내재상관계수**
[0%, 3%]	47.5%	51.5%	20%
[3%, 6%]	4.43%	4.83%	46%
[6%, 9%]	1.99%	2.29%	86%
[9%, 12%]	1.28%	1.43%	12%
[12%, 22%]	0.69%	0.79%	29%

또한 [그림 5.12]에서 볼 수 있듯이, 특수목적법인이 발행하는 트렌치들이 모두 실물의 채권으로만 발행될 필요는 없는데, 특히 합성부채담보부증권의 구조의 경우 특수목적법인 자체가 원금비차입(Unfunded)의 형태로 담보자산을 가져오기 때문에, 일부의 트렌치에 대해서는 채권을 발행하지 않고 합성적으로, 즉 그 트렌치에 해당하는 신용부도스왑 거래를 보장매도자와 체결하는 것도 가능하며, 실제로 그렇게 발행되는 경우도 없지 않았다. 우리은행이 했다는 4억 8천만불 규모의 신용부도스왑은 바로 이런 식으로 수행된 거래일 가능성이 크다고 본다. 경제적 관점에서 현물채권을 매입하는 것과 같은 결과가 발생됨은 이미 전술한 바와 같으나, 이에 대해서 투자라는 표현을 쓰는 것은 그다지 적절하지 않다고 보

여지는데, 이는 3장에서 서술한 투자와 투기의 차이에서 이야기된 바와 같다. 초기 원금이 제공되지 않은 신용부도스왑의 보장매도는 수익 목적의 투기 거래이다.

부채담보부증권의 담보자산으로 편입되는 자산들이 신용도가 매우 낮은, 예를 들어 서브프라임 모기지(Subprime Mortgage)[18)]와 같은 것들이기 때문에 이를 통해 나온 부채담보부증권도 신용도가 나쁠 수밖에 없다는, 즉 쓰레기가 들어가면 쓰레기가 나온다(Garbage In, Garbage Out; GIGO)라는 식으로 이야기하는 경우도 있으나, 필자는 이에 전적으로 동의하진 않는다. 왜냐하면, 부채담보부증권은 패스스루가 아니라 페이스루, 즉 트렌치를 어떤 식으로 구성하느냐에 따라서 그 중 일부는 매우 위험이 적은 채권으로 만들 수 있다는 기본 아이디어 자체는 유효하기 때문이다.

문제는 그 트렌치 별 등급 및 가격을 산정하는 데 결정적인 역할을 하는 상관계수와 부도확률이 변할 수 있다는 것이다. 위기 발생 전에 부채담보부증권의 AAA 트랜치, 즉 신용등급이 강등되기 전의 미국정부와 같은 등급을 갖는다고 신용평가사들이 평가한, 글자 그대로 무위험이라고 선언된 것이나 다름없는 이 트렌치의 부도 확률은 0.12%로 예상되었으나[84], 실제로 위기시 28% 정도가 부도를 맞이했다[78]. 이것은 뭔가 잘못돼도 단단히 잘못된 일이다. 신용평가사들은 역사적으로 실현된 부도율과 상관계수를 가지고 수학적인 모델에 의존해서 평가를 했을 뿐이라고 강변할지 모르나, 이렇게까지 틀릴 수 있다면 이 영리기업인 신용평가사들의 등급이라고 하는 의견에 투자결정을 사실상 위임하게 만드는 현재의 관행

18) 미국에서 모기지 채권은 세 등급이 있는데, 프라임, 알트 에이(Alt-A), 그리고 서브프라임이 그것으로서, 서브프라임 등급은 신용도가 상대적으로 제일 좋지 않은 개인이 모기지를 얻은 경우 부여된다. 대학생들에 대한 장기학자금대출 같은 것도 서브프라임으로 간주되는 경우가 있다.

은 근본적으로 재검토되어야 한다. 부채담보부증권의 손실은 과거의 데이터에 의존해서 의사결정을 하는 것이 얼마나 근시안적인가를 너무나도 생생하게 보여주는 예인 것이다. 비견할 만한 예로 일본의 원전사고가 있다. 후쿠시마의 원전은 리히터 지진계의 강도 8.6까지 견딜 수 있도록 설계되었는데, 이는 그런 강도의 지진은 발생된 적도 없고 그런 지진은 발생이 불가능하다는 일부 지진학자들의 견해가 반영된 것이기도 하다. 그러나 2011년 3월에 진도 9.1의 지진이 일본을 덮쳤고, 그 이후의 결과는 우리가 아는 바와 같다[165].

이러한 근시안적인 태도는 사실 금융업계 전반에 걸쳐서 퍼져있다. 투자은행에서 국내금융기관을 상대로 새로운 파생거래를 설계하고 제안할 때 내부적으로 반드시 검토하는 것 중에 백테스팅이 있다. 제안하고자 하는 거래가 과거에 꼭 같은 조건으로 수행이 되었을 때 가상적으로 어떠한 결과가 발생됐는지를 보는 것이다. 아무리 그 거래가 좋은 전망을 갖고 있고 왜 성공하게 될 지에 대한 탄탄한 근거를 갖고 있다고 하더라도, 이 백테스팅상으로 손실이 난 적이 과거에 있었다던지 하면 아예 손님한테 보여지지 않고 버려진다. 왜냐하면, 이런 거래를 들고 가서 마케팅해봐야 손님인 국내 금융회사가 백테스팅을 문제 삼아 거래를 하지 않기 때문이다. 그래서 제안되는 거래들은 열이면 열, 백테스팅 상으로 하나의 흠결도 없는 그런 파생거래들이다. 그 중 일부가 최종적으로 거래가 되게 되는데, 참 아이러니한 것이 백테스팅 상으로 그토록 완벽했던 거래가 막상 거래가 실행되고 나면 거의 예외 없이 별 볼일 없는 수익을 발생시키거나 적지 않은 손실을 입히거나 한다는 점이다. 백테스팅한 결과가 완벽해 보이기 때문에 무모하게 큰 레버리지를 걸기도 한다. 4장의 다이아몬드펀드의 사례도 그 한 예라고 할 수 있다. 미운 오리 새끼가 백조로 변신하는 것이 아니라, 백조인 줄 알고 집에 데리고 왔는데 와서 보면 꼭 미운 오리 새끼로 판명이 나곤 하는 것이다.

우리은행이 수행한 부채담보부증권에 대한 좀 더 구체적인 사항들을 보면, 거래된 트렌치들은 평균적으로 하위 12%였다고 하며[76], 이에 대해 정확한 정보는 없지만 손실개시점과 손실종료점의 평균을 나타낸다고 가정해 보자. 이 정도라면 거의 후순위이거나 질이 높지 않은 중순위 트렌치였다고 보여진다. 또한, 씨티와 메릴린치로부터 매입한 부채담보부증권은 만기 7년짜리로서 연간 수익률은 연 미 달러 라이보(Libor) + 1.5%에서 3.25%의 쿠폰을 받는 그런 것이었고[74], 또한 2006년부터 거래한 신용부도스왑의 보장매도를 통해서 연 0.5%의 보증수수료, 즉 스프레드를 받았다[74]. 대부분의 트렌치들이 국제신용평가사들로부터 A등급을 받았는데, 이는 한국의 국가신용등급과 동등하며, 전체 서브프라임 모기지 채권의 25% 이상이 부도가 나야 손실을 볼 수 있는 트렌치라고 얘기됐었다[26].

위 정보를 가지고 한번 그 프라이싱과 그 이후 발생된 상황을 재현해 보도록 하자. 7년 만기의 기초담보채권 100개를 가정하고, 미 달러 무위험이자율은 연 6%, 개별채권의 부도시 잔존가치비율은 40%, 개별담보채권의 신용부도스왑 스프레드는 1.8%로 가정하고,[19] [10%, 14%]의 트렌치를 거래했다고 가정하면, 이 담보채권들 사이의 상관계수가 0이라는 조건을 부과했을 때 4.74%라는 스프레드가 계산이 되며, 업계의 사실상의

19) 본 예제에서 가정한 값들을 감안하면, 부도확률은 대략 3%에 약간 못 미친다.

표준(De Facto Standard)인 가우시안 코퓰라(Gaussian Copula)[20)]와 20%의 상관계수를 가정하면, 5.22%의 스프레드가 계산이 된다. 이 정도면, 우리은행이 받았다고 하는 1.5%에서 3.25% 사이의 스프레드와 대략 비교가 될 듯 싶다. 씨티나 메릴린치가 이익을 수취했을 것이고, 자신들이 보는 가격 그대로 투자자 혹은 보장 매도자에게 전달할 리는 만무하기 때문이다.

그런데 위기가 닥쳐와서 20%라고 가정했던 개별담보채권들 간의 상관계수가 50%로 올라가 버리면 무슨 일이 벌어질까. 그 스프레드가 6.48%로 상승해 버린다. 7년짜리 채권의 듀레이션을 감안하면, 한 7 ~ 8%에 달하는 평가상의 손실이 생겨 버린다. 거기에, 과거에 발생한 적이 없는 수준의 부도율이 실제로 발생해 버린다. 2007년 9월 도이체방크에 따르면 서브프라임 모기지의 부도율이 13.44%로 상승하고[46], 월스트리트저널에 의하면 실소유주가 아닌 프라임 모기지와 서브프라임 모기지의 부도율이 높은 주는 각각 32%, 24%까지도 달하는 것으로 드러났다[64]. 이를 묘사하기 위해 8%의 부도율에 해당하는 5% 정도의 개별채권의 스프레드를 부여하면, 이 가상의 [10%, 14%]의 트렌치의 스프레드는 37%로 올라가 버리고, 16% 정도의 부도율에 해당하는 10%의 스프레드를 부여하면, 가상의 트렌치의 스프레드는 98%, 20% 정도의 부도율에 해당하는 12.5%이 스프레드를 부여하면, 가상의 트렌치의 스프레드는 146%, 이것으로 이 가상의 트렌치는 흔적도 없이 사라지게 된다. 평가상으로 본다면, 부도율이 8%로 올라가버리는 시점에 이미 이 가상의 트렌치는 85% 가량

20) 코퓰라 함수는 확률변수들 사이의 의존성(Dependence)을 나타내기 위한 방식의 하나이며, 가우시안 코퓰라는 다변량정규분포로부터 구성되는 코퓰라로서, 궁극적으로 확률변수들 사이의 관계는 상관계수에 의해 주어진다. 이를 부채담보부증권에 처음 적용한 리(Li)는 사실 계리학(Actuarial Science)으로 박사학위를 받았으며, 보험 계리에서 사용되는 기법을 부채담보부증권에 적용한 것이다[131].

의 손실을 입게 되었을 것이다.

일부에서는 가우시안 코퓰라의 사용이 문제의 근본원인이었던 것처럼 얘기하기도 하는데, 이것이야 말로 문제의 본질을 호도하는 굉장히 편협한 기술적인 시각에서 나온 말이다. 가우시안 코퓰라와 같은 모델로써 실제의 상황을 제대로 묘사할 수 없음은 위에서 이미 지겨울 정도로 이야기하였다. 그런데 일부에서 주장하듯이 보다 더 극한의 상황을 묘사할 수 있는, 소위 얘기되는 두꺼운 꼬리(Fat Tail)를 좀 더 잘 표현할 수 있는 스튜던트 티(Student-T) 코퓰라 같은 모델을 쓴다고 해도 발행 시점에 그렇게 큰 차이가 발생되는 것이 아니라는 것이다. 예를 들어 자유도 5의 스튜던트 티 코퓰라를 가지고 프라이싱해 보면 그 스프레드가 6.35%가 나온다. 위의 20%의 상관계수를 가정하고 가우시안 코퓰라로 프라이싱했을 때의 5.22%와 차이가 있지만, 이 차이는 트렌치의 스프레드를 얼마로 줄 것이냐의 문제에 약간의 영향을 미칠 뿐 근본적으로 상관계수가 변해버리고 부도확률이 올라가 버리는 상황에서 아무런 중요성을 갖지 못한다. 변해버린 상관계수와 부도확률 하에서 원금이 거의 다 손실되어 버린 상황에서 스프레드를 조금 더 받기로 했다고 해서 달라질 것이 있겠는가 말이다. 이와 같은 트렌치에 익스포저를 가져간 금융회사는 상관계수와 부도율에 대해 레버리지를 잔뜩 걸어서 거래로써 견해를 표출시킨 것(View Taking)에 다름이 아니게 되어 버린 것이다. 역사적으로 봤을 때 손실을 입을 가능성은 현실적으로 사실상 존재하지 않는다고 판단하고서 말이다.

본 실패 사례로부터 우리는 무엇을 배울 수 있을까. 관련된 기관들의 성격에 따라 각각 다른 측면의 얘기들을 할 수 있을 것 같다. 먼저, 신용

평가사는 보다 예측력이 있는 신용평가모델을 만들어 내려고 할 텐데, 보다 고도의 수학적 도구를 동원하면 해결이 될 문제일까. 구조화금융을 통해 발행되는 증권은 너무나 위험한 물건들이기 때문에 이 기법을 앞으로 아예 법적으로 금지해야 할까. 전세계 금융당국은 현재의 민간신용평가사에 의존하는 투자적격/비적격등급 분류 방식을 포기하고 새로운 방안을 모색하려 들까. 그리고 궁극적으로 가장 중요하게, 투자자들은 과거의 결과를 가지고 미래를 맹신하는 습성을 버릴 수 있을까.

이 모든 질문들에 대한 대답은 어느 것이든, 안타깝게도 부정적이다.

CHAPTER 6

키코

키코(KIKO)는 녹인 녹아웃 선물환(Knock-In Knock-Out Forward)의 준말로서, 2008년 미 달러-원 환율이 급상승한 상황에서 이 거래를 갖고 있던 기업들, 특히 많은 수의 중소기업들에게 엄청난 평가상의 손실이 발생되면서 커다란 사회적인 문제가 되었던 파생거래이다. 이 키코에 대해서는 언론 상에서도 많이 소개가 되었고, 관련된 논문도 학술지에 게재되는[122] 등, 어떠한 일이 벌어졌는가의 사실 관계에 대해서는 충분히 알려져 있다고 생각된다. 따라서 본 장에서는 그 구조와 사실 관계에 대해서는 간단히 알아보고, 상대적으로 지적이 덜 된 부분을 중심으로 얘기를 해 보고자 한다.

녹인 혹은 녹아웃의 특성이 내재되어 있는 콜 옵션 혹은 풋 옵션의 거래는 실로 오랜 기간 동안 존재하여 왔고, 특히 주식, 원자재, 외환 등의 기초자산에 대해 많이 채용되고 거래되어 왔는데, 이는 헤지 목적의 거래로서 갖는 장점이 있기에[1] 가능한 일이었다. 분류상으로는 이색옵션(Exotic Option)[2] 중에 가장 흔한 배리어옵션(Barrier Option)으로 기초자산의 가격이 미리 정해 놓은 배리어라고 부르는 레벨에서 거래가 될 경우 그 배리어가 트리거 되었다고 판단하며, 그 때 그 배리어가 녹인 배리어냐 녹아웃 배리어냐에 따라 그 이미 존재하고 있던 옵션이 영원히 사라지기도 하고(녹아웃), 아직 유효하게 존재하지 않고 있던 옵션이 최종적으로 생기기도 하는(녹인) 그런 특성을 갖는다. 배리어옵션의 관찰에 관해서, 가장 일반적인 미국식(American), 즉 장 중에 실시간으로 단 한 번이라도 거래가 되면 트리거된 것으로 판단하는 방식과, 만기의 종가로만 판단하는 유럽식(European), 미리 정해 놓은 몇 번의 관찰기회로만 판단하는 버뮤다식(Bermudan), 그리고 미국식과 유사하게 연속적으로 관찰을 하지만 거래시점부터 만기일까지 계속해서 관찰하는 것이 아니고 그 중 일부의 기간 동안, 예를 들어 만기일 전 한 달 동안만 관찰하는 창문식(Window)과 같은 것들이 있다. 또, 흔하지는 않지만 콜/풋 옵션의 기초자산과 배리어에 대해서 정의되어 있는 기초자산이 다른 경우도 있다.

한국에 처음 소개된 시점을 정확히 알 수는 없지만 2000년대 초반에 외환 배리어 옵션이 유럽에서 적지 않게 거래되었던 사실로 미루어 보건대, 2003년, 2004년쯤에는 이미 그 소개가 되어 있지 않았을까 짐작이 된다. 2005년경부터 알음알음 일부 중소기업들이 거래를 시작하여, 2006년, 2007년이 되면서 그 거래 규모가 지수적으로(Exponentially) 증가되

1) 물론 그 장점과 트레이드 오프 관계에 있는 단점도 존재한다.

2) 플레인 바닐라 유럽식 콜 옵션과 풋 옵션이 아닌 그 외의 모든 다른 옵션들은 이색옵션으로 분류된다.

었다가 2008년 미 달러-원 환율이 급등하면서 그로 인한 손실이 하루가 멀다 하고 언론에 알려질 정도로 큰 문제가 되었던 것이다.

피해 규모를 먼저 보자. 이는 각 시점과 그 시점의 환율에 따라 달라질 수 있는 내용인데, 2009년 10월 13일에 진행된 금융감독원의 국정감사에서 공개된 자료에 의하면, 키코로 인한 기업의 손실규모는 3조 3천억원으로, 이 가운데 72.7%인 2조 1159억원이 중소기업의 손실이었다[61]. 어마어마한 규모이다. 이와 관련하여 소송을 추진한 업체는 242개인데, 그 중 20개사는 파산했고, 23개사가 법정관리, 소송을 이후 포기한 업체가 71개사로, 2012년 10월 시점에 소송을 진행 중인 회사는 133개인 것으로 나타났다[40]. 현재도 소송이 진행 중이기 때문에 법원의 최종적인 판단에 대해 이야기하기는 어렵다. 다만, 그 동안의 판결 결과를 보면, 서울중앙지법과 서울고법은 각각 2010년 11월과 2011년 5월 키코는 환율 변동에 따른 모든 위험을 피하기 위한 상품이 아니므로 기업은 환율 상승에 따른 손실은 환헤지 대가로 부담해야 한다며 키코는 불공정상품이 아니다라고 한 바 있고[41], 한편, 2012년 8월 23일 서울중앙지법 민사합의21부는 엠텍비젼, 테크윙, 온지구, 에이디엠이십일 등 4개 기업이 부당한 키코 상품 거래로 피해를 입었다며 씨티은행과 하나은행, 스탠다드차타드은행 등을 상대로 낸 소송에서 '은행은 피해액의 60~70%를 배상하라'며 원고 일부승소 판결했는데, 법원은 은행들이 대출 조건으로 키코를 끼워 팔거나 위험성에 대한 설명 의무를 하지 않았다면 은행에도 과실이 있다고 보고 일부 손해배상 책임을 인정했다[41]. 초반에는 키코라는 계약 자체가 불공정하므로 무효이다라는 논리를 피해기업 측에서 주장했었는데, 법원은 그러한 논리를 받아들이지는 않고 있는 것으로 보

여지며, 하지만 설명의무를 소홀히 했거나 꺾기와 같은 불공정한 행위가 벌어졌을 경우에는 은행에도 책임을 물리고 있는 것으로 보여진다.

이제 그 배경을 간단히 보도록 하자. 수출을 주로 하는 기업들 입장에서 미 달러, 유로, 엔 등으로 발생되는 수출대금을 원화로 바꾸어야 되는데, 제일 쉬운 방법은 아무 것도 해 놓지 말고 돈이 들어오는 대로 외환현물거래(Spot Transaction)를 해서 원화로 바꾸는 방법이다. 이러한 초보적인 방식이 원만하게 돌아가는 상황이 없지는 않다. 외국통화 당 원화의 환율이 크게 하락하지 않거나 오히려 상승하는 상황이라면 수출 기업들 입장에서는 이러한 방식으로 환 위험 관리를 하더라도 문제될 것이 없다. 파생거래로 인한 손실은 발생될 리가 없거니와,[3] 환율이 올라가는 상황에서는 오히려 추가적인 이득을 보기 때문이다. 물론, 환율이 그렇게 예상대로만 움직인다면 좋을 테지만 현실은 그렇지 않을 수가 있고, 그래서 가령 환율이 지속적으로 하락하는 상황이라면 이러한 접근 방식은 회사의 존립 자체를 위험에 빠뜨리게 할 수도 있는 방식이 된다. 대차대조표와 손익계산서상에 파생거래로 인한 손실이 없다고 하더라도, 경제적 위험(Business Risk)은 전혀 헤지가 되지 않은 채로 그대로 손실을 보게 될 수 있기 때문이다. 가격 경쟁력이 약화되어 매출 자체가 감소되게 될 수도 있고, 또 설혹 매출이 유지된다고 하더라도 더 이상 손익을 맞출 수 없는 지경이 될 수도 있다. 가령 매출이 100% 미 달러로 발생이 되고 비용은 100% 원화로 지급이 된다고 할 때, 매출금액을 원화로 환전하는 환율이 회사의 손익분기점에 해당하는 환율보다 낮아진다면, 이 회사는

3) 거래를 아예 하지 않았으니 파생상품에 관련된 평가상(Mark-To-Market Basis) 그리고 실현상(Realized Basis)의 손실을 볼 일이 없는 것이다. 국내 최대의 그룹 한 곳은 그룹 차원에서 이러한 방식으로 환 위험을 (비)관리하고 있다.

영업 손실을 계속 입게 될 것이고, 이것이 지속된다면 회사는 부도를 피해갈 방법이 없게 된다. 2012년 12월 한국무역보험공사가 380개 수출기업을 대상으로 한 설문조사 결과에 의하면, 수출 중소기업의 손익분기점 환율은 1,102원인 것으로, 대기업은 1,059원인 것으로 조사되었다[56]. 동 시기의 현물환율이 1,070원대이니, 이미 중소기업들의 경우는 평균적으로 손익분기점을 맞출 수 없는 상황이다. 개별기업마다의 경쟁력의 차이가 있기 때문에 완전히 일반화할 수는 없겠지만, 2006년, 2007년의 상황도 그렇게 다르지는 않았으리라 판단된다.

파생거래를 통해서 이러한 리스크를 관리하고자 한다면 방법이 아예 없지는 않다. 가장 손쉽게 행할 수 있는 것이 환 선도 매도를 하는 것이다. 환 선도는 미래에 발생된 외화현금을 현재 약정한 환율로서 팔기로 지금 미리 약속해 놓는 것으로서, 미래에 환율이 하락하게 되면 그 만큼 이익을 보게 되는데, 대신 반대급부로서 환율이 상승하게 될 경우에는 그 상승분만큼 그대로 손실을 입게 될 수도 있는 그러한 거래이다.

1990년대말 소위 IMF 사태 때 2,000원 근방까지 간 적이 있던 미 달러-원 환율은 그 후 추세적으로 하락하기 시작하여 2002년 초반만 해도 1,300원을 넘던 환율은 2007년 12월에는 900원대 초반에서 거래가 되고 있었다. [그림 6.1]을 보면 알 수 있듯이 그 추세적인 하락은 누구의 눈에도 명백한 것이었고,[4] 환율이 1,000원 밑으로 내려간 2006년 초 이래로 수출기업들은 어느 누구도 예외 없이 이 추세적 하락에 대해 깊은 우려를 갖고 있던 상황이었던 것이다.

---

4) 이 그림을 보고 환율이 갑자기 수개월 내에 급격하게 상승할 것을 그 당시에 예상할 수 있었던 사람이 몇이나 있을까. 당시, 국영연구기관을 포함하여 모든 금융회사 및 연구소들은 완벽하게 한 목소리로 환율이 900원대를 깨고 800원대로 갈 것이라고 예측하고 있었다.

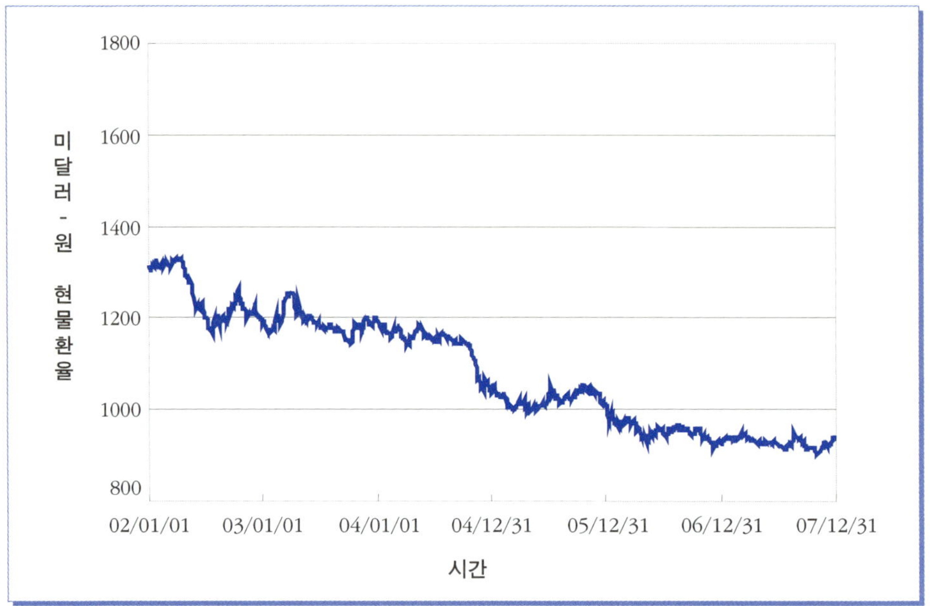

[그림 6.1] 2002년 1월 1일부터 2007년 12월 31일까지의 미 달러-원 현물환율의 변동

[그림 6.2] 2002년 1월 1일부터 2007년 12월 31일까지의 미 달러-원 1년 만기 포워드 포인트의 변동

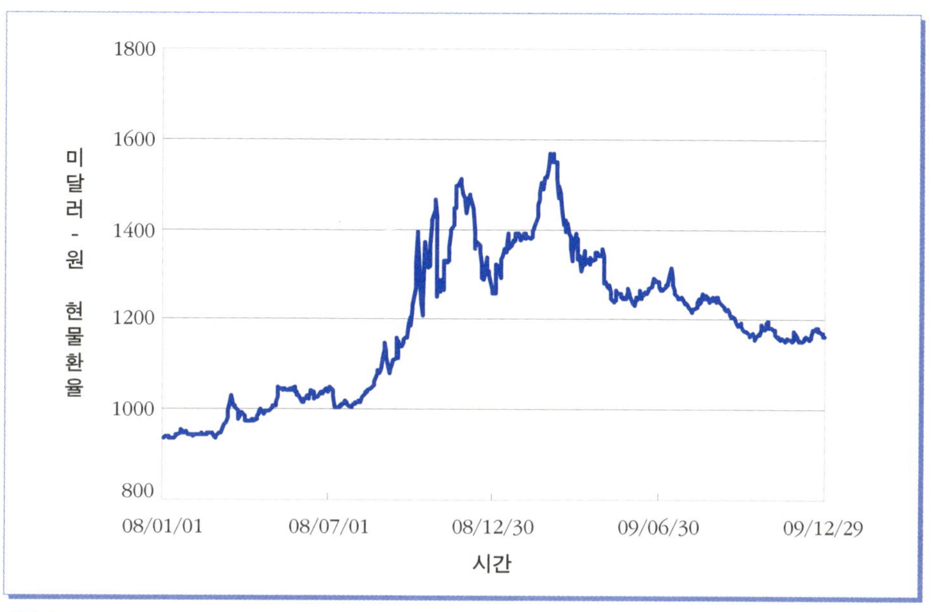

[그림 6.3] 2008년 1월 1일부터 2009년 12월 31일까지의 미 달러-원 현물환율의 변동

문제를 더욱 어렵게 만들고 있던 것은 당시 미 달러-원의 포워드 포인트(Forward Point)가 음의 값을 갖고 있었다는 점이다. 포워드 포인트란 환 선도의 선물환율에서 기준현물환율을 뺀 값으로서, 이것이 양의 값을 갖는다면 환 선도를 매도하게 될 때 기준현물환율 대비 추가적인 이익을 볼 수 있다는 의미이며, 반대로 이것이 음의 값을 갖는다면 기준현물환율보다도 낮은 레벨에서 환 선도를 매도하게 된다는 의미이다. 2002년 초반만 하더라도 수출기업 입장에서 일반적인 환 선도 매도를 하게 될 경우 기준현물환율 대비 40원 가까운 이득을 볼 수 있게 해 주던 포워드 포인트 또한 [그림 6.2]에서 볼 수 있듯이 지속적으로 하락하여 2005년 초부터는 음의 값을 보이기 시작하였고, 이 때부터 일부 수출기업들이 녹아웃 류의 파생거래를 하기 시작한 것은 우연의 일치가 아닌 것이다. 현

물환율에 포워드 포인트를 더한 선물환율이 1,000원이 안 되는 상황이 벌어지다 보니, 이전에 하던 환 선도 거래를 통해서는 도저히 손익을 맞출 수 없는 지경에 이르게 된 회사가 적지 않았다. 게다가 추세적으로 보건대 현물환율과 포워드 포인트 모두 계속 더 하락할 것으로 예상되는 상황이었다. 왜 이 때 당시에 환 선도를 하지 않고 키코와 같은 거래를 했냐고, 이는 위험관리를 잘못한 것이라고 제3자적 입장에서 얘기를 하는 것은, 동전의 한 면만을 보고 이야기를 하는 것과 다름이 없다. 환 선도를 통해 변동성을 제거하면 무엇 하겠는가, 운영상으로 손실이 확정되어 버리는데. 이런 얘기를 한다는 것은, 금융회사의 관점으로 기술이 되어 있는 각종 재무이론들이 기업 입장에서는 몸에 맞지 않는 옷처럼 느껴지는 경우가 비일비재하다는 것을 인식하고 있지 못하다는 것을 스스로 자인하는 것이다.

당시의 상황은 녹아웃 류의 파생거래를, 완벽한 해결책은 될 수 없을지언 정 그나마 현금흐름 상의 미봉책으로써 시도해 볼 수 있는 그런 상황이었다. 이 글을 읽고 있는 독자 여러분이 중소기업의 재무담당 임원 혹은 소유주 사장으로서 의사결정을 해야 하는 입장이라고 상상하고 시간을 2007년 12월로 돌려 보자. [그림 6.1]과 [그림 6.2]와 같은 환율 상의 추세가 주어져 있고 모든 금융회사 및 연구기관의 환율 전망은 예외 없이 내년도에는 더 떨어진다고 얘기하고 있는데, 내 손익분기점은 1,000원 근방이고 환 선도를 하면 900원 정도에서 매도 환율을 확정 짓게 되어 영업이익률 상으로 약 10%의 손실을 확정 짓게 되는 이 상황에서 어떤 의사결정을 해야 하겠는가 말이다. 아무 것도 안 하면 손실이 더 커질 것으로 예상되니 이건 말도 안 되며, 재무담당 과장에게 환 헤지를 어떻게 해야 하냐고 물으니 환 선도를 해야 되는데 이러면 손익을 맞출 방법이 없다고 고개를 푹 숙이고 있고, 마음 같아선 회사를 팔아 버리고 은퇴를 해 버릴까 하는 생각이 불쑥불쑥 드는 그런 상황이란 말이다.

방법이 도대체 아예 없느냐고 다그치자, 재무담당 과장이 키코라는 것이 있다고 슬쩍 내민다. 보니까, 뭔지 잘 이해가 안 된다. 녹인이 있다고 하고 녹아웃이 있다고 하고, 거기에 또 무슨 윈도우가 있어서 관찰이 어쩌고 저쩌고 하는데, 머리 아프다. 그런데 보니까 한 가지가 눈에 들어온다. 바로 이 키코선물환의 행사가격, 즉 미 달러를 팔게 되는 환율이 한 그래도 950원 언저리가 나온다. 이걸 한다고 당장 손익분기점을 맞출 수 있는 것은 아니다. 하지만 구매업체에게 하소연하여 판매단가를 조금 올리고 공급업체의 부품가격을 조금 깍고 또 내부적인 비용절감 활동을 좀 더 강화하면 어떻게 한 5% 정도는 영업이익률을 끌어 올려 볼 수 있을 것 같기도 하다. 그러면, 대략 손익분기점 근방이 되고, 당장 내년은 어떻게든 끌고 나갈 수 있을지도 모른다. 그 이후의 일은 골치 아프다. 하지만 우선 경영자로서 나는 내년을 버텨야 된다. 한편, 환율이 너무 밑으로 내려가면 헤지거래 자체가 없어진다고 하는데, 어차피 그런 상황이 오면 이 키코라는 것을 하든 안 하든 회사는 큰 적자를 면할 수 없는 상황이니 어차피 이판사판이라고 생각을 하게 되는 것은 지극히 인지상정이다.

대개 기업들은 환 선도 거래를 할 때 스트립(Strip)으로 거래를 하는데, 이는 매달 발생될 것으로 예상되는 외환 매출 금액을 한꺼번에 헤지하고자 할 때 사용된다. 가령 매년 말이나 아니면 매년 초에 1년치의 예상 매출 금액을 산정하고 이에 대해서 한 번에 환 선도 거래를 하는데, 만기가 1개월, 2개월, …, 12개월이 되는 총 12개의 개별 환 선도를 묶어서 그 선물환율을 만기에 따라 다른 값을 취하는 것이 아니라 일종의 평균이 된 하나의 값으로 선정하여 거래를 하게 되고 이를 파 포워드(Par Forward)라고 부른다. 왜 1년치를 한꺼번에 하냐고 반문할 수도 있는데, 이는 1년 간의 경영계획에 맞춰서 예상손익을 지키기 위해 하게 되는 것이니 연말이나 연초에 한 번에 하는 것은 충분히 이해될 수 있는 일이다. 가령, 금년에 미 달러 6천만불을 수출한 회사라면, 그리고 내년에 적어도 금년만큼의 매출이 일어날 것으로 예상한다면,[5)] 그리고 매출이 계절의존성(Cyclicality) 없이 꾸준히 발생된다면 매달 5백만불씩 1년 동안 매도하는 조건의 파 포워드를 하게 되는 것이다.

이제 이 키코선물환의 구조를 좀 알아보도록 하자. 실제로 한 기업이 거래했던 상세한 조건을 가지고 설명해 보겠다[122]. 2006년 12월 11일 A 기업은 만기 24개월에 매달 2백만불씩, 총 미 달러 4천8백만불을 매도하는 키코선물환을 거래한다. 녹인 레벨은 965원, 녹아웃 레벨은 885원, 행사가격은 950원이고, 이 때의 기준현물환율은 926원이었다. 거래를 한 시점이 2006년 12월이긴 하지만 이 키코선물환을 프라이싱하는 조건은 2006년 12월과 2007년 12월 사이에 크게 변한 것이 없기 때문에, 이 구조와 거의 같은 조건으로 2007년 12월말에 키코선물환을 매도했다고 가정하는 것은 그렇게 무리한 가정은 아니다. 또한, 위의 실제 사례를 가져온 논문에는 언급이 되어 있지 않지만, 당시의 관행을 보건대 매달 2백만불이라고 하는 것은 행사가격보다 현물환율이 올라갔을 때의 일이고, 현물환율이 행사가격보다 낮은 영역에서는 매달 백만불만 파는 소위 1대

5) 영리기업치고 내년도 경영계획을 세우면서 금년보다 줄어든 목표를 세우는 기업은 극히 드물다. 그런 계획을 감히 세울 수 있는 전문경영인이 있을까.

2(One-By-Two)의 구조였을 것으로 짐작된다. 위에서 나온 녹인 레벨 등이 어떻게 작동하는지를 이제부터 구체적으로 설명하고자 한다.

[그림 6.4]는 녹인 레벨인 965원과 녹아웃 레벨인 885원이 트리거되지 않았을 때 키코선물환의 만기 시점의 기업 입장에서의 지급 금액을 나타낸 것이다. 그 경우, 만기에 행사가격인 950원보다 낮은 환율로 확정되더라도 기업이 보유하고 있는 미 달러 풋/원 콜에 의해 950원에 백만불을 팔 수 있게 되며, 950원이라는 행사가격은 이미 전술한 바와 같이 동일 만기의 선물환율보다 상당히 높은 레벨이다. 만약 만기 환율이 950원을 넘어서게 되는 경우는 기업 입장에서 950원에 팔아야 하는 의무가 없고 올라간 환율로 팔 수 있기 때문에 더 좋아진 상황이다. 녹인이나 녹아웃이 발생되지 않는 한 기업 입장에서 이 키코를 통해 나빠진 것은 없다.

이번엔 녹아웃이 발생되었다고 가정해 보자. 녹아웃 배리어는 885원에 설정되어 있는데, 이 레벨이 트리거 되는 순간 모든 거래가 사라진다. 앞

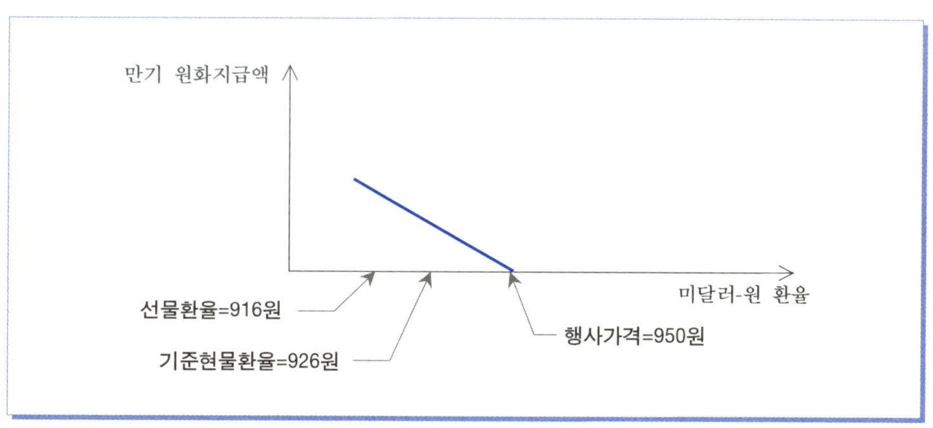

[그림 6.4] 녹인 레벨과 녹아웃 레벨이 트리거되지 않았을 때의 키코의 만기 지급금액; 선물환율은 1년 만기에 해당하는 레벨

에서 결제 종료된 부분은 물론 영향을 받지 않고, 향후에 만기가 도래하는 모든 스트립들이 한 순간에 사라지게 된다는 뜻이다. 이 녹아웃 이벤트 부분을 가지고 불공정하지 않느냐는 논리를 펴는 경우들이 꽤 있다. 이 구조는 기본적으로 환 헤지를 위한 구조인데, 환율이 많이 내려가서 헤지가 더욱 필요한 상황에서 거래가 사라져 버리니 이는 사기라는 식으로 말이다.

위의 논리는 당초에 왜 환 선도 매도나 미 달러 콜/원 풋 옵션 매입과 같은 환율 하락에 대해서 완전하게 헤지할 수 있는 구조를 택하지 않았느냐는 지적과 맥을 같이 한다. 그런데, 위에서 왜 그런 구조들을 선택할 수 없었는지 이미 살펴보았다. 그런 것들을 할 수 없는 상황이다 보니, 헤지구조가 사라질 수도 있는 가능성을 받아들이는 대신 환 선도로는 불가능한 950원이라는 레벨의 행사가격을 확보할 수 있게 되었다는 것이다. 녹아웃의 조건이 없다면 환 선도의 선물환율 916원보다 높은 행사가격을 제공하는 것은 불가능하다. 금융의 원리에서 가장 근본적인 것을 하나 들라고 한다면 그것은 '공짜 점심은 없다'는 것이 되겠다.

헤지 구조가 사라져 버렸으니 문제라고는 하지만 이렇게 녹아웃 이벤트가 발생하는 경우, 이 키코선물환을 함으로써 결과적으로 손실을 본 부분은 없다는 것을 지적해야겠다. 916원이라는 레벨에 환 선도를 거는 것은 손실을 너무 크게 확정 짓게 되는 것이어서 선택할 수 없다는 제약조건이 주어져 있어서 결국 아예 손을 놓고 아무 것도 하지 않은 채로 있었을 수도 있다. 그러한 상황과 비교해 보면, 결과적으로 둘은 같은 결과다. 녹아웃 조건 자체가 있다고 해서 절대 해서는 안 될 어떤 것을 한 것처럼 간주하는 것은 부당한 이해이다.

녹아웃 선물환을 하는 기업의 입장은 100% 완벽한 해결책을 추구하는 것이 아니라[6] 그 녹아웃 선물환이 녹아웃 될 때까지 만이라도 현금흐름상의 약간의 보장(Protection)을 받겠다는 그런 입장인 것이다. 계속 조금씩 하락하는 환율의 추세 아래서, 녹아웃이 되기 전까지는 어쨌거나 950원이라고 하는 높은 환율로 수출대금을 매도할 수 있다. 이 녹아웃 조건 때문에 키코선물환은 평가(Mark-To-Market)상으로 큰 도움은 되지 않는다. 환율이 녹아웃 배리어 근처로 접근해 가면 그 평가금액이 0으로 수렴해 들어가기 때문이다. 그러니까 이 구조는 전적으로 현금흐름상의 보장을 불완전하나마 추구하는 것이다. 그리고 어쨌거나, 불공정한 조건이라고 욕을 많이 먹은 이 녹아웃 조건 때문에 키코선물환을 한 기업들이 그 엄청난 손실을 본 것이 아님을 상기할 필요가 있다. 쉽게 얘기해서 녹아웃 이벤트는 발생하지 않았다.

이제, 남은 녹인 조건을 보도록 하자. 965원에 설정되어 있는 녹인 배리어를 트리거하게 되면, 만기의 지급구조가 [그림 6.4]에서 [그림 6.5]로

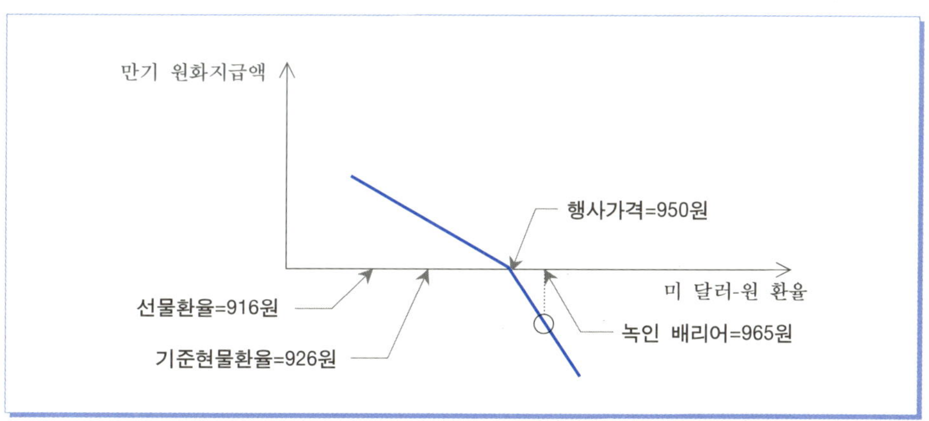

[그림 6.5] 녹인 배리어가 트리거 되었을 때의 키코의 만기 지급금액

6) 당시의 수출기업들 입장에서 그런 것은 존재하지 않았다는 것을 잊지 말아야 한다.

바뀌게 된다. 먼저, 이 녹인 조건 자체는 기업 입장에서 불리할 것이 없고 이익이 되는 조건임을 지적해야겠다. 이 녹인 조건이 없다고 한다면, [그림 6.4]에서 만기환율이 950원보다 높은 경우 그 때의 시장환율로 팔 수가 없고 950원에 팔아야 하는 조건이 되었을 것이다. 그것을 이 녹인 조건을 통해 녹인이 될 때까지는 조금 더 유리한 환율로 미 달러를 팔 수 있는 가능성을 확보하게 된다.

그런데 [그림 6.5]를 잘 보면 950원의 행사가격을 기준으로 하여 그 지급금액의 직선의 기울기가 다르다. 950원 이하에서는 미 달러 백만불을 매도하는데, 950원 초과에서는 그 두 배인 2백만불을 팔도록 되어 있다. 음, 뭔가 옳지 않은 느낌이 든다. 환율이 어디냐에 따라서 매도하는 미 달러 금액이 달라진다니, 그것도 기업 입장에서 불리한 상황, 즉 환율이 행사가격을 초과하는 그런 상황에서 금액이 두 배가 된다니 이거야말로 불공정한 일이 아닌가 하는 생각이 들게 된다.

왜 이런 조건으로 거래를 하게 된 걸까. 은행이 원해서? 기업이 원해서? 둘 다이다. 은행은 키코선물환의 행사가격을 높이기 위한 방안으로서 이 1 대 2 레버리지 구조를 보여줬을 것이고, 기업은 레버리지가 없는 1 대 1 키코선물환의 행사가격보다는 이 1 대 2 키코선물환의 행사가격이 더 높기에 이쪽을 더 맘에 들어 했을 것이기 때문이다. 여기서 한 발자국 더 나아가 1 대 3의 레버리지를 갖는 키코선물환을 한 기업도 일부 있었다. 시장조건에 따라 달라지는 이야기이지만 대략 정성적으로 이야기하자면 레버리지가 없는 상태에서 녹아웃 조건을 통해 올릴 수 있는 행사가격은 전체의 한 30~40% 정도이고, 나머지는 이 1 대 2의 레버리지를 통해서 만들어진다. 녹아웃 조건을 붙임으로서 916원이던 선물환율을 한 920원대

후반까지 만들 수 있고, 이게 양에 안차다 보니[7] 2배의 레버리지를 걸어서 950원이라는 행사가격을 만들어 내게 된 것이다. 3배의 레버리지를 구사한 경우라면, 970~980원대의 행사가격을 가졌으리라 짐작된다.

이 레버리지가 키코선물환의 부당함을 증명하는 또 하나의 요소로서 널리 주장되었다. 필자 또한 레버리지가 신중하지 못한 접근 방법이라고 생각한다. 그러나 좀 잘못된 이해가 있는 부분이 있어 이를 언급해야겠다. 키코선물환의 레버리지 자체에 불공정함이 있다고 얘기하는 것은 문제의 근원에 다가가지 못하고 그 주변 언저리에서 맴돌고 있는 상태처럼 보여진다.

진정한 문제는 레버리지가 아니라 오버헤지(Over Hedge)였다. 이 둘이 같은 것이 아니냐고 반문하는 독자들이 있을 지도 모르겠지만 이 둘은 같은 것이 아니다. 레버리지가 있다고 해서 꼭 오버헤지가 되는 것이 아니고, 오버헤지를 했다고 해서 꼭 구조상의 레버리지가 채용되는 것도 아니다. 무슨 소리인고 하니, 키코선물환을 통해서 기업이 매도하게 되는 미달러 금액의 최대값이 실제로 그 기업이 수출대금으로 받을 것으로 예상했던 금액과 비교해서 크냐 작으냐의 얘기를 하고 있는 것이다. 사례의 A 기업을 보자. 만기시의 환율에 따라 백만불 아니면 2백만불을 매달 팔도록 키코선물환 거래를 했는데, 이 중 최대값인 2백만불이 실제로 이 기업이 받을 것으로 예상했던 수출대금과 비교해서 어떠하냐는 것이다.

만약, A 기업의 매달 예상 수출대금이 2백만불이라고 해 보자. 키코선물환을 통해서 A 기업이 결정적인 문제에 봉착하게 되는 부분이 있는가. 그렇지는 않다. 왜 그런지 보자. 1 대 2의 레버리지 구조를 갖고 있지만, 그렇더라도 키코선물환에 의해서 팔아야 하는 금액의 최대치가 받기로

---

7) 손익분기점 환율에 못 미치기 때문이다.

되어 있는 금액과 같다. 따라서 그냥 받는 대로 키코선물환의 거래상대방인 은행에 그 미 달러 금액을 지급하고 950원의 환율이 적용된 원화를 받으면 된다. 환율이 950원보다 한참 많이 올라간 [그림 6.3]과 같은 상황에서는 엄청난 손실을 보고 있는 것이 아니냐고? 키코선물환의 평가상으로는 그럴 테지만, 현금흐름상으로는 아무런 문제가 없다. 생긴 2백만불을 그대로 넘겨주고 19억원을 받으면 되기 때문이다. 여기서 환율이 1,600원까지 올라가서 생긴 평가상의 손실을 가지고 키코선물환이 불공정하다고 이야기하는 것은, 공정한 환 헤지 수단의 첫 번째로 꼽히는 환 선도 또한 손실이 발생되게 되면 불공정하다고 이야기하는 것과 같은 꼴이 된다. 아무런 레버리지 없이 정상적인 환 선도를 헤지 목적으로 2백만불만큼 했는데, 환율이 갑자기 1,600원이 되었다고 해서 이 환 선도 거래가 불공정하다고 얘기를 할 수 있겠는가. 그럴 수는 없다. 게다가, 본 사례의 1 대 2의 키코선물환의 경우가 정상적인 2백만불 원금의 환 선도보다 A 기업 입장에서는 손실이 작다. 행사가격을 보면, 키코선물환은 950원, 환 선도는 916원에 미 달러를 동일한 2백만불 매도해야 하는 상황이니, 키코선물환 편이 34원만큼 환 선도보다 상대적으로 손실이 적게 발생되는 상황이다. 키코선물환의 최대원금이 실제 갖고 있는 수출대금의 익스포저보다 크지만 않다면 결과적으로 기업들이 키코선물환을 해서 그토록 큰 손실을 입게 되지는 않는다는 것이다.

당시 예상하지 못했던 미 달러-원 환율 상승으로 인해서 큰 평가상의 손실 및 경제적인 손실을 보았던 것은 비단 키코선물환을 했던 기업들뿐만이 아니다. 대표적으로, 장기의 달러 수출대금 자산을 갖고 있는 중공업 및 조선사들은 이 환 리스크를 관리하기 위해 레버리지가 없는 지극히 정상적인 환 선도를 오버헤지하지 않고 매도해 왔다. 900원대 초반에서 3년에서 5년의 만기를 갖는 환 선도 매도 포지션을 잔뜩 갖고 있었는데, 갑자기 환율이 1,500원을 넘어서게 된다. 평가상으로 그 환 선도 포지션들의 손실은 전체 헤지원금의 50%가 넘어서게 되고, 그 금액이 너무 크다 보니 조선사들의 자기자본금을 다 잠식하는 예상치 않던 상황까지 벌어지게 되었다. 하지만 그 선박 수주 달러 대금이 대차대조표에 올라있건 올라와 있지 않건 간에, 조선사들은 오버헤지를 하지 않았고 그렇다 보니 정부의 약간의 도움으로[8] 그 어려운 시기를 넘기고 현재까지도 정상적으로 영업을 하고 있다. 그렇다고 당시 조선사들이 환 선도 거래의 거래상대방인 은행에게 환 선도로 인해 너무 큰 손실을 입었으니 부당한 거래이고 취소돼야 마땅하다고 얘기를 했을 것 같지는 않다.

레버리지가 구조상 전혀 없다고 하더라도 오버헤지는 발생될 수 있다. 내가 받을 수출대금이 50만불에 불과한데, 2백만불의 원금을 매도하는 환 선도 계약을 맺었다면 이는 절대로 오버헤지이고, 오버헤지는 정의상 헤지가 아니라 투기거래이다. 가령 2008년 5월의 한 기사를 보자[16].

> 폴리에스테르 직물을 생산하는 P사. 이 회사는 지난해 말 원화값 상승을 예상하고 한국수출보험공사의 선물환 환변동보험에 가입했다. 제품을 100% 수출하므로 환 위험에 노출돼 있기 때문이었다. 그러나 예상과 다르게 올해 들어 달러 대비 원화값이 계속 하락했다. 원화값이 상승했다면 손실에 따른 보험금을 받았겠지만 반대 현상이 벌어지며 거꾸로 환수금을 내야하는 처지에 몰렸다. 이 회사가 통지 받은 환수금은 2015만원. 연간 수출실적이 50만달러(5억원)인 이 회사로서는 감당하기 힘든 규모였

8) 회계 및 거래소 규정을 약간 수정해 중공업 및 조선사들이 이 환율 변동으로 상장폐지되는 일이 발생되지 않도록 하였는데, 이로 인해 세계의 회계원칙을 제시하는 IFRS로부터 상당한 비난을 받은 바 있다.

다. 〈중략〉 최근 '환수 사태'의 원인에 대한 책임 공방도 벌어지고 있다. 수출보험공사는 환차익을 노린 환변동 이용 업체들의 과도한 베팅이 한 원인이라고 지적하고 나섰다. 수출보험공사 관계자는 중장기적으로 원화 강세를 예상한 이용 업체들이 실제 수출 거래액을 초과하는 보험에 가입해 과도한 환차익을 추구했지만 예상과 반대의 환율 흐름에 환차손이 증가했고, 보험 추가 가입을 통한 '물타기'를 통해서 더욱 환차손이 증가하고 있는 현상도 있다고 말했다. 그러나 중소기업중앙회는 영세한 중소기업들이 초과 보험 가입을 통해 환베팅까지 했다는 사례는 극히 일부에 지나지 않을 것이라며 환변동보험의 중도해지가 잘되지 않아 피해가 더 커진 경우가 있다고 말했다. 〈후략〉

[그림 6.6] 환변동보험 운영 구조[16]

현재, 이름을 한국무역보험공사로 바꾼 당시의 한국수출입보험공사가 제공한 환변동보험이라고 하는 것은 대개 그 금액이 그렇게 크지 않아서 은행과 거래를 할 때 다소 불리한 면이 있을 것을 감안하여 한국무역보험공사가 거의 마진을 붙이지 않은 채로 중소기업들에게 제공해 주는 환 선도 계약으로서 이름만 보험이라고 되어 있을 뿐 환 선도와 전혀 다를 것이 없는 거래이다. 무역모험공사 측은 환 선도 형태의 환변동보험 말고, 미 달러 풋/원 콜 옵션 매입에 해당하는 소위 완전보장형 환변동보험도 제공하고 있는데, 그 옵션 프리미엄이 1%로 상당히 낮음에도 불구하

고[16], 이러한 방식을 채용하는 기업은 안타깝게도 드물다.[9]

위 사례의 P사를 보자. 연간 수출실적이 50만달러이니, 오버헤지를 하지 않았다면 매달 41,667불의 원금의 환변동보험을 가입했었을 것인데, 이를 2007년 12월 말에 했다고 하자. 그날의 기준환율은 935.37원이고, 1년 만기의 포워드 포인트는 −8.2원, 1년 만기 매달 결제의 파 포워드와 다름이 없다고 하면 931.27원이 나오는데, 0.04%의 요율 등을 감안하면 이보다 오히려 더 낮아져야겠지만, 그냥 932원에 매도하는 조건으로 가입이 되었다고 하자. 매달 말일의 환율로 정산이 되었다고 할 때, 2008년 1월부터 4월까지의 환수금을 계산해 본 결과는 [표 6.1]과 같다.

4월까지 통지 받은 환수금은 기사에 의하면 2,015만원, [표 6.1]에서 계산된 값은 615만원 정도로 둘이 일치하지 않는다. 왜 그럴까. 사례의 P사가 자신들의 실제 익스포저인 월 4만불 정도에 대해 환변동보험을 가

[표 6.1] 연 매출 50만달러의 P사가 오버헤지하지 않았을 경우의 환변동보험 환수금 계산

월	헤지원금 (USD)	행사가격	월말 환율	환수금
1월	41,667	932원	943.95원	497,917원
2월	41,667	932원	939원	291,667원
3월	41,667	932원	990.3원	2,429,167원
4월	41,667	932원	1002.4원	2,933,333원
4월까지의 환수금 합계				6,152,083원

9) 일반 환변동보험의 0.04%의 요율과 완전보장형 환변동보험의 1%의 보험요율을 비교하여 1%가 비싸다고 느끼는 모양이다. 정말 말도 안되는 안타까운 일이다. 완전보장형 환변동보험은 일반 환변동보험과는 달리 미 달러-원 환율이 상승했을 경우 환수금을 전혀 지급하지 않아도 되는 옵션 매입의 형태이니, 0.04%와 1%라는 비교는 일단 출발부터가 잘못된 비교이다.

입한 것이 아니라, 그 3배가 넘는 월 13만6천불 정도의 원금으로 가입을 했기 때문이라는 것 외에는 이를 설명할 수 있는 방법은 없다. 즉, 이 P사의 경우가 무역보험공사의 관계자가 얘기한 것과 같은 과도한 오버헤지였다는 것은 논란의 여지가 없어 보인다.

다른 몇 개의 사례를 더 보자. [표 6.2]는 2008년 5월 15일 기사에 난 키코로 인해 손실을 본 기업들의 명단과 그 손실금액으로서, 이 기사에서 손실금액의 자기자본대비 비율이 높은 순서대로 4개사를 골라낸 것이다[65]. 이 기사만으로는 정확히 어느 시점에 어떤 조건으로 했는지를 알 수가 없기 때문에 이를 평가하기 위해서는 어쩔 수 없이 좀 가정을 해야 한다. 하지만 크게 보아 당시의 실제 현황과 크게 차이가 나지 않을 만한 최선의 가정을 세워보도록 하겠다. 거래를 2007년 12월말에 했다고 가정하고, 흔히 하듯 2년치를 한꺼번에 했다고 가정하자. 2008년 5월 15일의 시점이라면 이 중 4개의 레그(Leg)는 이미 만료되었을 것이고, 따라서 잔존 포지션은 총 20개의 레그로 구성되어 있을 것이다. 조건은 위의 키코 선물환을 설명하면서 나왔던 사례대로 거래가 되었다고 하자.

2008년 5월 15일의 환율은 1,045.05원으로서, 남아 있는 2008년 5월말 만기의 레그부터 2009년 12월말 만기의 레그까지 총 20개의 레그가 있고, 그 행사가격은 950원, 이 시점의 환율이라면 이미 모든 잔여 레그들이 녹인되었거나(미국식), 아직 녹인은 안되었다고 하더라도 평가상 녹인된 것과 다름없는 결과가 나올 것이다(윈도우식). 그리고 평가에 사용되는 만기 20개월까지의 선물환율은 현물환율과 같다고 가정하고, 계산의 편의를 위해 원화의 할인율이 0%라는 가정을 하면, [표 6.2]에 있는 손

[표 6.2] 환 관련 파생거래로 인해 큰 손실을 입은 주요 기업[65]

회 사	손실금액	손실의 자기자본대비 비율	거래형태
아이디에이치	123억원	42%	통화옵션
동원금속	55억원	17.8%	통화옵션
제이브이엠	136억원	17.7%	통화옵션
에버다임	73억원	14.5%	통화옵션

실금액은 다음의 식 (6.1)을 만족하여야 하며, 따라서 녹인시 매도해야 하는 미 달러 금액은 식 (6.2)와 같다.

$$\text{손실금액} = 20 \times \text{녹인시 매도금액} \times (1{,}045.05 - 950) \qquad (6.1)$$

$$\text{녹인시 매도금액} = \frac{\text{손실금액}}{1{,}901} \qquad (6.2)$$

한편, 금융감독원의 전자공시시스템에 가면 [표 6.2]의 회사들의 2007년도 매출액을 찾아 볼 수가 있고, 그 중 수출에 해당하는 금액만을 따로 볼 수가 있다[3]. 이 금액을 2007년도 평균 환율로 나누면 대략의 수출대금이 나올 터인데, 2007년도의 환율 평균은 929.15원으로서 930원으로 간주를 하여 나온 달러 금액을 12로 나누면 매달의 수출대금이 나오게 되고, 이를 위 식 (6.2)를 통해 구한 금액을 비교하면, 오버헤지가 있었는지 없었는지를 판단해 볼 수 있게 된다. 이 결과를 [표 6.3]에 나타냈다.

2개 사는 추정 수출대금이 추정 키코 매도금액보다 크게 나타났고, 나머지 2개 사는 추정 수출대금이 추정 키코 매도금액보다 작게 나타났다.

[표 6.3] 기업들의 추정 매월 수출대금 및 키코를 통한 매월 매도 금액

회 사	2007년 수출	매월 수출대금(USD)	키코 매도금액(USD)	오버헤지 여부
아이디에이치	606억원	5,482,876	6,470,279	예
동원금속	1,106억원	9,914,711	2,893,214	아니오
제이브이엠	258억원	2,312,372	7,154,129	예
에버다임	871억원	7,808,933	3,840,084	아니오

글쎄다. 모든 키코 손실 기업이 오버헤지를 한 것은 아니었을 것이다. 그렇지만 오버헤지를 한 기업이 없지는 않았다. 위 환변동보험 관련 기사에 나온 P사가 그러하고, [표 6.3]의 제이브이엠은 아무리 우호적인 조건을 추가한다고 하더라도, 예를 들어 수출이 급신장하는 추세여서 이를 감안하여 2007년 수출보다 더 큰 금액을 했어야 한다든지, 2년이 아니라 3년치를 한꺼번에 했었다고 가정하더라도 도저히 오버헤지가 아니었다고 얘기하기는 어려울 것 같다.

당시, 평가상의 손실이 급격히 올라가던 2008년 상반기 중에 재구조화라는 명목으로 소위 '물타기(Scale Trading)[10)]'를 시도하던 기업들도 없지 않았던 것으로 알고 있다. 가령 길재욱, 서상원[122]이 쓴 논문에 사례로 나온 기업의 경우, 2006년 12월 11일에 2년치 최대금액 월 미 달러 2백만불로 가입하고 그 후 2007년도에 차곡차곡 포지션을 늘려가다가 2008년

10) 주식 시장에서 사용되는 용어로서 가격이 하락할 것으로 예상하여 공매도를 해 놓았는데, 가격이 올라 버리면 손실을 벌충하기 위해서 추가적으로 공매도에 나서는 것을 말한다. 추가적인 레버리지를 더하는 것으로서, 만약 가격이 올라버린 채로 내려오지 않으면 훨씬 더 큰 손실을 입게 되는 매우 위험한 거래 방식이다.

[표 6.4] 한 기업의 키코선물환 거래 사례[122]

번호	거래일	만기 개월	월 최대 매도금액	녹인	녹아웃	행사가격
1	2006/12/11	24	2백만불	965원	885원	950원
2	2007/3/7	28	1백만불	985원	885원	956원
3	2007/5/25	30	2백만불	963원	900원	950원
4	2007/9/10	12	2백만불	965원	905원	952원
5	2008/1/9	11	4백만불	963원	900원	930원
6	2008/1/16	11	4백만불	960원	900원	930원
7	2008/1/22	35	2백만불	981원	895원	930원
8	2008/1/28	11	2백만불	970원	900원	955원

1월에만 4번의 거래를 추가하면서 전형적인 물타기를 시도한다.

[표 6.4]를 보면, 2007년 말 시점에 이 회사는 녹인이 되면 매달 7백만불을 매도를 해야 하는 포지션을 갖고 있었다. 그런데 2008년 1월에 이미 현물환율이 937원에서 954원까지 분포하던 이 시기에 이 회사는 미친 듯이 매월 4백만불짜리 2번, 그리고 매월 2백만불짜리 2번을 추가하게 된다. 3개는 만기 11개월짜리이고, 즉 2008년 12월 중으로 끝이 나는 거래이고, 2008년 1월 22일에 거래된 7번째 거래는 만기가 무려 35개월, 즉 2010년 12월이 되어야 끝나는 거래다. 그뿐만 아니라, 그 행사가격을 보면 930원으로서 이미 기준현물환율에도 못 미치는 레벨이다. 2008년 1월 중에 갑자기 월 천2백만불씩에 달하는 대량의 수주를 따낸 걸까. 그럴 것 같지는 않다. 이미 갖고 있는 포지션도 월 7백만불이면 결코 적지 않은, 연 천억원 정도의 매출이 수출에서만 발생해야 하는 그런 상황이다. 왜 이렇게 한 걸까. 기존의 갖고 있던 키코선물환들이 평가상

으로 손실을 보이기 시작하자 이를 추가 거래로써 메꾸어 보려고 한 것이라는 것이다. 이렇게 해서 쌓인 총 월 천9백만불, 전체 금액으로는 3억 4천만불에 달하는 이 포지션이 헤지일 수는 없는 것이다.

기존에 했던 키코선물환이 평가상 손실을 보이기 시작하면, 기업의 담당자들이 은행의 세일즈를 찾기 시작한다. 대책을 만들어 내라고 말이다. 녹인 후의 매도금액이 실제 수출대금보다 크지 않은 한 기업 입장에서 속이 조금 쓰릴 뿐, 근본적인 문제가 있는 것은 아니라는 것은 이미 언급하였다. 좌불안석이 되는 상황은 이 키코선물환의 포지션 자체가 수출대금을 넘어서게 되는, 정당화할 수 없는 거래를 이미 저질러 놓은 상황이다. 한 가지 해결책은 이미 손실을 보이고 있는 기존 거래를 들어내고, 즉 손실이 난 만큼 현금을 지불하고 기존 거래를 완전히 취소시켜 버리는 것인데, 이러한 방법을 쓰면 더 이상 악화될 일은 없지만 기업의 담당자 및 담당임원 입장에서는 이렇게 되면 손실을 확정 짓는 결과를 가져 오므로, 정말 웬만하지 않고서는 그런 해결책을 사용할 수는 없다. 또 다른 방법으로써, 환율이 추가적으로 올라가는 부분에 대한 보장을 확보하기 위하여 플레인 바닐라 미 달러 콜/원 풋 옵션을 각 스트립에 맞춰 매수하는 방법이 있을 수 있는데, 이는 옵션 프리미엄을 초기에 지불해야 하므로 사장한테 보고할 면이 서지 않아서 채택되지 않곤 한다. 남은 방법은 은행의 스트럭처러 관점에서 재구조화(Restructuring)라고 불리는 기법을 사용해야 하는데, 기존의 키코선물환을 취소시키고(Unwind) 그 취소비용을 기업이 지불을 하지만 그 취소비용만큼을 다른 파생거래를 통해 초기에 기업이 받아갈 수 있도록 만들어 내는 것이다. [표 6.4]의 거래 5번부터 8번까지는 표에는 안 나와 있지만, 아마 그 거래를 하면서 거래

일에 기업이 일정 금액을 받아가는 조건으로 거래가 되었다고 봐도 무방하다. 기업이 받게 되는 그러한 금액이 없이 기준현물환율보다도 낮은 행사가격을 갖고 있는 구조를 기업 측이 받아들일 리는 없기 때문이다.

재구조화에서 사용할 수 있는 방법은 딱 세 가지이다. 첫째, 그 액면금액을 늘리는 것이다. 액면금액을 늘리면서 좋지 않은 조건을 받아들이면, 초기에 지불할 현금이 어느 정도 만들어 질 수 있다. 둘째, 그 만기를 늘리는 것이다. 기존에 1년 혹은 2년의 거래를 했다면, 이를 재구조화하면서 3년 혹은 4년짜리로 만들어 버리는 것이다. 매월의 액면금액을 변경하지 않더라도 만기가 늘어나기 때문에 전체 거래금액이 늘어나는 효과가 있고, 따라서 첫 번째 방식과 마찬가지로 초기에 지불할 현금을 만들 수 있다. 셋째, 리스크를 추가하는 것이다. 가령 기존에 녹아웃이 없었다면 녹아웃을 추가한다든지, 아니면 녹아웃 배리어를 예전보다 더 현재기준환율에 가깝게 놓는다든지 같은 것이 그 예가 될 수 있겠다.

대다수의 재구조화들은 실패로 돌아가기 십상이다. 위의 회사가 2008년 1월에 네 번의 거래를 추가하면서 무슨 생각을 했었을까. 일단 자신들의 수출대금의 몇 배가 되는 금액으로 거래를 해서 약간의 현금을 받고, 이러다가 2007년도에 예상했던 대로 다시 환율이 정상화되어 내려가면 추가된 모든 키코선물환이 다 녹아웃 되기를 바라지 않았을까. 지방은행의 한 파생거래 세일즈 팀장은 이러한 재구조화의 요구를 단호하게 거부하고, 애초에 키코선물환의 매도금액이 그 회사의 매출규모 보다 현저히 큰 경우 거래를 거부하였던 것으로 알려져 있다. 이 지방은행이 이후 키코에 관련된 송사에 시달리지 않았음은 물론이다. 이후, 금융감독원은 기업들이 실제로 오버헤지하는, 즉 있지도 않은 포지션에 대해서 환 선도 혹은 키코선물환

같은 것으로 투기 거래를 하는 것을 원천적으로 금지하기 위하여, 은행이 기업들과 파생거래를 할 때 예상 수출 대금 등을 감안하여 기업이 하겠다고 하는 금액이 이보다 큰 경우 거래를 받지 말거나, 받았다고 하더라도 그 추가되는 부분에 대해서는 즉시 해지하도록 규정을 개정하였다. 큰 규모로 거래하겠다는 기업에게 그 금액이 지나쳐서 거래를 할 수 없다는 얘기를 하는 것이 은행 세일즈 담당자 입장에서는 거의 불가능에 가까운 현실을 감안하면 이러한 조치는 적절한 것이었다고 보여진다.

몇 가지 사항을 좀 더 지적해야 하겠다. 소송을 제기한 기업 입장에서 언론 등에 자주 제시하는 논리 한 가지가 '내가 이 만큼 손실을 입었으니, 거래상대방인 은행은 그 만큼의 이익을 본 것 아니겠느냐, 이는 부당하다'는 것이다. 여기서 한 발자국 더 나아가면, 은행이 환율이 갑작스럽게 상승할 것을 예측하여 그로부터 이익을 보기 위해서 이러한 키코선물환 같은 것을 만들어서 기업들에게 강매했다는 음모론도 나온다. 이는 파생거래를 하나의 도박판과 비슷한 것으로 인식하고 있다는 것을 입증하는 측면이 있다. 다음과 같은 반론을 한번 보자. 기업 입장에서 정당하게 환헤지를 하기 위해서 오버헤지를 하지 않은 채로 환 선도를 매도했다고 해 보자. 그래서 930원대에 가입을 했는데, 그 환율이 갑자기 200원이 되어 버린 거다. 위의 논리대로라면, 내가 이익을 보았으니 은행은 그 만큼 손실을 입어야 한다. 그러면 200원이면 살 수 있는 미 달러를 930원에 사야 하는 엄청난 손실을 확정 지을 그 의무를 은행 입장에서 존중할 것이라는 믿음을 기업 입장에서 가질 수 있겠는가. 은행의 부도가 염려되는 상황일 것이고, 부도가 아니더라도 소송 등을 제기하여 이는 부당한 계약이라고 주장한다면 어찌 되겠는가. 쌍방 의무가 존재하는 파생거래를 했는데 시장가격의 조건이 나한테 지극히 불리해졌다는 이유만으로 은행이 이러한 환 선도 매수의 의무를 다하지 않는다면, 기업 입장에서 불안해서 어떻게 은행하고 환 선도 매도의 포지션을 가져갈 수 있겠는가. 그렇게 되면 안되니 은행은 환율이 올라가든, 아니면 환율이 내려가든 어떠한 경우가 닥치더라도 기업과 약속한 거래의 의무를 존중하고 이행하기 위해 시장에서 반대방향의 거래를 수행하여 자신들의 포지션을 중립화시켜 놓는다. 환율이 올라갔다고 해서 은행이 이익을 본 것이 아니란 말이다. 천만의 말씀이다. 기업과 맺어 놓은 키코선물환 입장에서는 이익을 본 것처럼 보이지만, 이 포지션을 헤지하기 위해서 해 놓은 반대방향의 거래는 딱 그 만큼의 손실을 보게 되어 있단 말이다.

또 다른 논리로 기업 입장에서 키코선물환의 지급구조를 보면 이익은 녹아웃 배리어로 인해 한정되어 있고 반대로 손실은 전혀 막혀 있지 않기 때문에 근본적으로 불공정하다는 주장이 있다. 이는 당초에 왜 이런 키코선물환 같은 것이 거래되게 되었는가에 대한 배경은 고려하지 않고 그 특성만을 놓고 이야기하는 것이다. 플레인 바닐라 옵션에 대해 무방비로

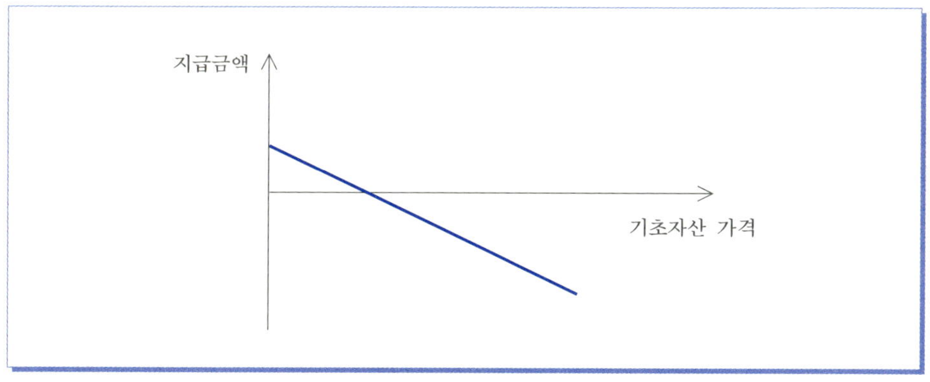

[그림 6.7] 선도계약 매도시의 지급금액 그래프

노출된 매도 포지션(Naked Short Position)을 가져가면서, 나중에 이익은 그 프리미엄으로만 한정이 되어 있는 반면 그 손실은 무한대이니 불공정하다고 주장하면 그게 얘기가 되겠는가 말이다. 이 방향으로 얘기가 좀 더 진전되면 선도 계약의 매도는 이유 불문하고 불공정하다는 얘기를 하게 된다. [그림 6.7]에 나온 것처럼 이익은 한정되어 있고 손실은 무한대이니 말이다.

위 논리의 또 다른 형태로서 기업이 롱 포지션을 갖고 있는 것은 녹아웃 미 달러 풋/원 콜 옵션 1배수이고, 기업이 숏 포지션을 갖고 있는 것은 녹인 미 달러 콜/원 풋 옵션 2배수인데, 이의 가격을 산정해 보니 지나칠 정도로 기업이 매도한 포지션이 기업이 매수한 포지션보다 크다는 주장이 있다[71]. 평가를 해 보면, 기업 입장에서의 롱 포지션의 가치가 숏 포지션의 가치보다 그 절대값에서 작은 것은 당연한 일이다. 이게 반대로 롱 포지션의 가치의 절대값이 숏 포지션의 가치의 절대값보다 크다면, 은행은 기업과 거래를 손실을 보면서 한다는 얘기가 된다. 그렇게 손실을 보면서 거래를 할 수 있는 금융회사는 없다. 이에 대해서 1년 5개월 동안 수사를 해온 검찰은 2011년에 은행이 남긴 이윤이 계약금액의 0.3%에서 0.8% 정도로 환전수수료나 증권거래 수수료, 예대마진율 등 다른 금융거래와 비교할 때 지나친 것으로 볼 수 없다는 판단을 내려, 이 키코를 거래한 11개 시중은행에 형사 책임을 물을 수 없다는 무혐의 처분 결정을 내린 바 있다[42].

이 공정한 가격과 관련된 주장은 그 공판에 로버트 엥글(Robert Engle)이 증인으로 출석하면서[13] 점입가경의 경지에 다다르고 만다. 엥글이 누구인가. 캘리포니아 샌디에이고대학교(University of California, San Diego)에서 오랜 기간 동안 교수로 있다가 은퇴했고, 2003년 소위 노벨 경제학

상을 클라이브 그레인저(Clive Granger)와 공동 수상한 엥글은, ARCH (Autoregressive Conditional Heteroskedasticity) 모델을 변동성 예측에 적용한 것으로 유명하며, 또한 그레인저 인과관계로 유명한 그레인저와 공적분(Co-integration)을 창시한 논문을 같이 쓴 것으로도 유명한 사람이다. 수익률의 조건부 분산(Conditional Variance)을 보간하기 위한 모델을 개발한 사람과 배리어 옵션의 공정가치 및 헤징 이슈와의 공통점은 얼마나 될까. 사실상 거의 없다. 엥글이 만든 모델은 변동성이 고변동성 환경과 저변동성 환경 사이를 왔다 갔다 할 수 있다는 얘기를 하기 위해서 만들어진 것으로서, 어느 한 시점에 키코선물환 같은 배리어옵션의 포트폴리오의 가치가 어떠해야 하고 이를 실제로 어떻게 헤지해 나갈 수 있을 것인가와 같은 문제와는 아무런 상관이 없는 그런 것이다.

엥글은 실제로 재판에서, 헤스턴 모형으로 평가를 해 보니 은행은 기업이 받는 프리미엄 143억원보다 평균 4.6배 많은 656억원을 받도록 키코 상품을 설계했다며 상식적으로 납득할 수 없는 어마어마한 마진을 붙여 키코 상품을 만든 것이라는 증언을 했는데[13], 이에 대해서 필자의 여러 외국인 지인들은 한국의 재판에 엥글이 증인으로 나온 것을 두고 여러 차례 농담의 소재로 삼을 정도로 이는 국제적인 웃음거리가 되었다. 헤스턴 모형(Heston Model)이 마치 무슨 대단한 비밀을 갖고 있는 어떤 것인 것처럼 얘기하는 대가로 비행기 값에, 고급 호텔에, 또 억대를 넘었다고 얘기되던 자문료를 은퇴한 교수가 챙길 수 있게 하였으니 말이다. 그리고 실제로 이색옵션(Exotic Option) 북을 운용해 본 경험이 없고 지엽적인 문제에 대해서 그냥 평가만 해 본 엥글과 같은 사람 입장에서 그 미드값의 차이가 은행의 자동적인 수익인 것처럼 얘기하는 것을 듣는 것은 실제로 북을 운용해 본 사람 입장에서는 참 견디기 어려운 일이다. 녹인 및 녹아웃 배리어를 헤지하는 데 들어가는 확정되지 않은 비용 등을 감안하지 않고, 배리어 옵션 류의 수익을 얘기하는 것은 현장에서 북을 운용하는 사람들 입장에서는 어이없는 일이기 때문이다. 그리고 배리어 옵션을 프라이싱하는 모델이 무엇이냐에 따라서 그 평가가격도 천차만별이 될 수 있고, 여기서 무엇이 공정한 가격인가 하는 질문은 한마디로 답이 있을 수 없는 질문이다. 이색옵션 북의 운용은 선도계약 또는 현물 계약 북의 운용과는 달리 거래 시점에 보이는 수익과 실제로 최종적으로 실현되는 수익과 완전히 달라질 수 있는 특성이 있기 때문이다. 기업 측에서 쟁점과 관련이 없는 분야의 은퇴한 교수를[11] 증인으로 부른 이유는 엥글이 노벨상 수상자라는 사실 때문이 아니었을까 짐작이 된다. 이 일종의 엥글 효과는 별로 소용이 없는 것으로 나타났는데, 관련한 선고공판에서 재판부는 기업 측 기대와 달리 엥글 교수 증언을 반박하고, 심지어 그의 설명을 기업 주장을 허무는 근거로 삼기도 했다[37]. 환율이 올라가면 이론상 무제한 손실을 볼 수밖에 없다는 기업 주장이, 현물이 없는, 즉 오버헤지인 '투기적' 키코 계약을 맺었을 때 나타나는 것이라고 지적하면서 말이다[37]. 국내의 연구논문도 대부분의 키코 옵션은 심각하게 과대평가(Overpriced)가 된 것은 아니라는, 즉 그 이익이 지나치다고 보여지지는 않는다는 결론을 내린 바 있다[122].

말이 나왔으니 말인데, 이 소위 노벨경제학상이라고 주장되는 상은 사실 노벨상도 아니다. 다이너마이트를 발명하고 그로 인해 한 평생 죽음의 무

---

11) 본 사건의 쟁점에 대해서 정통한, 파생거래의 프라이싱 및 헤징에 대해서 잘 알고 있는 교수들을 초빙하는데 어려움을 겪은 것도 한 원인일 수 있겠다. 아는 사람 입장에서 엥글과 같은 주장을 하는 것은 너무나 부끄러운 일이기 때문이다.

기를 만들어 냈다는 것에 대해서 괴로워했던 알프레드 노벨은 죽으면서 자신이 생각하기에 정치적이지 않고 중요한 다섯 가지의 분야, 즉 물리학, 화학, 평화, 생리학 또는 의학, 그리고 문학에서 인류에게 최대의 혜택(the Greatest Benefit on Mankind)을 가져다 준 사람에게 자신이 남긴 유산으로 설립된 재단에서 상을 줄 것을 1895년에 유언으로 남겼고, 이것이 노벨상이다. 그런데 1969년부터 스웨덴 중앙은행에 의해 소위 노벨을 기념하기 위한 경제적 과학 분야의 상(Nobel Memorial Prize in Economic Sciences)이라는 것이 만들어진다.[12)]노벨재단이 노벨의 뜻과 무관한 제멋대로의 결정을 내려버린 것이다.

2009년 상반기 중에 거의 1,600원에까지 도달했던 미 달러-원 환율은 그 후 꾸준히 하락 추세에 접어들어, 2012년 12월 기준으로는 1,070원 정도에 머물고 있다. [그림 6.1]의 추세적 하락이 시간을 달리해서 다시 나타나고 있다고 보여지는데, 이 키코 사태가 남긴 상처는 아직 사라지지 않고 뚜렷하기만 하다. 소송은 여전히 진행 중이고, 또한 기업들 사이에서는 환 헤지는 위험한 것이라는 인식이 더욱 강해져, 키코 사태 이전에는 50~60% 가량의 수출기업들이 환 헤지를 하고 있다고 대답했다면, 2012년 8월의 조사결과에 의하면 수출기업의 20~30% 만이 환 헤지를 하고 있다고 한다[35]. 지금보다 환율이 더 하락하게 된다면 슬슬 다시 녹아웃 류의 거래들에 대한 수요가 생길지도 모른다. 이 모든 혼란을 겪은 후, 오버헤지는 헤지가 아니라 투기적 거래에 불과하다는 가장 근본적인 교훈을 과연 우리 기업들과 은행들이 배우게 되었는지 궁금할 따름이다.

---

12) 자신들의 설립 300주년을 기념한다며 노벨재단에 기부를 하고, 그 돈을 바탕으로 노벨의 뜻과 무관한 상을 제정한 것이다.

CHAPTER 7

해외펀드의 환 헤지

> 직장인 박모씨는 최근 은행으로부터 안내문을 받고 깜짝 놀랐다. 추가비용 500만원을 내지 않으면 1년 전 가입했던 해외펀드를 해지하겠다는 내용이었다. 이 상품은 외국계 자산운용사가 외국에 설정한 역외펀드[1]다. 박씨는 국민은행을 통해 이 펀드에 가입했다. 문제는 환헤지에서 발생했다. 원금 손실이 발생한 데다 1년 새 원 달러 환율이 급등한 탓에 환헤지 재계약에 필요한 증거금이 부족해진 것이다. 박씨는 1년 전 원금 1700만원을 맡겼다가 주가가 계속 떨어져 손실률이 40%에 이른다며 이런저런 수수료까지 제하고 나면 남은 돈은 700만원 밖에 안되는데 환헤지 비용을 더 내라니 어이가 없다고 불만을 터뜨렸다. [후략][73]

위 기사는 2008년 9월의 기사로서, 대부분 주식형인 해외펀드에 가입을 하면서 은행이 제안했던 환 헤지를 했다가, 투자한 원금을 넘어서는 손실

1) 일반적으로 역외펀드는 외국에서 설정된 펀드를 국내에서 판매하는 것이고, 해외펀드는 국내에서 설정하고 해외로 투자한 결과를 국내에서 판매하는 것을 말한다. 역외냐 해외냐에 따른 과세 상의 차이점이 과거에는 있었지만 현재는 사라진 상태로서, 본 장에서는 이를 구별하지 않고 같은 의미로 사용하도록 하겠다.

을 보게 된 경우이다. 참 억울할 노릇이다. 앞의 3장에서 정의하였듯이, 장기의 관점을 가지고 자기의 자본금으로 거래를 하였으니 이는 투기가 아니라 투자로 보는 것이 마땅함에도 불구하고, 어떻게 원금 이상의 손실을 입게 되었는가 말이다. 더군다나, 박모씨 입장에서 환 헤지를 하겠느냐는 제안을 받았을 때 어느 것이 더 안전한 것일까를 고민했을 것이고 아마도 은행 측에서는 환 헤지를 하는 편이 좀 더 안전하고 신중한 투자 결과를 가져다준다고 얘기했을 테니 말이다. 펀드 투자에 대한 환 헤지에 대해서 소위 전문가라는 사람들이 어떤 얘기들을 하는지 한번 들어 보자.

〈전략〉 모 증권사 펀드리서치 팀장은 시장 전망 중 가장 어려운 것이 환율 전망이라며 환에 대한 전망을 투자수단으로 잡는 것은 바람직하지 않다고 지적했다. 김 팀장은 환헤지를 해 놓으면 최근 같은 환율 상승 상황에서는 손실이 나겠지만 환 외의 다양한 헤지 방식으로 손실 폭을 줄일 수 있다며 환은 기본적으로 헤지를 해놓는 것이 바람직하고 장기적으로도 안전하다고 지적했다[33].

해외펀드 수익률 짭짤해도 환헤지로 변동성 줄여야. 〈중략〉 모 증권사 자산관리컨설팅연구소 연구원은 환노출 펀드를 택하는 것에 대해 '무리한 수익률을 추구하는 전략'이라고 평가했다. 즉, 환율 등락에 대해 방향성을 파악할 수 없는 상황에서 환노출을 택하는 것은 위험성을 키울 수 있다는 지적이다. 그만큼 이 연구원은 안정성을 높이는 차원에서 환헤지를 택하는 것이 바람직하다고 조언했다. 〈후략〉 [17]

〈전략〉 헤지를 하지 않을 경우 펀드투자 수익 이외에 환율 상승으로 인한 추가 수익을 기대할 수 있지만, 반대의 경우 펀드투자와는 직접적 상관성이 떨어지는 환손실에 의한 리스크를 부담해야 하기 때문에 리스크 차원에서 접근하는 것이 바람직하다고 주장했다. 모 증권사 펀드애널리스트는 환 헤지 여부는 펀드 클래스로 선택할 수 있지만 국내에서는 헤지를 하지 않는 펀드 수 및 설정액이 낮은 비중을 차지하며 판매 및 가

> 입에 있어서 헤지가 되는 펀드 선택이 일반적이라며 따라서 이것으로 볼 때 환 관련 부분이 펀드 수익 추구보다는 환율에 대한 리스크 관리 수단이라고 판단했다. 〈중략〉 펀드투자의 본질적 의미와 원천적인 투자 수익원을 우선적으로 생각한다면 환리스크 관리 차원에서 환헤지 하는 것이 바람직하다고 조언했다[57].

업계에서 조언해 주는 사람들의 이야기를 종합해 보면, 환율은 투자의 대상이 아니기 때문에 헤지를 통해 변동성을 줄이고 리스크 관리를 하는 것이 바람직하다는 이야기를 하고 있다. 왜 이들이 이런 얘기를 할까. 그렇게 배웠기 때문이다. 학교에서 배우는 재무이론 과목의 체계를 보면, 그 과목 중에 투자론(Investment)이 있고, 국제재무관리(International Financial Management)가 있고, 위험관리(Risk Management)가 있고, 그리고 파생상품론 혹은 선물옵션이라는 불리는 과목이 있다. 투자론에서는 어떻게 주식투자를 잘 할 수 있는 가를 가르치지는 않고,[2)] 현대포트폴리오이론(Modern Portfolio Theory; MPT)을 배우게 되는데, 쉽게 이야기하면 투자에 있어서 수익률만 보는 것은 타당치 않고 반드시 수익률과 그에 상응하는 위험(Risk)을 같이 고려하여야 하는데 그 위험이라는 것을 수익률의 변동성 또는 시장포트폴리오와의 공분산으로 정의를 하고, 위험을 낮추기 위해서는 서로 상관되어 있지 않은 다수의 개별자산으로 투자 포트폴리오를 구성하는 것이 바람직하다는 내용을 배운다. 한 마디로 요약하자면 '당신의 달걀을 한 바구니에 담지 마라'는 오래된 경험적 지혜를 정식화시켜 놓은 것이다. 한편, 국제재무관리라는 과목에서는 투자론 및 재무관리에서 배우는 기대수익률과 위험의 관계를 국제시장의 관점으로 확장시켜, 이종통화 간의 거래에서 발생되는 환 리스크와 각 투자대상국가별

2) 학계의 정통적(Orthodox)인 입장은 주식시장을 이길 수 있는 방법은 없고, 주식 시장에서 큰 수익을 보았다는 사람들을 통계적인 예외로서 취급한다.

주식시장의 변동성을 자국의[3] 입장에서 어떻게 바라볼 것인가, 그리고 이를 국가리스크 프리미엄(Country Risk Premium)이라는 변수를 통해 기존에 세워 놓은 자산가격결정모형(Capital Asset Pricing Model; CAPM)이라는 틀 안에 어떻게 맞출 것인가[4] 등을 배우게 된다. 그리고 위험관리라는 과목에서는, 위의 과목들에서 위험으로 정의된 변동성 및 이에 전적으로 의존하는 VaR(Value-at-Risk)와 그 변종들을 배우고, 이를 어떻게 계산할 것이며 이를 어떻게 관리할 것인가에 대해서 배우게 된다.[5] 마지막으로, 파생상품론 혹은 선물옵션 과목에서는 선도, 선물, 스왑, 그리고 옵션에 대해서 배우게 되는데, 선도, 선물, 스왑 같은 것들이 변동성을 완전히 제거할 수 있는 시장중립적(Market Neutral)이면서 공정한 헤징 수단이라고 배운다. 기초자산의 가격에 대한 전망을 갖지 않고 이에 대한 리스크를 완전히 헤지해 버리기 때문이란다. 환 리스크에 대해서라면 그 기초자산의 가격은 환율이 될 것이고, 따라서 환율에 대해 괜히 전망하려고 하지 말고,[6] 그냥 선도 같은 것으로 변동성을 제거해 버리는 것이 바

3) 재무론의 상당수의 이론 및 실증적 분석은 미국의 관점에서 기술이 되어 있으며, 거의 모든 교과서들도 마찬가지이다.

4) 이렇게 확장된 자산가격결정모형을 국제자산가격결정모형(International CAPM)이라고 부르기도 한다.

5) 좀 더 엄밀하게 얘기하자면, 변동성이나 예상손실값을 저감시키는 방법보다는 이를 어떻게 기술적으로 계산할 것인가에 대한 내용을 주로 다룬다. 위험관리이기 보다는 위험계산(Risk Calculation) 혹은 위험보고(Risk Reporting)가 좀 더 정확한 이름일지도 모른다는 생각을 해 봤다. 어느 것이든 매니지먼트, 관리, 이런 말을 쓰면 좀 있어 보이는 효과를 노린 것일 수도 있겠다.

6) 주식시장의 방향을 예측하는 것은 무의미한 일이라는 학계의 의견 일치와는 별개로, 외환시장의 방향, 즉, 환율을 예측하려는 시도는 경제학 분야에서 오랫동안 시도되어 온 일이다. 여러 이론들이 있지만 현재의 컨센서스는 장기적인 방향성 말고 중・단기의 환율의 변동을 예측하는 것은 쉽지 않은 일이라고 인정하는 분위기다[44]. 물론, 통계적 검정 관점에서 예측이 무의미하다는 학계의 입장과는 별개로, 금융기관들은 주식시장 및 환율에 대한 전망 및 예측을 계속하고 있다. 투자자들이, 통계적인 예측력이 없는 것에 개의치 않고 이를 요구하기 때문이다.

람직한 접근법이라고 배우게 된다는 것이다.

이렇게 배우고 사회에 나오게 되니, 환율은 리스크로서 견해를 갖지 말고 헤지해 버리는 것이 마땅하다고 이들이 말하게 되는 것도 놀랍지가 않다. 투자란 주식시장에 대한 긍정적 견해를 갖고 이 주식가격이 오를 것이라는 전망 하에 원금을 집어넣는 것이고, 그런데 해외의 주식은 환율이라는 요소가 하나 더 개입되게 되는데 이건 어떻게 될 지 잘 모르겠고, 또 설혹 이 환율에 대해서 개인적인 견해나 전망이 있더라도 그러면 안 된다고, 그건 투기라고 딱지를 붙여 버리니, 에이, 그럼 얘기들은 대로 환율에 대한 요소는 제거해 버리고 주식에 대한 전망만을 가져갈 수 있도록 환 헤지를 하자고 결정을 내리게 된다는 것이다. 이런 조언 탓 때문만이라고 할 수는 없겠지만, 실제로 해외펀드를 대상으로 조사를 해 보면 환 헤지 비율이 2008년 당시에는 80%가 넘고[36], 2010년 자본시장연구원의 보고서에 의하면 64%가 환 헤지를 하고 있는 것으로 나타나[75], 현재도 최소한 3분의 2 정도는 환 헤지를 하고 있는 상황이다.

거기에 혼란을 더욱 부추기고 있는 것이 하나 있는데, 해외펀드의 환 위험 헤지 효과를 분석한 각종 논문 및 보고서들이 그것이다. 노골적으로 이야기해서 환 위험 헤지의 효과가 있으니 하는 것이 좋겠다는 보고서가 하나 나오면, 반대로 그 효과가 미비하거나 오히려 손실이 되는 경우가 다반사이니 하지 않는 것이 타당하다는 보고서가 하나 또 나온다. 왜 이런 결과가 나오는가를 보면, 어느 시기를 가지고 실증 분석을 했느냐에 따라 전혀 다른 결론이 나오게 되는 것이 그 가장 큰 요인이다. 미 달러-원 환율이 상승하는 시기에 해외펀드에 대해서 환 헤지를 해 놓았다면 당연히 그 헤지거래로 인해서 손실을 보게 되었을 것이고, 반대로 하락하는

시기의 통계 자료를 가지고 분석을 하면 헤지거래가 도움이 되었다는 결과가 나온다. 조금 고급 수준의 보고서라면, 직접적인 수익 및 손실을 언급하지 않고 변동성의 관점에서 평가를 내리는 경우도 있는데, 가령, 환위험 헤지가 투자수익률의 변동성 축소에도 효과적이지 못했다, 따라서 환 헤지를 하지 않는 편이 낫다는 결론을 내리거나[36], 투자자들이 환 헤지를 하면서 해외펀드의 수익률 변동성이 줄어들 것으로 기대하지만 실제로는 펀드의 수익률의 변동성이 오히려 더 커지는 것으로 나타났다고 보고하거나[27], 미국 투자자 관점에서 호주 달러, 캐나다 달러, 엔, 영국 파운드에 대해서는 헤지를 수행하는 것이 변동성을 감소시키는 데 도움이 된 반면, 유로와 스위스 프랑에 대해서는 숏 포지션이 아니라 오히려 반대로 롱 포지션을 가져가는 것이 변동성을 감소시킨다는 결론을 내리기도 한다[94]. 이런 식이라면, 진짜 이러지도 저러지도 못할 상황이다.

위 사례의 박모씨가 해외펀드 투자를 하면서 환 헤지를 하겠다고 결정했을 때, 그리고 창구직원으로부터 환 헤지를 하는 것이 환율을 고정시키는 효과를 가져온다고 들었을 때, 머릿속에서 생각했던 것을 다음과 같을 것이다. 환 헤지를 하게 되면 그 시점에서의 환율로 고정이 되어 이후 환율이 어떻게 변동이 되더라도 아무런 영향을 받지 않게 되고, 오로지 자신이 투자하는 해외주식의 현지 가격이 올라가느냐 마느냐의 문제만 남는다고 말이다. 박모씨뿐만 아니라 지금 이 글을 읽고 있는 독자 여러분들도 그렇게 생각할 지도 모른다. 그런데 정말 과연 그렇게 되는 걸까? 펀드를 판매하는 자산운용사들이 수행한다는 그 환 헤지라는 것이 어떤 것인지, 그리고 실제로 어떤 효과를 가져오는지 정말로 이해하고 투자를 하는 경우가 얼마나 될까?

모든 편견과 선입견을 버리고 백지 상태에서 출발해서 문제를 기본부터 하나씩 다시 살펴 나가 보도록 하자.[7] 필자가 이제부터 하는 얘기는 투자론이나 국제금융론 또는 다른 어떤 분야의 책을 찾아보더라도 잘 나오지 않을 이야기이다. 우선 정의하는 변수부터 다를 것이다. 투자론과 재무론에서 가장 기본이 되는 변수는 수익률(Return), 그리고 그 수익률에 대응되는 위험(Risk)의 두 가지이다. 여기서는 수익률로 문제를 바라보지 않고, 가격(Price)으로 문제를 바라보도록 하겠다. 물론, 가격들이 결정이 되고 나면 그로부터 수익률을 계산하는 것은 초등학생도 수행할 수 있는 간단한 일이다. 수익률로 문제를 보고 싶은 사람이 있다면 나중에 결과를 가지고 그렇게 해도 된다. 우선은 가격으로서 문제를 보자. 그 편이 좀 더 직관적이고 이해하기가 쉽다.

애초에 해외주식에 투자하려는 자금 M원이 있었다. 이걸 가지고 국내주식에 투자하게 되면 문제는 간단하다. 현재의 국내주식 가격이 $S_{국내}(0)$라고 하면, 내 자금 M원을 가지고 살 수 있는 주식의 수 n은

$$n = \frac{M}{S_{국내}(0)} \tag{7.1}$$

이 되고, 여기서 $S_{국내}(0)$의 0은 현재시간을 나타낸다. 국내주식의 가격 $S_{국내}(t)$는 시간이 변함에 따라 변화하게 될 것인데, 임의의 시간 t시점의 내가 보유하고 있는 주식의 가치, 즉 내 자산가치 V(t)는 다음과 같다.

7) 이후의 수식 전개와 내용은 참고문헌 [126]의 내용에서 대부분 발췌되었다.

$$V(t) = n \times S_{국내}(t) = \frac{S_{국내}(t)}{S_{국내}(0)} M \quad (7.2)$$

간단하다. t시점의 주식가격이 내가 매입한 시점의 주식가격보다 높게 되면 나는 이익을 본 상태가 되고, 반대로 낮게 되면 손실을 본 것이다. 그 시점에서 이익 혹은 손실을 확정 짓고 싶다면 그 가격에 팔고 나오면 된다. 목표 가격대를 설정해 놓고 그 레벨이 될 때까지 기다렸다가 요행히도 그 가격에 도달하게 되면 이익을 실현하고 나오는 것, 모든 주식투자자들이 바라마지 않는 것이다. 그렇게 이익 혹은 손실을 실현시키고 나면 그에 따른 수익률이 결정되게 될 것이다.

이번엔 해외주식 투자를 해 보도록 하자. 자금 M원을 가지고 해외주식에 투자하려고 보니, 갖고 있는 원화로는 살 방법이 없다. 금융회사나 펀드가 그걸 대신 해 주면 좋은데, 그들도 그렇게 할 수 없는 것은 마찬가지다. 해외주식은 그 나라의 통화로만 살 수가 있다. 우리나라의 주식을 미국 달러로 살 수 없는 것이 당연한 것처럼 말이다. 그래서 해외주식 투자를 하려면 먼저 그 나라 통화를 구해야 한다. 즉, 외환을 사야 된다는 말이다. 해외통화의 가격이 바로 환율이 되는데, 이를 $S_{환율}(t)$라고 부르도록 하자. 여기서 환율은 해외통화 당 국내통화의 수량으로 정의하도록 한다. 즉, 미 달러-원 환율처럼 말이다. 투자하려는 국가가 어디냐에 따라서 이 환율이 미 달러-원이 될 수도 있고, 유로-원이 될 수도 있고, 브라질 헤알-원이 될 수도 있겠다. 그래서 내 자금 M원을 가지고 우선 해외통화를 확보하면, 그 해외통화의 수량은

$$V_{\text{외환}}(0) = \frac{M}{S_{\text{환율}}(0)} \tag{7.3}$$

이 되고, 이 외환을 가지고 이제 그 나라의 주식을 사게 되면, 그 해외주식의 가격을 $S_{\text{해외}}(t)$라고 정의할 때 그 주식 수는

$$n = \frac{V_{\text{외환}}(0)}{S_{\text{해외}}(0)} = \frac{M}{S_{\text{해외}}(0) \times S_{\text{환율}}(0)} \tag{7.4}$$

이 된다. 이후 시간이 흘러감에 따라 내가 갖고 있는 해외주식의 가치는 변동되게 될 텐데, 나는 궁극적으로 한국에서 살고 있는 투자자이기 때문에 이 해외주식의 가치가 원화로 환산되었을 때 얼마인가가 문제가 되며, 이는 나중에 이익 또는 손실을 실현하게 되었을 때도 마찬가지이다. 그래서 이 해외주식의 가치를 원화로 환산하여 보면, 다음의 식 (7.5)와 같이 된다.

$$V(t) = n \times S_{\text{해외}}(t) \times S_{\text{환율}}(t) = \frac{S_{\text{해외}}(t)}{S_{\text{해외}}(0)} \frac{S_{\text{환율}}(t)}{S_{\text{환율}}(0)} M \tag{7.5}$$

혹자는 누구나 다 아는 이야기 아니냐고 할지도 모르겠다. 해외주식에 투자를 하게 되면 해외주식 가격 변동뿐 아니라 환율의 변동에 따라 영향을 받는다는 것 말이다. 맞다. 다 아는 이야기이다. 그럼에도 불구하고 왜 이렇게 길게 수식을 동원해 가면서 설명했는지는 이후에 알게 될 것이다.

식 (7.5)를 사심 없이 바라보자. 무슨 생각이 드는가. 해외주식에 투자를 하고 나면, 내 자산가치는 해외주식 가격의 변동과 해당통화와의 환율의 변동의 함수로서 주어지는데, 어느 것이 중요한 것처럼 보이는가. 주식

가격? 환율? 사심 없는 대답은 어느 것이 더 중요하다고 얘기하기 어렵다가 아닐까. 식을 보고 있노라면, 주식가격이 환율보다 더 중요하다, 이런 얘기를 할 수는 없게 된다. 일종의 대칭성(Symmetry)이 있다는 말이다.

그래도 투자라고 한다면, 주식의 가격이 중요한 것이지 환율의 변동은 부차적인 문제라는 식의 생각이 드는 독자들이 있을 지도 모르겠다. 당신의 잘못은 아니다. 그렇게 이미 길들여져 있기 때문이다. 이는 투자론이라고 하는 이론 체계가 미국에서 개발되었고, 그 투자론이 만들어지고 발전되어 온 상당한 기간 동안 미국 일반투자자 입장에서 자국의 주식과 채권 외의 해외 투자는 아예 고려의 대상이 되지 못하는 현실이 주어져 있다 보니 오랜 기간 동안 투자론은 환율은 아예 배제된 상태에서 오직 수익률과 위험 사이의 관계를 탐구하는 것으로 인식이 되어 왔고, 그러다 보니 환율은 투자 결정에 개입이 되면 안 되는 이질적인 대상으로 인식이 된 것이다. 그리고 또 다른 하나의 역사적 요소로서 미국에서 투자론이 발명되어 발전을 거듭하던 1950년대와 60년대는 당시의 브레튼우즈 체제(Bretton Woods System)[8]로 인해 실제로 환율이 거의 변동되지 않던 시기였고, 그러다 보니 이에 대해서 고민할 필요조차 없었다는 측면이 있다. 이 두 가지가 합쳐지게 되어 현재에도 만연해 있는 '투자에 있어서 환율의 문제는 중요하지 않은 문제이고, 정 굳이 문제가 된다면 환 선도 같은 것을 통해서 얼마든지 아예 제거해 버릴 수 있다'는 인식이 생겨나게 되었다는 것이다.

8) 브레튼우즈 체제는 제2차 세계대전이 끝나면서 미국과 영국이 주도가 되어 만든 국제통화 체제로서, 각국의 통화의 가치를 미국 달러에 연동시켜서 그 환율들을 고정시키는 것을 목적으로 하였다. 그러다 세계 경제의 불균형이 심화됨에 따라 1971년 8월 15일 미국이 자국 통화의 금 태환을 포기하면서 브레튼우즈 체제는 붕괴되고, 이후 각국의 환율은 자유변동체제에 돌입하게 되었다[108].

식 (7.5)가 갖는 의미 중의 하나는 해외주식에 투자를 하게 될 때 어떤 특별한 수단을 강구하지 않는다면, 해외주식 가격의 변동에만 노출이 될 방법이 없다는 점이다. 이 식을 가지고 해외주식 가격의 변화, 즉 주식의 수익률과 환율의 변화, 즉 환 수익률을 따로 따로 얘기하는 것은 물론 수치적으로는 가능한 일이다. 그리고 로그 수익률의 관점으로 식 (7.5)를 본다면, 해외주식투자의 수익률은 주식 수익률과 환 수익률의 합으로 구해진다는 식의 말끔한 얘기를 할 수 있게 된다. 이런 식의 접근은 사후적으로(Ex Post) 전체 투자 결과를 분석하는 데에는 약간 도움이 될 지도 모르겠지만, 사전적으로(Ex Ante) 실제 투자에 관련된 의사결정(Decision Making)을 내리는 데에는 오히려 약간 해가 될 수도 있는 면이 존재한다.

해가 된다는 것이 무슨 소리인가 싶을 텐데 바로 이런 거다. 금융분야에서 일하는 사람들은 보통 스스로를 주식 전문가, 환 전문가로 규정하는 경우가 많고, 외부적인 시각도 둘 다 한다는 사람보다는 하나만 쳐다본다는 사람이 좀 더 전문성이 있는 게 아닌가 하는 식의 좁다란 학문적 구획주의(Compartmentalism)를 지지하는 경우가 많다. 그러다 보니 해외주식 가격 변동에 대해선 주식 전문가의 견해를, 환율 변동에 대해선 환 전문가의 견해를 각각 받아들이게 되곤 한다. 그런데 이렇게 각각의 전망을 구한 후에 이를 곱해서 투자 예상을 하게 되면, 크게 잘못될 수가 있다. 왜냐하면 두 변수의 각각의 평균의 곱은 두 변수의 곱의 평균이 아니기 때문이다. 우리한테 중요한 것은 두 변수가 곱해진 전체 V(t)가 어떠한 분포를 가지고 이 평균값이 어떠할 것으로 예상되는지 등인데, 각각의 변수의 평균을 구해서 곱하는 것은 V(t)의 평균과는 무관한 전혀 엉뚱한 값을 구하는 결과가 되어 버린다는 것이다. 아직도 어리둥절해 하고 있을 독자들이 있을 것으로 생각되어 한 예를 들어 보겠다. 현재 시점의 해외 주식 가격과 환율이 각각 5로 주어져 있다고 가정하자. 미래의 시점에 주식가격과 환율이 각각 모두 변동될 수 있는데, 두 가지 가능성만 있다고 가정하자. 즉, 주식가격과 환율을 각기 모두 2 아니면 10의 값을 갖게 되어 있고 이 확률은 각각 50%라고 하자. 만약에 흔히 하듯 각 변수의 평균을 먼저 구한 후 이를 곱해서 V(t)의 평균을 구한다고 하면, 주식가격과 환율 모두 기대값은 6이 될 것이고, 따라서 둘의 곱은 36, 원래 25이었던 것이 36이 되니 이는 훌륭한 투자 대상이라고 결론 내리게 될 것이다. 그런데 주식가격과 환율 사이에 구조적인 관계가 주어져 있어서, 주식가격이 10이 되면 환율이 2가 되고, 반대로 환율이 10이 되면 주식가격이 2가 된다고 한다면, 이 투자는 미래에 어느 상태가 도달하더라도 20의 가치를 갖게 될 것이고, 따라서 진정한 기대값은 20, 실제로는 원금의 20%를 무조건 잃어버리는 투자가 된다는 것이다.[9)]

여기서 일반적으로 사람들이 갖고 있는 하나의 편견 같은 것을 지적하고 싶다. 불확실한 어떤 것을 예측해야 할 때,[10)] 이를 하나의 대표값으로만 인지하려는 일종의 행동적 편향(Behavioral Bias)이 있다는 것이다. 어떤 대상이 확실하지가 않아서 일종의 확률분포 같은 것으로 표현해야 한다는 얘기를 들으면, 거의 그 즉시 그 분포의 평균값을 묻게 된다. 대부분의 경우는 여기서 멈춘다. 좀 더 훈련을 받은 사람들의 경우는 가령 표준편차가 어떻게 되느냐고 묻기도 하는데, 그 이상의 정보인 최대값, 최소값으로 주어지는 범위(Range)라든지 하는 것에 관심을 보이는 경우

9) 2와 10이 아니라, 0과 20의 두 가지 값을 갖는 경우를 생각해 보라. 좀 더 기이한(Bizarre) 결과가 발생될 것이다.

10) 미래의 주식 가격이나 환율은 물론 불확실한 어떤 것에 속한다.

는 매우 드물다. 그리고 그런 정보들이 주어져 있다고 하더라도 곧 잊혀지고, 그 이후의 연산(Calculation)에서 평균과 같은 대표값으로만 이 분포가 표현되게 된다는 것이다. 바로 위의 가상적인 예제에서와 같이 말이다[158]. '통계학의 기초(Foundations of Statistics)'라는 책을 1954년에 내 놓아 주관적 확률(Subjective Probability)의 개념을 정립하고 세상에 널리 알렸던 지미 새비지[11](Leonard Jimmie Savage)의 아들인 샘 새비지(Sam Savage)가 쓴 책, '평균의 오류(Flaw of Average)'에는 정곡을 찌르는 예가 나오는데, 잘 음미해 보기 바란다. '고속도로상에 술에 곤드레만드레가 된 사람이 있는데, 이 사람의 평균 위치에 따른 생존확률은 100%이다. 하지만 이 사람의 생존확률의 평균은 0%이다.'

식 (7.5)로 돌아가서, 본 사례의 박모씨가 환 헤지를 하게 되면 그 시점에서의 환율로 고정이 되어 이후 환율이 어떻게 변동이 되더라도 아무런 영향을 받지 않게 된다는 설명을 듣고 상상하게 되는 것은 다음과 같은 것이다.

$$V_{\text{상상}}(t) = \frac{S_{\text{해외}}(t)}{S_{\text{해외}}(0)} \frac{F_{\text{환율}}}{S_{\text{환율}}(0)} M \tag{7.6}$$

즉, 식 (7.5)의 $S_{\text{환율}}(t)$가 미리 확정된 $F_{\text{환율}}$, 즉 선물환율로 바뀌게 되어, 그 다음에 남는 것은 오로지 해외주식 가격의 변동만이 남게 된다고 말이다. 경우에 따라서는 헤지 비용이라는 명목으로 이렇게 고정시키는 $F_{\text{환율}}$이 $S_{\text{환율}}(0)$보다 작은 경우를 만나게 되기도 하는데, 이는 좀 억울하

11) 지미 새미지는 블랙-숄스의 옵션가격결정이론의 사실상의 핵심 아이디어를 이미 1900년대 초반에 발표했던 프랑스의 수학자 루이 바슐리에(Louis Bachelier)의 논문을 영미권에서 처음으로 발견하여 폴 사무엘슨(Paul Samuelson)에게 소개한 사람이기도 하다.

지만 그래도 환 위험을 완전히 제거하게 됐으니 이는 충분히 그 가치가 있는 일이라고 자위하면서 말이다.

그런데 문제는 이거다. 정말 식 (7.6)처럼 되는 것인가. 자산운용사가 열이면 열 다 환 헤지를 한다고 했을 때 무엇을 하는지 보면 환 선도 거래를 한다. 보통, 만기는 1개월 또는 3개월짜리를 하고 이의 만기가 도래하면 비슷한 만기의 환 선도 거래를 다시 하는 식으로, 롤 오버(Roll Over)를 하여 계속 연장해 나간다. 그렇게 환 선도 거래를 했을 때, 내 해외주식과 환 선도 거래의 총합, 즉 그 포트폴리오의 가치는 다음과 같다.

$$V_{\text{실제}}(t) = \frac{S_{\text{해외}}(t)}{S_{\text{해외}}(0)}\frac{S_{\text{환율}}(t)}{S_{\text{환율}}(0)}M + \frac{M}{S_{\text{환율}}(0)}\left(F_{\text{환율}} - S_{\text{환율}}(t)\right) \tag{7.7}$$

어떤가. 식 (7.7)은 식 (7.6)과 다른 식이다. 절대로 같지 않다. 그 둘의 차이를 구해 보면 식 (7.8)과 같다.

$$V_{\text{실제}}(t) - V_{\text{상상}}(t) = \frac{S_{\text{해외}}(t) - S_{\text{해외}}(0)}{S_{\text{해외}}(0)}\frac{S_{\text{환율}}(t) - F_{\text{환율}}}{S_{\text{환율}}(0)}M \tag{7.8}$$

상상하는 포트폴리오의 가치와 실제로 갖고 있는 포트폴리오의 가치가 같아지는 경우가 아예 없지는 않다. 식 (7.8)을 보면 알 수 있듯이, t 시점의 해외주식 가격이 처음 매입시점의 가격으로 그대로 남아 있거나, 아니면 t 시점의 환율이 내가 거래해 놓은 환 선도의 선물환율과 같은 경우, 둘 중의 하나가 발생되는 경우이다. 이럴 가능성은 사실상 0이라고 해도 무방하다. 미래의 해외주식 가격이 처음과 같게 된다면, 그리고 그걸 미리 알았었다면, 이 해외주식에 투자를 해야겠다고 결정을 내렸겠는

가. 그럴 리가 없지 않은가. 또, 미래의 환율이 내 선물환율과 같을 것이라고 믿는다면, 굳이 무엇 때문에 환 선도 거래를 하겠는가. 그 경우에 환 선도 거래로부터 발생되는 지급금액은 0이 되는데 말이다. 따라서 사전적으로나 사후적으로나 식 (7.8)이 0이 되는 경우는 정말 우연의 일치로 될 수 있을 뿐, 그 외에는 0일 리가 없다. 그러므로 상상하는 포트폴리오의 가치와 실제로 갖고 있는 포트폴리오의 가치는 사실상 언제나 다른 값을 가질 것이다. 다시 말하자면, 환 선도 거래를 통해 내 해외주식의 원화 가치에 관련된 환율을 고정시킨다는 것은 불가능한 일이다. 고정된다는 말은 거짓말이다.

이쯤에서 둘이 다른 것은 알겠는데, 그렇다고 하더라도 환율이 떨어지는 경우에 그에 대한 대비로서 환 선도를 해 놓은 것에 문제는 없는 것이 아니냐는 식의 반응을 보이는 독자들이 있을 지도 모르겠다. 식 (7.8)이 양수가 되는 상황, 즉 해외주식의 가격이 올라가고 미래의 현물환율이 미리 걸어 놓은 환 선도의 선물환율보다 높든 상황이 오거나, 반대로 해외주식의 가격이 하락해서 주식투자의 관점에서는 실패를 했지만 대신 미래의 현물환율이 환 선도의 선물환율보다 낮아지는 상황이 발생되면, 결과적으로는 원래 생각했던 것보다 더 나은 결과가 발생된 것 아니냐고 말이다. 그런 상황이 벌어진다면, 그건 그렇게 얘기할 수 있겠다.

그런데 진짜 문제는 해외주식에 대한 긍정적인 전망이 옳지 않았던 것으로 판명 나고, 즉 그 주식가격이 떨어지고 동시에 환율이 급격히 상승하여 선물환율보다 훨씬 큰 값이 되어 버리는 일이 벌어지면 어떻게 되는 것인가이다. 그러면 엎친 데 덮친 격이 된다. 주식가격이 하락한 것으로도 모자라서 환 선도로부터 엄청난 추가적인 손실을 보게 된다는 것이다. 그리고 그 환 선도로부터의 손실이 클 경우, 심지어는 해외주식을 정리하고 남은 원화 금액으로 그 환 선도로부터의 손실을 메우는 것이 불가능한 일이 벌어질 수가 있다. 그것이 사례의 박모씨한테 벌어졌던 일이다. 해외주식투자가 실패한 것도 속상한 일인데, 환 헤지라고 해 놓은 것이 알고 보니 무식한 환 선도 거래여서 그 환 선도 거래의 손실을 은행에 지급하려면 원래의 투자원금을 완전히 다 날리고도 추가적으로 수백만원의 돈을 지불해야 되는 상황 말이다. 이렇게 되면 이건 투자가 아니다.

은행의 창구직원이 '환 헤지를 했다가 잘 안됐을 경우에는 지금 투자하시는 원금을 다 잃고도 모자라서 추가로 돈을 더 부담하실 수도 있습니다'라는 안내를 한 번이라도 했었다면, 그 설명을 듣고도 환 헤지를 하겠다고 결정할 사람은 그렇게 많지 않을 것이다. 그럼에도 불구하고, 그런 가능성에 대해서 안내를 받은 후에도 환 헤지를 하는 것이 유리하다고 판단하여 의사결정을 한 사람이라면, 그런 결과의 발생에 대해서 불평할 수 없다. 하지만 그런 사실을 안내한 은행 또는 증권사 직원이 몇이나 있었을까. 장담컨대, 극히 드물었을 것이리라.

애초에 이러한 해외주식펀드를 대상으로 하여 환 선도 거래를 수행하는 것을 환 헤지라고 부르는 것 자체가 넌센스다. 환 헤지라고 부르지 말고, 그냥 환 선도 거래를 추가로 한다고 알려 줘야 한다. 그리고 공리적 확률(Axiomatic Probability)의 관점에서 투자원금 이상의 손실을 볼 가능성이 크면 4분의 1[12)] 정도 된다는 사실을 안내해 줘야 한다. 그런 연후에 투자자들이 이를 할 것인지 말 것인지를 결정할 일이다.

그토록 교과서에는 완벽한 헤징 수단으로 칭송 받는 환 선도에 무슨

12) 해외주식이 오르거나 내릴 확률을 반반으로 보고, 환율이 오르거나 내릴 확률을 반반으로 보고 계산하면 이와 같이 나온다.

문제가 있기에 이와 같은 일이 벌어지는 걸까. 본 사례의 관점에서 가장 결정적인 문제는 해외주식과 같이 원금이 외국통화의 관점에서 고정되어 있지 않고 변동될 수 있는 상황에서 환 선도는 기본적으로 사용될 수 있는 물건이 아니라는 점이다. 환 선도 계약을 할 때 외국통화의 헤지 금액을 미리 확정하도록 되어 있기 때문이다. 그런데 해외주식의 경우, 내가 헤지하고자 하는 외국통화 관점의 헤지원금이 얼마인지 정확하게 알 수가 없다. 내가 수익을 실현할 시점이 언제인지도 알 수 없고, 그 시점이 도래했을 때 해외주식 가격이 얼마일지도 100%의 확실성을 갖고 알 수 있는 방법은 존재하지 않기 때문이다. 물론, 나는 해외주식 가격에 대해서 주관적인 전망을 할 수는 있다. 하지만 내 전망대로 주식 가격이 변동될 가능성이 얼마나 될까. 사실 별로 없다. 헤지를 해야 하는 헤지원금을 정할 수도 없는 것이다. 그러니 실제로 현장에서 될 대로 되라는 식의 심정으로 초기 환율로 변환된 외환금액을 헤지금액으로 삼고, 우선 선물환 매도를 하는 일이 벌어지고 있다. 해외주식 가격의 변동성이 크다면, 날마다 조마조마한 심정일 것이다. 왜냐하면 환 선도를 해 놓은 금액하고 실제 헤지대상인 해외주식의 금액하고 계속 달라질 테니 말이다. 그러다 1개월 후 혹은 3개월 후의 환 선도의 만기 시점이 되면, 우선 그 헤지금액의 불일치로 인한 결과는 그게 좋은 것이든 나쁜 것이든 자산운용사가 지는 것이 아니고 최종투자자가 떠안고, 그 때 시점의 해외주식 가격 변동에 맞춰 다음 환 선도를 롤 오버할 때 그 금액을 재조정하고 이걸 계속해 가는 것이다. 그러다 그 이전 롤 오버 시점의 주식 가격 대비 현재의 주식 가격이 완전히 폭락을 해 버렸는데, 그와 동시에 환율이 위로 급등을 해 버린 채로 롤 오버 시점이 도래해 버리면, 바로 박모씨에게 벌어져 버린

일이 벌어지게 되는 것이다.[13)]

잠깐 숨을 돌리면서 식 (7.5)로 돌아가서 다시 한번 보자. 대칭성(Symmetry)이 있다는 얘기를 했었는데, 환율만 헤지의 대상이 되는 것인가 하는 생각을 해 볼 수 있다. 주식은 편하게 생각하고 그 해외주식 가격이 상승할 것이라고 전망하지만 환율은 낯설어하는 사람들이 본인에게 익숙하지 않은 대상인 환율을 헤지하고자 하는 것처럼, 환율은 익숙하고 또 앞으로 그 환율이 상승할 것이라는 전망을 갖고 있지만 해외주식에 대해선 특별한 전망이 없는 사람들이 그 해외주식에 대한 리스크를 헤지하고자 할 수도 있는 것이 아닌가 하는 생각 말이다. 그런 경우 그 해외주식의 가격을 고정시키고자 할 수 있는데, 그 방법으로써 해외주식에 대한 투자를 해외채권에 대한 투자로 바꾸거나 아니면 해외주식에 대한 선도 거래(Equity Forward) 같은 것을 하는 식으로 헤지할 수도 있는 것이 아니냐는 것이다. 꼭 주식만이 투자이고 환율은 헤지의 대상이 되는 것이 아니고, 환율이 투자이고 주식이 헤지의 대상이 될 수도 있다는 이야기이다.

문제점만 제시하고 해결책에 대한 고민이 없다면, 이는 조선시대의 양반들과 다를 바가 없다. 그래서 한 가지, 완벽한 해결책은 아니지만 위에서 보인 문제점의 상당 부분을 해결할 수 있는 방안을 제시하도록 하겠다. 이 새로운 파생거래의 이름을 변동원금선물환(Varying Notional FX Forward)이라고 명명했는데, 이름이 중요한 것은 아니고 이 구조가 어떻

---

13) 일부의 자산운용사는 소위 미세조정(Fine Tuning)을 하기도 하는데, 이는 일별로 미리 해 놓은 환 선도의 명목원금이 조정될 수 있도록 계속 조그마한 거래를 추가하기도 하고 빼기도 하는 방법이다. 일부에서는 이를 동적헤징이라고 부르기도 하는데, 이는 잘못된 용어이다. 이 미세조정은 헤지대상의 원금과 환 선도 거래의 원금을 일 별로 맞춰서 그 미스매치(Mismatch)를 줄이겠다는 의도인데, 추가적인 불필요한 불확실성에 노출되는 측면이 생기므로 바람직하지 않다. 일부에서는 주식가격과 환율 사이의 상관계수를 가지고 어떨 때는 해라, 어떨 때는 하지 말아라 이런 결론을 내리기도 하는데, 앞의 상관계수에 대한 논의에서 보았듯이 탁상공론이 되기 쉽다.

게 해서 보통의 환 선도가 하지 못하는 일을 할 수 있는가를 보는 것이 중요하다. 해외주식 투자자 관점에서 다음의 지급구조를 갖는 파생거래를 생각해 보자. 여기서 $K_{환율}$은 미리 확정되는 값으로서 일반 환 선도의 선물환율에 비견될 만한 그런 값으로 이해하면 된다.

$$만기지급 = \frac{S_{해외}(t)}{S_{해외}(0)} \frac{K_{환율} - S_{환율}(t)}{S_{환율}(0)} \tag{7.9}$$

일반적인 환 선도의 지급구조와 비교하면 하나의 차이점이 존재하는데, 이는 원금에 해당하는 부분이 해외주식의 가격 변동에 따라 같이 따라 움직인다는 점이다. 만약, 이 파생거래가 헤지 구조로서 채택이 되었다고 가정하고, 내 전체 포트폴리오의 가치를 본 결과가 식 (7.10)과 같다.

$$\begin{aligned} V_{신규}(t) &= \frac{S_{해외}(t)}{S_{해외}(0)} \frac{S_{환율}(t)}{S_{환율}(0)} M + M \frac{S_{해외}(t)}{S_{해외}(0)} \frac{K_{환율} - S_{환율}(t)}{S_{환율}(0)} \\ &= \frac{S_{해외}(t)}{S_{해외}(0)} \frac{K_{환율}}{S_{환율}(0)} M \end{aligned} \tag{7.10}$$

이 식 (7.10)은 식 (7.6)의 일반투자자들이 해외주식에 투자를 하면서 환 헤지를 한다고 했을 때 상상했던 바로 그 식의 형태와 동일한 형태를 갖고 있다. 즉, 환율 변동에 대한 불확실한 부분이 싫다면 이를 통해 환 변동에 대한 효과를 완전히 제거하게 되고, 해외주식 가격의 변동으로 인한 결과만을 가져가게 된다는 말이다. 이러한 구조로써 환 헤지를 했다면 박모씨와 같은 억울한 일은 아예 발생할 일이 없었다. 가장 극단적인 경우로서, 해외주식이 상장폐지가 되어 그 가격이 0이 되는 경우조차도, 아

무리 환율이 올라가 있다고 하더라도 내 헤지구조의 원금이 0으로 재조정이 되기 때문에 여기로부터는 아무런 추가적인 손실이 발생되지 않고, 내 손실은 초기 투자원금까지 만으로 한정이 되게 된다.

일반적인 환 선도의 선물환율, $F_{환율}$은 기준현물환율, $S_{환율}(0)$과 비교해서 크기도 하고 작기도 하다.[14] 한마디로 이야기해서 해외통화의 무위험이자율과 자국통화의 무위험이자율과의 대소에 따라 결정되는데, 해외통화의 이자율이 자국통화의 이자율보다 작으면 선물환율은 기준현물환율보다 커지게 되고, 반대로 해외통화의 이자율이 자국통화의 이자율보다 크면 선물환율은 기준현물환율보다 작아지게 된다. 우리나라의 통화인 원화의 이자율은 전세계적으로 봤을 때 대략 중간 정도의 이자율이며, 대표적인 저금리 통화로는 소위 '잃어버린 10년' 동안 극단적인 저금리 정책으로 경제를 살려보려고 발버둥을 치고 있는 일본 엔과 자국 은행들의 안정성 및 익명성으로 인해 항상 해외자금이 유입이 되어 이를 통제하기 위한 수단으로 저금리 정책을 채택하고 있는 스위스의 스위스 프랑이 있고 이들의 이자율은 연 1%가 채 안되거나 비슷하거나 그런 수준이다.[15] 반면, 신흥시장국들, 가령 브라질이나, 인도네시아, 터키, 남아프리카공화국 등은 높은 수준의 이자율을 갖고 있는 나라들로서, 가령 브라질 같은 경우 현재 많이 내려왔음에도 한 연 8% 정도 된다.

교과서들이 간과하고 있는 또 하나의 문제로서, 선물환율이 기준현물환율 대비 너무 낮으면, 원금이 변동되지 않는 상황에서조차도 일반적인 환

14) 이에 대해서는 다음의 8장에서 좀 더 자세하게 설명될 예정이다.

15) 또한, 최근의 세계 금융위기의 진앙지였던 미국도 통화주의자인 미국 연방준비제도(Federal Reserve Board)의 의장 벤 버냉키(Ben Bernanke)의 지휘 하에 현재는 연 1%가 채 안되는 매우 낮은 수준의 금리를 유지하고 있다.

선도로 환 헤지를 하는 것이 현실적으로 채택될 수 없는 방안이라는 점이다. 가령 한국 투자자의 입장에서 브라질회사의 채권에 투자를 하고자 하는데, 브라질 헤알과 원화 사이의 이자율 차이로 인해 헤알-원 환율의 선물환율은 기준현물환율 대비 연 기준으로 5% 정도씩 낮아진다. 즉, 1년 만기의 환 선도를 하게 되면 5%의 손실이 확정이 되고, 2년 만기라면 10%, 3년 만기라면 15%의 손실이 환 선도 거래를 하는 순간 확정이 되어 버린다는 뜻이다. 기대수익률이 얼마나 높을 지는 개별 투자 건에 따라 물론 달라질 수 있는 일이지만, 이런 정도의 손실 혹은 비용이 확정이 된다면, 그때는 더 이상 일반적인 환 선도를 가지고 헤지를 한다는 것이 변동성을 제거한다는 명목만으로 그렇게 쉽게 정당화되기 어렵다.

변동원금선물환이라는 새로운 구조의 관점에서 일반적인 환 선도의 선물환율 대비 어떻게 달라지는 가가 문제가 될 것이다. 가령 변동원금선물환이 헤지 원금의 불일치를 제거하는 특성을 갖고 있다고 하더라도 그 행사가격인 $K_{\text{환율}}$이 선물환율인 $F_{\text{환율}}$보다 많이 낮아지게 된다면, 이를 채택하는 것이 또 쉽지 않을 수도 있다. 이론가격의 관점에서 $K_{\text{환율}}$을 구해보면, 다음의 식 (7.11)과 같다.[16]

$$K_{\text{환율}} = F_{\text{환율}} \times \exp(\rho \sigma_{\text{해외}} \sigma_{\text{환율}} t) \qquad (7.11)$$

여기서 ρ는 해외주식가격의 로그수익률과 환율의 로그수익률 사이의 상관계수이고, $\sigma_{\text{해외}}$는 해외주식가격의 변동성, $\sigma_{\text{환율}}$은 환율의 변동성을 나타낸다. 식 (7.11)이 이야기하고자 하는 바는, 변동원금선물환의 이론행사

16) 이 식의 유도에 관심이 있는 독자는 참고문헌 [126]을 참조하기 바란다.

가격은 시장에 의해서 주어지는 선물환율에 일종의 보정값이 곱해진 것으로 구해지는데, 그 보정값은 해외주식가격과 환율 사이의 상관계수와 그 각각의 변동성, 그리고 만기에 따라 결정되는 값이라는 것이다.

이게 실제로 어느 정도나 될 지 한번 감을 잡아보도록 하자. 만기가 1년이고 해외주식가격과 환율 사이의 상관계수가 −0.5인 경우의 그 보정값을 [그림 7.1]에 나타내었는데, 일반적인 환율의 변동성은 5%에서 15% 사이로 10% 정도를 대략 대표적인 값으로 볼 수 있고, 주가의 변동성은 20%에서 50% 사이로 대략 35% 정도를 대표값으로 볼 수 있다. 상관계수가 −0.5라고 하는 것은 실제의 데이터상으로는 관찰되지 않는 값이지만 좀 더 가혹한 값을 가정했을 때 어느 정도나 나빠질 수 있는지 보기 위한 목적으로써 택한 값이다. 35%의 해외주식 변동성과 10%의 환율 변동성의 경우를 보면, 그 보정값은 대략 98.25% 정도로서, 이 말은 변동원금선물환을 택함으로써 그 행사가격이 선물환율 대비 1.75% 정도 낮아지게 되는 불리함을 감수해야 한다는 의미가 되겠다. 이 정도의 크기라면 경우에 따라서는 아무리 헤지원금 불일치가 없다고 하더라도, 이만큼의 추가 손실을 져야 하는 것이 껄끄러운 경우도 충분히 있을 수 있을 것 같다.

그렇다면 한국 투자자 입장에서 해외 주요 주식시장에 투자를 한다고 했을 때, 이 변동원금선물환을 채택함으로써 그 행사가격이 선물환율 대비 어떻게 변할지를 한번 보도록 하자. 6개국의 주식시장을 보도록 할텐데, 미국, 일본, 호주, 브라질, 인도, 홍콩이 그 곳들이고, 그 나라들의 주식시장 전체에 대한 익스포저를 가지고 가는 주가지수에 대해 투자를 했다고 가정하도록 하자. [그림 7.2]는 각 주가지수의 1년 기간의 실현 변동성을 2000년 1월 4일부터 2011년 1월 3일까지의 기간 동안 구한 결과

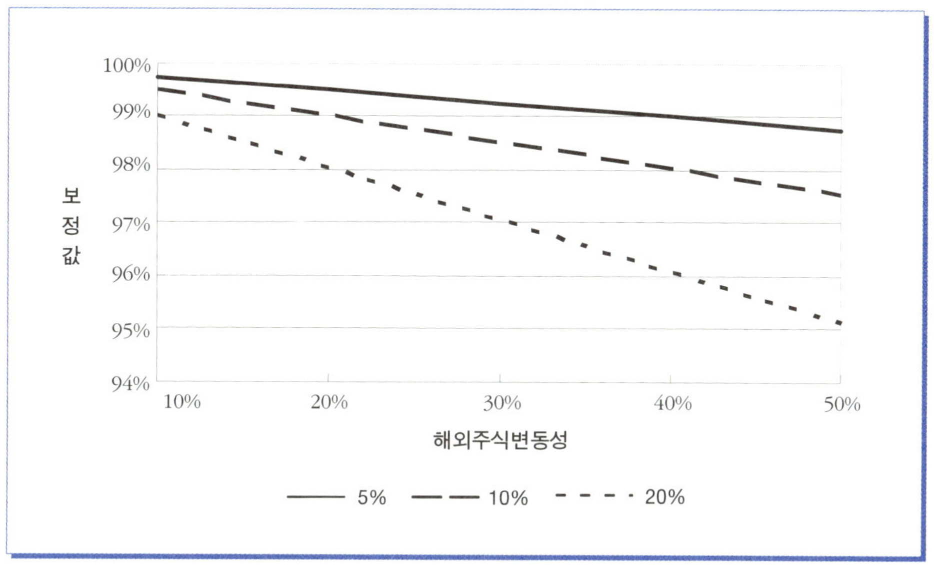

[그림 7.1] 변동원금선물환의 행사가격의 보정값; 상관계수가 -0.5이고, 환율의 변동성이 5%, 10%, 20%일 경우

인데, 그 평균과 최대값, 최소값을 보여 주고 있다. 앞에서 얘기한 대로 대략 30%에서 35% 정도가 그 평균적인 변동성이나, 높아지면 50%를 넘어가는 경우도 있고, 또 낮아지면 10% 밑으로 내려가는 경우도 있음을 볼 수 있다. 한편 [그림 7.3]에서는 해당 국가들과 원화 사이의 환율의 1년 기간의 실현변동성을 나타낸 것인데, 마찬가지로 앞에서 언급한 것과 같이 대략 평균적으로는 15% 정도의 값을 갖고, 올라갈 때에는 35%를 넘어서기도 하고 낮아질 때는 5% 밑으로 내려가기도 하는 것을 볼 수 있다. 제일 중요한 값은 물론 그 상관계수인데, [그림 7.4]에 의하면 국가들마다 다른 값들이 보여진다. 가령 호주와 인도는 그 평균적인 상관계수가 각각 3%, -5%로서, 변동원금선물환의 행사가격의 보정계수는 사실상 1이라고 봐도 무방한 그런 값이 될 것이다. 한편 일본이나 홍콩의 주식

시장에 투자한 경우라면, 평균적인 상관계수가 -23%, -32%로서, 그 보정계수는 99.3% 언저리가 될 것으로 보인다. 그리고 제일 흥미로운 경우는 브라질인데, 그 상관계수의 평균값이 41%로서, 최소값조차도 -1%에 불과한, 범위상으로도 거의 예외 없이 양의 상관계수를 보여온 경우로서, 따라서 한국 투자자가 브라질 주식시장을 대표하는 지수인 보베스파(Bovespa)에 1년의 기간으로 투자를 했다고 했을 때, 변동원금선물환으로 헤지를 할 수 있었다면 오히려 그 행사가격이 선물환율보다 2% 정도 높아서 환율변동의 가능성을 제거하면서 동시에 오히려 추가적인 이득을 볼 수 있는 상황이 올 수 있었다고 보여진다. 실제로 이 보정계수를 직접 구해서 그 분포를 [그림 7.5]에 나타내었는데,[17] 예상했던 대로 브라질의 경우 보정계수는 평균적으로 선물환율보다 3.3% 더 높았을 것으로 나타났고, 반면에 일본이나 홍콩의 경우는 평균적으로 선물환율보다 1.7% 낮은 결과가 나타났다. 3년의 투자기간을 가정한 경우도 위의 1년의 기간을 가정한 경우와 크게 정성적으로 다르지 않은 그런 결과를 볼 수 있다[126].

변동원금선물환이라는 것이 실제로 거래가 가능한 것인지에 대해서 의구심을 갖는 독자가 있을지도 모르겠다. 그리고 설혹, 그게 거래가 가능하다고 할지라도 과연 그 실제 거래가 가능한 행사가격이 위에서 얘기한 이론가격과 얼마나 같을지 그건 알 수 없는 것 아니냐고 또 반문할 지도 모른다. 그래서 미리 답을 하겠다. 거래 가능하다. 요청만 한다면 말이다. 요청을 안하니까 이런 구조가 거래 되지 않는 것일 뿐 거의 대부분의 외국계 투자은행들의 주식파생 트레이딩 데스크는 그들의 헤징 관점에서

17) 이 보정계수의 평균이 주가지수 변동성의 평균과 환율의 변동성의 평균과 그 둘 사이의 상관계수의 평균을 가지고 구한 보정계수와 다른 값임은 물론 말할 것도 없다. 이해가 안 된다면 새비지의 예제를 다시 한번 음미해 보라!

이와 별로 다르지 않은 파생거래를 늘 거래한다. 따라서 이러한 거래를 요청 받게 되면 큰 문제없이 가격을 만들어 낼 수 있다. 물론 기초자산이 되는 주식 자체의 유동성이 현저히 떨어진다든지 하는 경우에는 필요로 하는 만큼 큰 규모로 거래를 못할 수 있다. 하지만 유동성에 문제가 없는 대부분의 주식과, 특히 지수선물이 제공되는 각 국가의 대표적인 주가지수들이라면 이는 문제가 못 된다. 그리고 그 가격이 이론 가격과 얼마나 같을 것인가의 문제는 당연히 조금 나쁠 것이다. 그 상관계수와 두 변동성들에 대해서 비드-오퍼를 감안해야 되니 말이다. 하지만 브라질의 경우와 같이 워낙 그 이론 가격이 선물환율보다도 수 % 이상 높은 경우라면 그런 것을 감안하고서도 여전히 약간 더 높은 행사가격을 얻을 수도 있다. 세 군데 정도 가격을 받아서 비교를 해 보면, 충분히 도움이 되는 수준의 가격을 받는 것은 그렇게 어렵지 않으리라 생각된다.

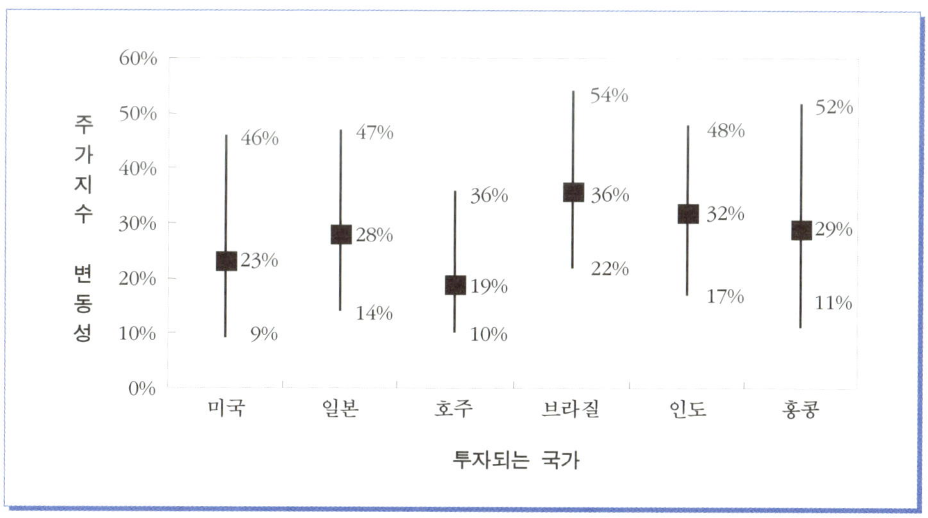

[그림 7.2] 1년 기간의 각 국가별 주가지수의 실현변동성(Realized Volatility)의 역사적 분포; 검은 사각형은 그 평균값; 2000년 1월 4일부터 2011년 1월 3일까지

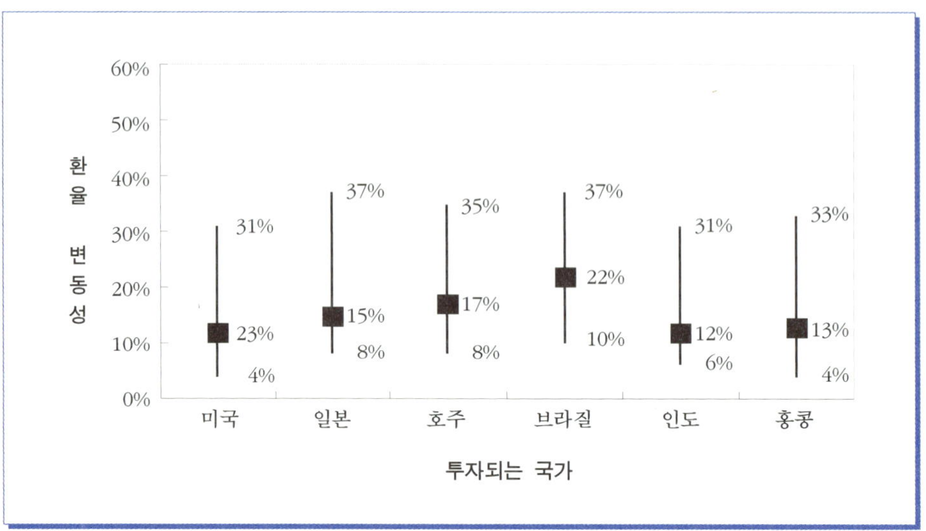

[그림 7.3] 1년 기간의 각 국가별 통화당 원화의 현물환율의 실현변동성(Realized Volatility)의 역사적 분포

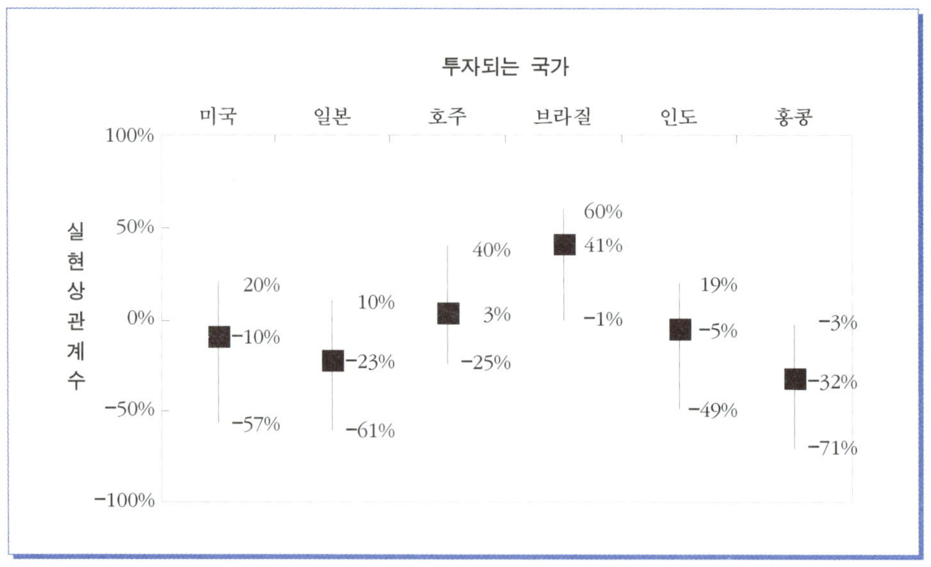

[그림 7.4] 1년 기간의 각 국가별 주가지수와 해당 환율 사이의 실현상관계수(Realized Correlation)의 역사적 분포

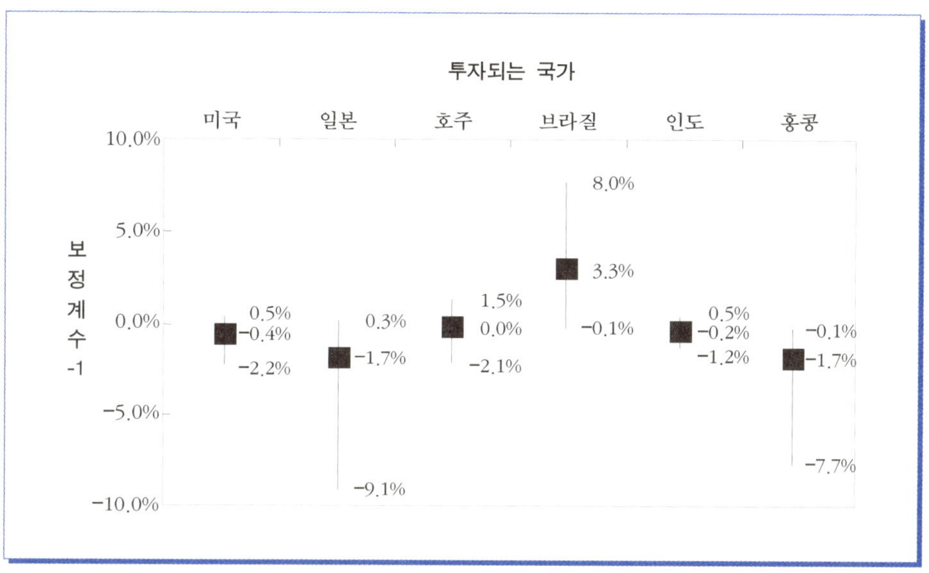

[그림 7.5] 1년의 투자기간에 대한 변동원금선물환의 행사가격의 보정계수 빼기 1의 분포

그래서 결론적으로 무엇을 해야 하는 것일까. 현재의 자산운용사들이 환 헤지를 한다면서 거래를 하고 있는 일반적인 환 선도는 헤지 원금 자체가 변동될 수 있는 해외주식의 경우에는 문제가 많은 방법이라는 것을 알아야 한다. 이는 비단 주식의 경우에만 해당되는 것이 아니고, 해외부동산 같은 자산도 마찬가지이다. 그래도 이런 현재의 관행적 거래를 계속하고자 한다면, 적어도 투자자들에게 원금 이상으로 손실이 날 수 있는 투자가 아닌 거래를 하고 있다는 것을 알릴 의무가 있다. 그렇게 고지를 받고서도 일반적인 환 선도를 하겠다는 투자자가 있다면 이는 그 투자자 본인의 책임이 될 것이다. 그리고 이러한 원금 이상 손실이 날 수 있는 가능성 자체가 마음에 들지 않는다면, 변동원금선물환 같은 것을 요청해야 한다. 아니면, 옵션을 제발 좀 매도하지 말고 매수해서 어느 수준 이상 밑으로 나빠지는 경우를 아예 원천적으로 막아버리는 방법을 택할 수

도 있다. 투자자가 요청하면 자산운용사가 받아들이지 않을 수 없고,[18] 자산운용사가 요청을 하면 외국계투자은행들이 받아들이지 않을 리가 없다. 그리고 투자하고자 하는 국가의 주가지수와 그 환율 사이에, 무슨 이유에서건, 양의 상관관계가 있는 경우 이 변동원금선물환의 행사가격은 일반적인 환 선도의 선물환율보다 좋을 가능성이 매우 크다.

마지막으로 다시 한번 반복하지만 해외투자를 하고자 한다면, 그 주식 가격과 환율을 따로 떼어서 생각할 수 없음을 깊게 명심해야 한다. 환율은 단지 헤지의 대상으로서만이 존재하는 것이 아니다. 미국 및 유럽 자금의 상당 부분은 환율에 대한 주관적인 전망만으로 투자를 결정하기도 한다. 환율에 대해 고민하고 공부해서 의미 있는 주관적인 견해를 갖기 전에 그 해당국가의 주식에 투자를 하겠다는 것은 동서남북이 어딘지도 모르면서 무작정 비행기 조종을 해서 태평양을 횡단하겠다고 나서는 것과 같다.

18) 이러한 헤지 방식을 제공해 주겠다고 하는 자산운용사로 거래회사를 바꾸면 되기 때문이다.

CHAPTER 8

11.11 도이체증권 옵션 사태

2010년 11월은 들떠 있던 시기였다. 개국 이래 최초로 정치, 외교의 영역에서 한국의 국격을 세계의 열강들과 나란히 할 수 있는 행사인 G20 정상회의가 서울에서 개최되기로 예정되어 있기 때문이었다[31]. 2008년 금융위기를 거치면서 기존의 G8으로는 당면한 전세계적인 위기를 극복하는 데에 한계가 있음을 인식하였고 이에 따라 신흥경제국으로 분류되던, 브라질, 중국, 인도 등의 참여가 절실해지면서 그 참가국을 기존의 8개국에서 20개국으로 늘려 그 정상들이 모여서 전지구적 의제들을 논의하는 행사가 G20 정상회의인데, 이 다섯 번째 회의를 의장국으로서 주최하는 역할을 맡게 된 것이었다. 회의가 열리는 11일과 12일 양일 간은 전세계에서 몰려든 각국의 정상들과 국제기구 수장들 및 그 수행원들로 인해

교통통제 및 자동차 2부제 등이 실행되었고, 세계 각국의 언론사들의 취재 경쟁 등으로 행사장 및 서울시 전역은 전 지구적인 관심을 받고 있었던 것이다.

바로 그 때, 11월 11일, 중・고등학생들 사이에는 빼빼로데이로 더 잘 알려져 있는 그 날, 한국 주식시장, 좀 더 엄밀하게는 유가증권 시장에 장 막판에 대량의 매도 주문이 밀려들면서 코스피 지수가 급락하는 일이 벌어진다. 일부 자산운용사가 대규모 손실을 입어 자본잠식상태가 되었다는 뉴스가 날아들고, 일부에서는 이를 1987년 10월 미국 주식시장에서 대규모의 주가 폭락이 발생된 블랙 먼데이에 비교하기도 하였다. 해외의 근본주의 세력이 한국이 G20 정상회의를 개최하게 된 것을 못마땅하게 여겨 의도적으로 망신주기 위해서 공격했다는 예의 음모론에서, 제임스 시몬스가 이끌고 있는 통계적 차익거래(Statistical Arbitrage)로 유명한 거물 헤지펀드 르네상스테크놀러지가 시세를 조종하여 부당한 투기적 수익을 거두기 위해 매물 폭탄을 던졌다는 설까지[54] 당일 저녁 다양한 해석들이 온, 오프라인들을 뜨겁게 달구었던 것이다.

수개월에 걸친 금융위원회, 금융감독원, 그리고 검찰 고발에 이은 조사 결과, 공식적으로 이 사건은 도이체증권 서울지점 및 도이체방크 홍콩 및 뉴욕지점에 의한 불공정거래행위로 규정되어 도이체증권 서울지점은 장내파생거래 취급 정지 6개월의 중징계를 받았고[52], 관련자 및 위 기관들은 검찰에 의해 기소 중에 있다[15]. 그러나 도이체증권 서울지점의 박모 상무만 법정에 출석하고 있을 뿐 같이 고발된 도이체방크 홍콩지점 등의 3명의 외국인들은 출석을 거부하고 있는 상황이고[20], 현실적으로 앞으로도 출석하게 될 것 같지는 않아 보인다. 뉴스 매체마다 조금씩 다른 세부 사항들이 있어서, 공식적으로 어떠한 일이 벌어졌는가에 대한 정리는 금융위원회와 금융감독원의 공동 보도자료를 참조하기로 하고[5], 이 전문은 아래와 같다.

□ 작년 11월 11일, 장마감 동시호가 시간 중 사상 최대 규모의 프로그램 매도물량(2.4조원)이 출회되어 코스피200 지수가 급락(-2.79%)한 사건이 발생

□ 금융감독당국은 본 사건을 철저하게 조사하여 도이체은행㈜(Deutsche Bank AG)의 계열사 직원들이 시세조종을 한 사실을 확인함에 따라,

□ 오늘 증권선물위원회는 관련자에 대하여 검찰 고발, 정직요구, 영업정지 등의 엄중한 제재를 부과하기로 결정

Ⅰ. 사건 개요

□ 도이체은행㈜(Deutsche Bank AG) 홍콩지점의 지수차익거래 운용팀 팀장 겸 담당 상무 갑, 뉴욕 도이체은행증권㈜ 글로벌 지수차익거래 담당 책임자 정 등은 동사의 한국 증권자회사인 한국도이체증권㈜ 파생상품 담당 상무 무와 공모하여, 사전에 미리 구축해 놓은 파생상품 투기적 포지션(합성선물 매도 및 Put-option 매수)에서 이익을 얻을 목적으로 2010년 중 지수차익거래를 통해 보유하고 있던 코스피200 구성종목 2조 4,424억원을 2010.11.11. 옵션만기일 장마감 동시호가 시간에 전량 매도하여 코스피200 지수를 하락시킴으로써 448억 7,873만원의 부당이득을 취득한 현, 선물 연계 시세조종이 있었던 것으로 조사됨

Ⅱ. 조사 및 조치경과

□ 금융감독원과 한국거래소는 사건발생 익일('10.11.12) 공동조사팀을 구성하고 기초조사에 착수했으며, (금감원 특별조사단 5인, 거래소 심리 3팀 2인), 조사는 약 2개월('10.11.12~'11.1.21)간 대량 주식 매도주체인 도이체은행 홍콩지점, 매도창구인 한국도이체증권 등을 상대로 관련자 문답 및 증거수집 등을 통하여 실시함

□ 금융감독당국은 공정하게 사건의 실상을 파악하고 공정한 제재가 될 수 있도록 하기 위해, i) 문답은 피조사자의 변호사 입회 하에 실시되었고, ii) 자본시장조사심의 위원회('11.2.10) 및 증권선물위원회('11.2.23) 심의 시는 의견진술 기회를 부여하였

으며, 행정조치 대상자에 대한 청문실시('11.2.18) 등을 통해 혐의자에 대한 반론기회를 충분히 부여함

III. 조사결과

□ 개인 위반사항: 현, 선물 연계 시세조종 금지 위반

□ 도이체은행 또는 계열사 소속인 갑(도이체은행 홍콩지점 지수차익거래 운용팀 팀장 겸 담당 상무, 국적 영국), 을(담당 이사, 국적 프랑스), 병(거래 및 리스크 담당 Head, 국적 호주), 정(뉴욕 도이체은행증권 글로벌 지수차익거래 담당 Head, 국적 미국), 무(한국 도이체증권 파생상품 담당 상무)는 상호 협의 또는 보고를 하고,

□ 당일 동시호가 직전인 14:19:50 ~ 14:49:59 시간 중 정상적인 지수차익 거래 포지션을 초과하여 당일 만기가 도래하는 2010.11월물 코스피200 옵션으로 합성선물을 매도(Call option 매도 + Put option 매수)하고, Put-option을 매수하는 투기적 포지션을 구축한 후,

□ 2010년 중 지수차익거래를 통해 보유하고 있던 삼성전자 등 코스피200 구성종목 199개 주식 전략(2조 4,424억원 규모)을 장 마감 동시 호가 시간에 직전가 대비 4.5% ~ 10.0% 낮은 가격으로 총 7회 분할 매도하는 방법 등으로,

□ 코스피200 지수를 장마감 동시호가 직전 대비 2.79%(254.62p → 247.51p, -7.11p) 급락시킴으로써 총 448억 7,873만원의 부당이득을 취득한 것으로 확인됨.

□ 법인 위반사항: 현, 선물 연계 시세조종에 대한 양벌책임

□ 도이체은행(Deutsche Bank AG): 본 시세조종 행위는 그룹 내 홍콩 지점의 지수차익거래팀이 주도한 것으로서 본사 차원의 개입은 확인하지 못했음. 다만, 시세조종 자금원 및 손익 주체의 법인격이 도이체은행인 점이 인정됨

□ 한국 도이체증권: 파생상품운용을 사실상 책임지고 있는 무가 법인의 업무와 관련하여 본건 시세조종에 가담하였고, 법인의 고유계정으로 풋옵션을 매수하여 이익을 취득하는 등, 한국 도이체증권의 내부통제 관리, 감독 체계에 문제가 있었다고 판단함

□ 이하 생략

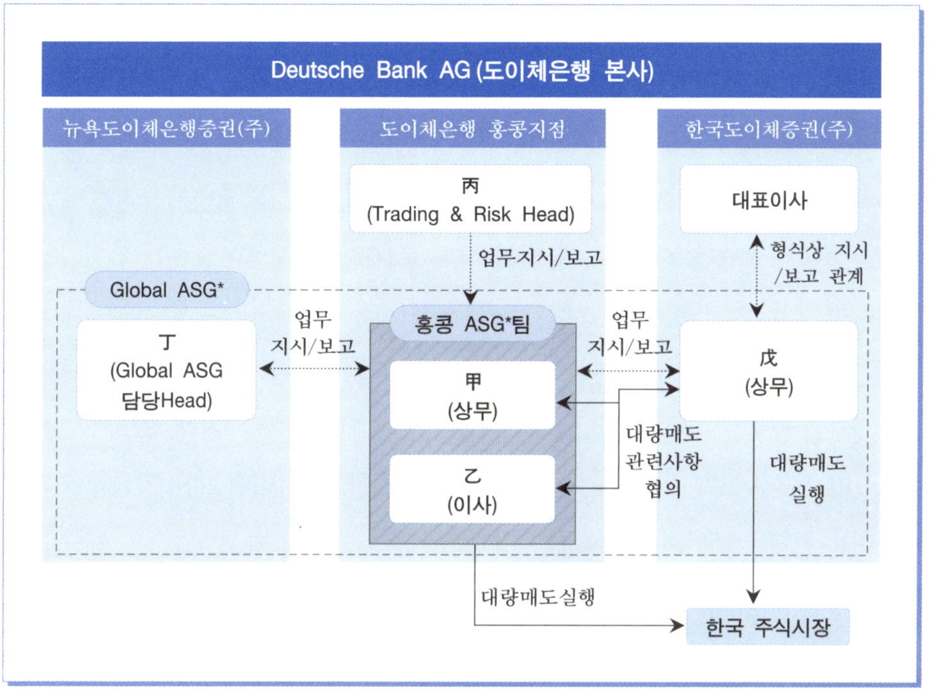

[그림 8.1] 본 거래의 도이체방크 부문 및 데스크 간의 관계도

위 보도자료에 나와 있는 숫자 등은 모든 사실(Fact)이라고 가정하고, 무슨 일이 어떻게 벌어지게 된 것인지 공표된 사실만을 바탕으로 재구성해 보도록 하자. 특히, 세 가지 측면을 집중적으로 조망해 보고자 하는데, 이는 다음과 같다 : i) 도이체방크 홍콩지점의 관점에서의 거래의 배경 및 동기, ii) 와이즈에셋자산운용의 손실로 대변될 수 있는 거래 행위, iii) 국내 장내파생거래 관련 제도적 미비이다.

도이체방크 관점의 거래의 배경 및 동기

먼저 이 거래를 수행했던 부문이 어딘지를 아는 것이 필요할 듯 싶다. 공식적인 명칭은 금융위원회 발표에 의하면[5] 글로벌 절대전략그룹(Global Absolute Strategy Group; Global ASG)이라고 도이체방크 내부적으로 부르는 데스크였던 것으로 확인되었다. 절대전략이라고 하면 무슨 일을 하는 곳이지 상당히 아리송한데, 일반적으로 절대전략은 벤치마크 대비 상대 수익률을 목표로 하는 것이 아닌, 시장 상황과 무관하게 언제든지 수익을 발생시킬 것을 목표로 하는 헤지펀드 스타일의 거래 전략을 의미하는 것으로 이해되고 있고, 따라서 이 데스크는 어떠한 방식으로든 수익을 내는 것을 임무(Mandate)로 갖고 있는 데스크였다고 볼 수 있다. 하지만 좀 더 구체적으로 들어가 보면, 이 데스크는 소위 지수차익거래(Index Arbitrage)를 하는 데스크이고, 그 절대전략이라고 하는 거창해 보이는 이름은 뭐랄까 좀 더 멋있어 보이라고 갔다 붙여 놓은 이름이라고 보는 것이 좀 더 정확할 것이다. 시장의 방향성(Direction)과 무관하게 꾸준한 수익을 거둘 수 있는 방법의 근원에 재정거래 혹은 차익거래로 번역이 되는 아비트라지(Arbitrage)가 있는 것이고, 인덱스를 중심으로 바로 그 차익거래를 수행하는 전략, 즉 지수차익거래를 사실상의 유일한 업무 영역으로 삼고 있었다는 얘기다.

따라서 우리는 차익거래가 무엇인지, 그리고 지수차익거래가 무엇인지 좀 더 이해할 필요가 있겠다. 차익거래의 가장 기본적인 정의를 보면, 동일한 대상이 다른 가격으로 거래가 되고 있을 때, 가령 지리적으로 분리가 되어 있는 두 곳의 시장이 있는데 그 가격이 다르다면 그 둘을 동시에 거래함으로써, 즉 싸게 사고 비싸게 팔아(Buy Low, Sell High) 그 차

익을 아무런 위험 없이 거두는 것이라고 되어 있다[88, 163]. 위의 정의보다 좀 더 느슨한 다른 정의들도 존재하지만 여기서는 제일 기본적인 정의를 가지고 얘기를 이어나가도록 하자.

물론 이러한 기회는 흔하지 않다. 좀 더 엄밀하게 이야기하자면 위와 같은 차익거래의 기회가 절대로 존재하지 않는다고 얘기할 순 없지만 분명한 것은 그런 기회가 드물다는 것이다. 그리고 그런 기회가 간혹 발생될 때 그러한 기회를 적시에 포착한 실력이 뛰어난(혹은 운이 좋은) 사람들이 그 기회가 사라질 때까지 차익거래를 일으키기 때문에, 그 차익이 곧 사라지게 된다고 주장된다.[1] 이것이 현대재무이론(Modern Finance Theory)의 4대 기둥 중의 하나인 자본자산가격결정모형(Capital Asset Pricing Model; CAPM)이나[132, 143, 161], 차익거래가격결정이론(Arbitrage Pricing Theory; APT)이 기반을 두고 있는 아이디어이기도 하다[153, 154]. 차익거래를 통해 이익을 얻기 위해서는 싸게 사서 비싸게 팔아야 한다. 그런데 같은 물건을 계속해서 사다 보면 그 시장에서의 가격은 상승하게 될 것이고, 반대로 비싸게 팔리는 시장에서 계속 팔다 보면 그 시장에서의 가격은 하락하게 되어 두 시장 간의 가격 차이가 결국에는 사라지게 되고, 따라서 더 이상 차익거래를 수행할 수 없게 된다는 것이다.

이런 차익거래는 위험이 없다고 일반적으로는 주장되나 실제로는 여러 가지 형태의 숨겨진 위험들에 노출되어 있는 경우가 많다[124, 182]. 위에서 얘기한 가장 엄밀한 의미에서의 차익거래, 즉 동일한 대상의 가격이 다른 경우를 발견하기란 매우 힘들기 때문에, 사실상 차익거래라고 주장되는

---

1) 얼마나 빨리 어떻게 사라질 것인가에 대한 언급이 없다는 점은 늘 아쉬운 부분이다. 경제금융론이 얘기하는 정상균형상태(Steady State Equilibrium)에 대해서도 마찬가지이다.

거의 모든 거래들은 완전히 동일한 대상이기보다는 비슷하거나 또는 둘 사이에 어떤 특정한 관계가 있을 것으로 믿어지는 것들 사이의 가격 차이로부터 이익을 거둘 것을 목표로 하곤 한다. 그리고 대개의 경우, 그 가격차이라는 것이 그렇게 크지 않기 때문에 많은 경우 상당한 규모의 레버리지를 통해 그 수익을 높이려고 하고, 그러다 보니 당초에 가정했던 관계가 잠시 동안이라도 성립되지 않는 경우가 발생되면, 어마어마한 손실을 입게 되는 경우가 발생되곤 한다[128]. 1990년대 헤지펀드계의 슈퍼스타이자 총아였던 롱텀캐피탈매니지먼트가 1997년 IMF 금융위기가 한창이던 때 전세계 금융시장을 거의 무너뜨릴 정도로 손실을 입고 해체되었던 이유도 바로 이 레버리지의 과도한 사용 때문이었다[104, 135, 136].

그래도 그 중 제일 레버리지에 대한 의존도가 상대적으로는 작은 편인 차익거래가 있다면 그것은 소위 현-선물 차익거래(Spot-Forward Arbitrage)가 될 것이다.2) 이는 현물가격을 기초자산으로 하는 선물의 가격이 현물로부터 크게 달라질 수 없고 만기일에는 두 가격이 하나의 가격으로 수렴하게 되는 성질을 이용하여 차익거래를 수행하는 것인데, 이 두 가격, 즉, 현물가격과 선물 혹은 선도가격 사이의 관계를 가장 직관적으로 쉽게 이해할 수 있는 외환 기초자산을 가지고 그 관계를 설명하도록 하겠다.

미래의 확정된 시점에 미리 정한 수량의 외국환(Foreign Currency)을 자국환(Domestic Currency) 상대로 약속된 환율 F_0에 팔기로 정한 선도거래를 내가 거래상대방과 지금 맺었다고 하자. 내가 이 선도 거래로부터 발생될 수 있는 시장리스크를 지고 싶지 않고, 모두 다 헤지해 버리기를

2) 레버리지가 전혀 없다고는 할 수 없는데, 이는 선물(Futures)을 거래함으로써 지게 되는 내재적 레버리지가 있기 때문이다.

원한다고 한다면 어떻게 할 수 있을까. 미래의 시점에 외국환을 거래상대방에게 지급해야 하므로, 그 시점에 맞춰서 다른 거래상대방으로부터 같은 금액의 외국환을 받도록 미리 정해 놓는다면 우선 약속은 이행할 수 있게 된다. 미래의 시점에 정해진 외국환 금액을 받는 한 가지 방법으로 그 외국환으로 현재 시점에 예금(Deposit)을 드는 방법을 생각해 볼 수 있다. 만약 미래의 시점에 N이라고 하는 금액을 받아야 한다면, 그 외국환의 현재부터 미래시점까지의 기간에 해당하는 이자율 q를 감안하여 현재 예금해야하는 외국환 금액을 계산할 수 있을 것이다. 머니마켓의 단리를 가정하면 현재 예금해야 하는 외국환 금액은,

$$\text{외국환예금금액} = \frac{N}{1 + q\frac{d}{365}} \qquad (8.1)$$ [3]

여기서 d는 예금일부터 만기일까지의 달력일 수로서, d/365는 이자기간을 연율화(Annualization) 한 것으로 이해할 수 있다.

그런데 외국환으로 예금을 하려고 해도 내가 현재 갖고 있는 외국환이 없다면 어떻게 할 것인가. 여기에도 여러 가지 방법이 있을 수 있겠지만, 가장 직관적인 방법은 자국환으로 돈을 빌려서 외환현물시장에 가서 외국환으로 바꾸는 방법이 될 것이다. 현재 시점에서 외국환을 팔아서 자국환을 받게 되는 현물환율이 S_0라고 하자. 그렇다면 현재 그 환율을 감안할 때 내가 빌려야 하는 금액은 다음과 같다.

3) 일반인들은 약간 어리둥절해 하는 일이지만, 특정 외국환의 경우, 분모에 있는 숫자가 365가 360인 경우도 있다. 시장의 관행이라고 이해하면 될 것이다.

$$\text{자국환차입금액} = \frac{N}{1 + q\frac{d}{365}} \times S_0 \tag{8.2}$$

이것으로써 선도계약 계약일에 해야 할 일들은 모두 마무리되었다. 당장은 아무런 현금의 교환이 없었지만, 거래상대방과 미래 정해진 시점에 외국환과 자국환을 교환하기로 계약을 맺었고(선도계약), 이로부터 발생되는 시장리스크를 헤지하기 위해 자국환으로 차입을 해서 외환현물시장에서 외국환으로 환전을 하여 외국환은행에 q라는 이자율을 받기로 약속을 하고 예금을 한 것이다. 계약 당일의 현금흐름을 보면, 나는 들어온 돈을 그대로 내보냈고 나에게는 아무런 돈도 남아 있지 않다. 즉, 나는 무위험 상태인 것이다.

시간이 흐르고 흘러, 드디어 거래상대방과 교환하기로 약속을 한 만기일이 도래하였다. 나는 우선 외국환 N을 거래상대방에 지급해야 할 의무가 있는데, 이는 외국환은행에 예금해 두었던 돈이 만기가 도래해 나에게 돌아오기 때문에 이를 받아서 그대로 전달해 주면 되므로 아무런 문제가 없다. 또한 거래상대방과의 선도계약의 조건에 의해 나는 외국환 N을 지급하는 반대급부로 자국환 NF_0를 받게 되는데, 이 돈이 어떻게 처리되느냐 하면, 나는 원래 계약일에 외국환은행에 예금을 하기 위해서 자국환은행으로부터 빌린 돈이 있었고 이에 미리 약정된 이자율 r이 감안된 금액을 갚아야 할 의무를 지니고 있었기에, 이 받은 돈으로 자국환은행에 이자까지 감안된 금액을 상환하게 되면 계약일과 마찬가지로 나는 아무런 잔존 현금흐름이 없게 된다. 즉, 무위험 상태가 된다. 따라서 [그림 8.2]에 나와 있는 만기일의 거래상대방으로부터의 수취금액 NF_0와 그날 자국환은행에 상환해야 하는 금액은 일치해야 하고, 이로부터 선도가격 F_0와 현물가격 S_0 사이에 식 (8.3)과 같은 관계가 성립되게 된다.

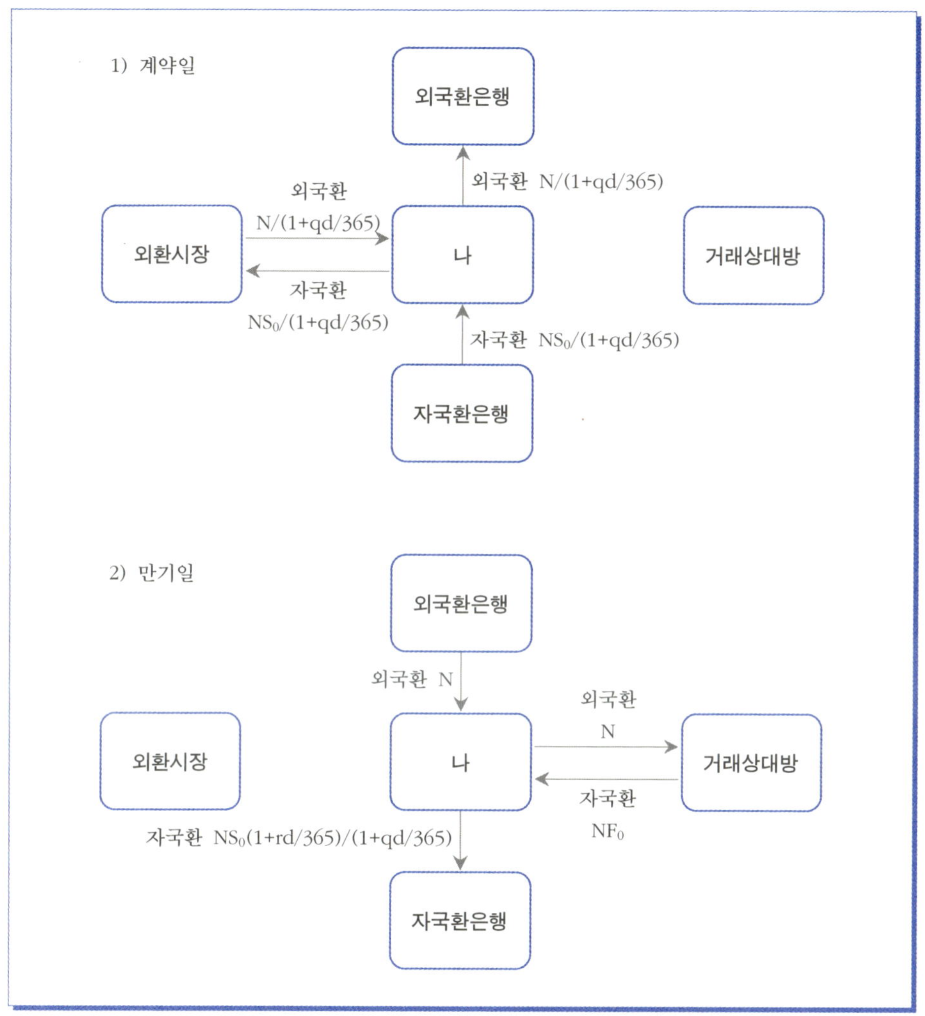

[그림 8.2] 환 선도를 헤지하기 위한 거래들의 계약일 및 만기일 현금 흐름도

$$F_0 = S_0 \frac{1 + r\frac{d}{365}}{1 + q\frac{d}{365}} \tag{8.3}$$

식 (8.3)에 의하면, F_0와 S_0는 일반적인 경우에 동일하지 않고, 예외적인 경우, 즉 자국환 이자율과 외국환 이자율이 같은, 즉 r이 q인 경우에만 같아짐을 알 수 있다. 그런데 만약, 실제 시장에서 관찰되는 그리고 거래를 할 수 있는 선물가격이 식 (8.3)에 의해서 주어져 있는 가격과 다르면 어떠한 일이 벌어질까. 그것이 바로 차익거래의 기회가 되게 되는데, 가령 거래가능 시장선물가격이 식 (8.3)에 의해 주어져 있는 이론 선물가격보다 높을 경우, 선물을 팔고 [그림 8.2]에 나와 있는 헤지거래들을 수행함으로써 만기일에 무위험 수익을 거둘 수 있게 되기 때문이다. 반대로 시장선물가격이 이론선물가격보다 낮은 경우는, 거래를 반대방향으로 하면 되는데, 즉 시장에서 선물을 사고 이를 헤지하기 위한 거래들을 일으키게 되면 이번에도 만기일에 무위험 수익을 거둘 수 있다. 그리고 이러한 행위들은 그것이 선물을 사는 것이든, 파는 것이든 그 행위에 의해 시장선물가격이 이론선물가격으로부터 괴리되어 있는 것을 교정(Correction)하는 효과를 가져오게 되고, 그것이 바로 차익거래가격결정이론의 아이디어이기도 한 것이다.

이러한 현-선물 차익거래를 지수, 특히 주가지수(Equity Index)에 대한 선물과 그 기초자산이 되는 현물 주식들의 바스켓에 대해 수행하는 것을 바로 지수차익거래라고 부르게 된다. 주가지수들은 일반적으로 하나의 주식 시장을 대변할 만한 수의 개별 종목 주식들로 이루어지게 되고, 따라서 어떤 특정 주가지수를 기초자산으로 하는 선물과 그 특정 주가지수를 구성하는 개별 종목들의 바스켓을 동시에 거래함으로써 위에서 얘기한 시장선물가격과 이론선물가격 간의 괴리에 대한 차익거래를 수행하게 되는 것이다. 여기서 '동시에'라고 하는 조건이 굉장히 중요한데, 가령 미국의 주가지수 중의 하나인 S&P500의 구성요소인 500개 종목의 주식을 거래한다고 했을 때, 그 실행(Execution)이 순조롭지 못하여 지연된다거나 하면 당초에 의도했던 차익거래가 아니라 상대적으로 실행이 쉬운 선물에 대한 방향성을 내포하는 거래로 변질될 실제적 위험이 항상 존재하기 때문이다. 또한, 주식들의 바스켓을 거래한다고 했을 때 그 금액이 어느 정도 규모가 되지 않는다면 원하는 만큼의 개별 종목 주식을 거래하는 것이 용이하지 않거나 지나치게 많은 슬리피지(Slippage)와 같은 거래비용을 부담하게 될 수도 있다.

따라서 이 지수차익거래를 수행할 수 있는 기관은 일정 규모 이상의 자금을 용이하게 차입 및 운용할 수 있어야 하고, 또한 그 속도와 시스템화가 중요하기 때문에 소위 프로그램 트레이딩(Program Trading)으로 운용하는 경우가 일반적이다[103]. 지수차익거래를 운용하는 주체들은, 그래서 대개 헤지펀드들이거나 글로벌 투자은행들이 거의 전부 다라고 해도 과언이 아니고, 본 경우의 도이체방크뿐만 아니라 다른 주요 투자은행들, 즉 골드만삭스(Goldman Sachs), 바클레이스캐피탈(Barclays Capital), 유비에스(UBS), 뱅크 오브 아메리카(Bank of America) 등도 이러한 지수차익거래 데스크를 운용하고 있다.

이 지수차익거래를 운용하는 주체가 글로벌 투자은행이라고 해서 부당한 이익을 향유하고 있다고 매도하는 것은 곤란하다. 근본적으로 이들은 현물 시장과 선물 시장 사이에 존재할 수도 있는 비효율성(Inefficiency)을 제거하는 역할을 담당하고 있는 것이고, 그 둘이 서로 괴리되도록 시장 왜곡(Market Manipulation)을 하고자 하는 것이 아니기 때문이다. 그렇기 때문에, 미국을 포함한 전세계 금융 시장에서 이들의 존재가 용인이 되고 있고, 한국거래소에서도 마찬가지로 이들의 프로그램 트레이딩을 합법적이라고 인정하고 있다.

다시 현-선물 가격 공식으로 돌아가, 앞의 식 (8.3)은 외환 기초자산의 경우를 가지고 유도되었는데 주가지수의 경우라면 어떻게 달라질까. 그 답은 의외로 간단한데, 주가지수의 경우 그 무위험이자율에 해당하는 값이 바로 배당률(Dividend Rate)로서 그 주가지수의 구성요소인 개별 종목들의 역사적인 배당률을 적절히 가중평균하여 그 값을 어느 정도 근사하게 유추하는 것이 가능하다.[4] 가령 2010년도의 코스피200의 배당률은 연 1.06%에서 2.15%으로 추정된 바 있다[60].

이 자국환 무위험이자율과 해당 주가지수의 배당률에 따라 선물가격은 현물가격보다 높을 수도 있고 낮을 수도 있다. 현물가격과 선물가격 사이에 밀접한 관계가 있음을 감안하건대 그 둘의 차이만을 관찰하는 것이 경우에 따라선 좀 더 의미가 있는 경우들이 있고, 그 차이를 베이시스(Basis)라고 정의하기도 한다. 베이시스는 기초자산 그리고 선물이 거래되는 거래소에 따라 현물가격 빼기 선물가격으로 정의되는 경우도 있고, 그 반대로 선물가격 빼기 현물가격으로 정의되는 경우도 있으니 내가 보고 있는 숫자가 어느 방식으로 정의된 베이시스인지 주의해서 살펴볼 필요가 있다. 시장 용어(Market Jargon)로 선물가격이 현물가격보다 높으면 할증상태(at Premium),

4) 얼마일 것이라고 알 수 있다는 식의 단정적인 표현을 쓰지 않았음을 유의할 필요가 있다. 과거에 지급된 배당률이 미래에도 전적으로 동일하게 지속될 것이라는 가정은 그냥 가정의 하나에 불과하고, 성립된다는 보장은 이론적으로든 경험적으로든 전혀 없기 때문이다.

반대로 선물가격이 현물가격보다 낮으면 할인상태(at Discount)라고 부른다.

2010년 시점의 한국 이자율과 보통 선물을 거래할 때 가장 유동성(Liquidity)이 높은 최근월물을 중심으로 거래를 하는 것을 감안할 때, 코스피200 현물지수와 선물가격이 그렇게 차이가 나지 않을 것이라고 예상할 수 있다. [그림 8.3]에 2010년 당시의 원화 이자율을 대표할 수 있는 CD 91일물이 나와 있는데, 대략 연 2.7% 정도로 볼 수 있고, 가령 3개월 만기의 선물을 만기일 3개월 전인 2010년 8월 12일의 종가로 아무런 슬리피지 없이 들어간다고 가정하면 그날의 코스피200은 223.96, 이론 선물가격이 현물가격으로부터 가장 멀어질 수 있는 경우를 보기 위해 그 적정 배당률이 연 1.06%라고 가정하면 이론 선물가격은 224.87, 포인트로는 0.91, 현물가격 대비 비율로는 0.41% 정도에 불과하다. 이론대로라면 코스피200 선물가격은 현물지수보다 약간 할증상태에 항상 있어야만 할 것이다.

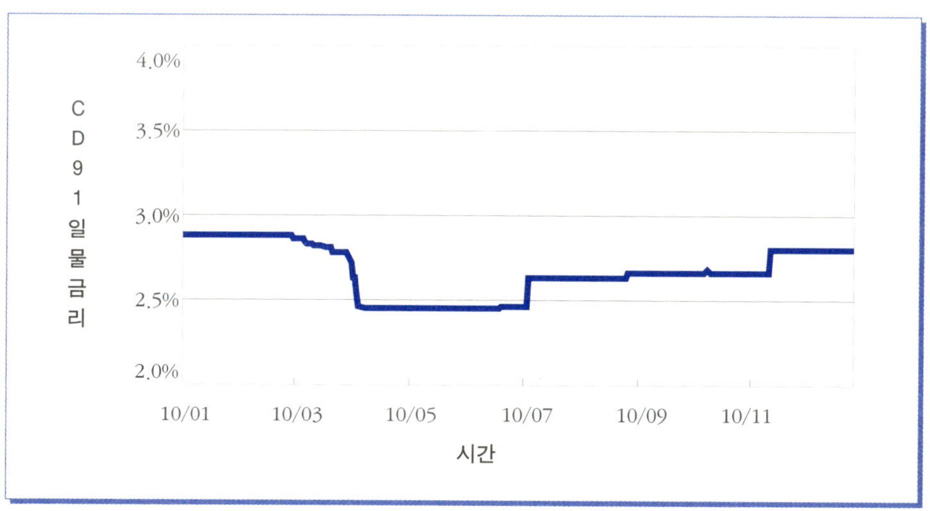

[그림 8.3] 2010년 당시의 원화 CD 91일물 금리

일반적으로 지수차익거래는 양쪽 방향이 다 가능하다. 이론 선물가격보다 시장 선물가격이 높은 경우, 차익거래자는 고평가돼 있는 선물을 매도하고 상대적으로 저평가돼 있는 현물지수를 매입하여 그 차익을 수익으로 가져가고자 한다. 반대로 이론 선물가격보다 시장 선물가격이 낮은 경우, 차익거래자는 저평가돼 있는 선물을 매입하고 상대적으로 고평가돼 있는 현물지수를 매도하여 차익을 거두기를 시도할 수 있다는 의미이다. 이론적으로는 두 가지 방식의 거래가 모두 가능한데, 실제로는 시장 선물가격이 이론 선물가격보다 높은 경우의 차익거래만 실행되는 경우가 많고 그 반대의 경우는 그렇게 흔하지 않다. 그 이유는 선물을 매도하고 주식현물을 매입하는 거래는 그 포지션을 어떻게 파이낸스할 것인가의 문제 외에 다른 큰 문제를 갖고 있지 않지만 반대로 선물을 매입하고 주식현물을 매도하는 거래는 선물 매입은 문제가 없지만 주식현물을 매도하기 위해서는 대차거래(Stock Borrowing) 후 공매도(Short Sale)를 할 때 여러 가지 제약들로 의해 그것이 그렇게 용이하지 않기 때문이다.

그러한 이유로 인해 지수차익거래는 대부분의 경우 이론 선물가격보다 시장 선물가격이 높은 경우를 중심으로 선물을 매도하고 현물을 매입하는 방식으로 수행되게 되고, 코스피200의 경우도 별반 다르지 않아서 대개 이러한 방향으로 거래가 이루어지곤 한다. 이러한 지수차익거래를 수행하는 데스크의 입장에서 보자면, 코스피200을 구성하는 개별 종목 주식들에 대해 롱 포지션(Long Position)[5], 즉 매입을 해서 보유를 하고 있

5) 이론적으로 완벽하려면 그 200 종목의 주식을 그 비율대로 정확히 맞춰서 보유해야 하나, 여러 가지 실제적인 이유들로 인해, 가령 특정 주식의 거래량이 너무 적어서 그 비드-오퍼 등의 거래비용이 지나치게 높다든지 하는 이유들로, 실제로는 정확하게 그 구성대로 보유하지 않는 경우가 다반사이다.

게 되고, 코스피200 선물에 대해서 숏 포지션(Short Position), 즉 선물 매도 상태에 있게 되는 것이다. 쉽게 얘기해서 이 지수차익거래를 수행하는 데스크는 삼성전자, SK 텔레콤, 포스코 등과 같은 현물 주식을 대량으로 보유하고 있게 될 것이라는 것이다.

지수차익거래를 수행함에 있어서 골치 아픈 점은 거래한 선물에 만기가 도래했을 때이다. 물론, 만기 전에도 소위 평가(Mark-To-Market) 상으로 잡아 놓은 양쪽 포지션이 동시에 악화되는 일이 있을 수가 있다. 하지만 만기가 도래하면 두 가격이 동일해 질 것을 알고 있는 한 그러한 중도 시점의 평가상의 손실은 감내할 만하고, 오히려 기존의 해 놓은 포지션들을 더 배가해야 한다고 판단할 수도 있다. 문제는 만기일에 선물이 정산되는 시점에서는 분명히 차익을 거두었겠지만, 정산되는 그 즉시 현물 바스켓에 대한 롱 포지션이 남게 된다는 점이다. 주가의 변동을 100% 확실성을 가지고 예측할 수 있는 것이 아니라면, 그러한 롱 포지션이 발생되는 것은 감당하기 어렵다. 두 가지 방법으로 해결을 모색해 볼 수 있는데, 하나는 최근월물 선물이 만료되는 대로 그 즉시 차근월물 선물에 동일한 매도 포지션을 취하는 방법이고, 또 다른 하나는 최근월물 선물이 만료되는 대로 그 즉시 현물 주식들을 팔아버리는 것이다. 경험상 두 방법 다 그렇게 신통한 결과를 가져다주진 않는다는 문제가 있다.6)

여기서부터는 하나의 가설이다. 필자는 실제로 도이체증권 서울지점이나 도이체방크 홍콩지점의 절대전략그룹이 정확하게 무슨 포지션을 갖고 있었는지 알지 못한다. 발표된 사실들을 바탕으로 개연성이 있는 설명을

---

6) 지수차익거래를 청산하고 포지션 재구축하는 과정에서 불법행위를 저질렀다고 호주법원에 의해 판결된 1996년 3월의 노무라증권의 경우는 그 어려움을 잘 보여준다[10].

해 보자는 것이다.

도이체방크 홍콩지점의 절대전략그룹은 지수차익거래를 수행해 오다가 한국 주식시장에 대한 방향성 있는 견해(Directional View)를 갖게 되었다. 골치 아픈 차익 거래를 수행해서 얻을 수 있는 차익은 그렇게 사실 크지가 않다, 앞의 수치 예에서 코스피200의 현물과 선물 가격 차이가 0.41% 정도였음을 기억하자. 그런데 그렇게 현-선물 포지션을 유지를 하다가 보니, 특히 2010년 들어서 보니, 전세계적인 금융위기 속에서 제일 선방할 것 같은 나라가 한국인 거다. 지수차익거래를 하다 보니, 기왕에 만들어져 있는 포지션은 현물 주식 롱 포지션에 선물 숏 포지션인데, 이 가격들 간의 차익을 노리느니 차라리 한국 주식시장이 회복(Rally)되는 쪽에 거래를 하는 것이 위험 대비 수익 측면에서 더 낫겠다고 판단을 했을 수도 있다. 그래서 기존에 숏 포지션으로 갖고 있던 선물이 만료되었을 때 현물 주식을 매도하거나 혹은 차근월물의 선물의 숏 포지션으로 롤 오버를 하는 것이 아니라, 그냥 만료되도록 내버려 두고 현물 주식의 롱 포지션만을 가져가는 것이다. 또는 금융위원회에서 발표한 것처럼 합성선물 매도 포지션을 일정 부분, 즉, 현물 주식의 가령 50%에 해당하는 부분 정도는 남겨 놓았을 수도 있다. 그 시점이 언제였는지는 물론 알 수 없다. 하지만 [그림 8.4]에서 볼 수 있듯이, 2010년 3사분기 전의 어느 시점이었더라면 그 견해는 매우 성공적인 견해인 것으로 판명되게 된다. 가령, 2009년 11월 이래로 낮게는 1,500선, 높아도 1,750선 사이를 등락하던 코스피 지수는 그 후 2010년 6월 이래로 지속적으로 상승하는 국면에 들어가기 때문이다. 결과적으로 도이체방크 홍콩지점의 절대전략그룹은 수동적 인덱스 펀드(Passive Index Fund)를 운용하는 뱅가드(Vanguard)나 피델리티와 같은 뮤추얼 펀드와 다르지 않은 투자자가 되어 버린 것이다.

[그림 8.4] 2009년 11월 17일부터 2010년 11월 11일까지의 코스피 지수

이제 연말이 다가오고 갖고 있는 주식의 롱 포지션은 평가상 괜찮은 이익을 보이고 있고 이럴 때 이제 이쯤에서 이익을 최종적으로 실현을 해야겠다는 생각을 하게 될 것 같다. 코스피 지수가 2,000 가까이 달하고 나니 그 밸류에이션 상 또는 다른 무슨 이유에서건 그 이상 올라갈 가능성이 그렇게 높아 보이진 않는다. 게다가, 크리스마스 휴가 시즌에 포지션 때문에 전전긍긍하고 싶지 않다. 있는 포지션 다 닫아 버리고 괜찮은 이익 확정 지어서 연초에 두둑한 보너스를 챙기고 싶다. 그래서 이제 벌거벗은(Naked) 롱 포지션을 운용하고 있는 현물 주식을 어떻게 처분할 것인가의 문제를 숙고하기 시작한다.

금융시장에서 조금이라도 거래를 해 본 사람이라면 잘 알겠지만, 내가 무언가를 사게 되면 내 그 행위는 시장가격을 조금일지언정 올리게 되고, 반대로 내가 무언가를 팔게 되면 시장가격은 그에 의해 주저앉는다. 매일

같이 어마어마한 금액의 거래를 수행하는 트레이더들은 물론 그와 같은 사실을 너무나 잘 알고 있다. 그러니, 갖고 있는 현물 주식을 그냥 내다가 팔기도 곤란하다. 그렇게 팔다가 보면 갑자기 소위 시장의 분위기(Market Sentiment)가 반전하여 주가지수가 자유낙하하지 말란 법도 없다. 케인스가 지적한 야성적 충동(Animal Spirit)이 바로 그런 것이 아니겠는가[79, 121].

그런데 바로 이런 경우를 위해 쓸 수 있는 방법이 한 가지 있다. 풋 옵션을 사는 것이다. 파생거래를 다룬 가장 기초적인 교과서에서조차 언급되는 기본 중의 기본이다. 내가 보유하고 있는 자산의 가치가 얼마 이하로 하락하는 것을 방지하기 위해, 그 가격 하락 위험을 헤지하기 위해 일종의 보장(Protection)을 매입하는 것이다[142, 146]. 물론, 그 보장은 공짜가 아니다. 그 보장을 확보하기 위한 비용, 즉 옵션 프리미엄을 옵션 매도자에게 매입 시점에 지급해야만 한다. 내가 갖고 있는 자산에 대한 풋 옵션의 매도가 아닌 매입이 헤지가 아니라고 주장한다면 세상에 있는 그 어떤 파생거래도 정당화 될 수 없으리라.

우리는 절대전략그룹이 보유하고 있던 현물주식을 판 것을 알고 있고, 또한, 금융위원회의 보도자료로부터 절대전략그룹이 코스피200 지수에 대한 풋 옵션을 매입해서 갖고 있었음을 알고 있다. 관건은 이것이다. 합성선물을 포함하여 풋 옵션 매수 포지션의 원금이 현물 주식 가액을 넘지 않는다면 이는 정당한 헤지거래로 보아야 한다. 하지만 조금이라도 전체 풋 옵션 매수 포지션의 원금이 현물 주식 가액보다 크게 된다면, 그 풋 옵션 매수는 더 이상 정당한 헤지 거래로 인정받을 수 없다.

안타깝게도 그 어떤 출처로부터도 풋 옵션의 원금에 대한 정밀한 정보는 구할 수가 없었다. 하지만 방법이 없지는 않다. 여러 정보들을 긁어 모으면 개략적이긴 해도 충분히 헤지인지 아닌지 판별할 수 있을 정도의 정보를 모을 수 있다. 안동현[43]에 의하면 "차익거래와 상관없이 255를 비롯한 외가격 풋옵션을 7만7천여 계약이나 매수해 약 40배의 부당차익을"라고 쓰고 있다. 또 다른 뉴스를 보면 "도이체증권의 경우 만기일까지 풋 옵션을 23만 계약 매수한 것으로 확인됐습니다. 이 중 행사가격 250.0 이상에서 만기 당일에만 8만8천 계약 샀습니다"라고 되어 있다[29]. 도이체증권이 코스피200 옵션에 대한 브로커 역할을 할 일은 사실상 거의 없다고 보고, 매수했다는 23만 계약이 모두 절대전략그룹의 결정에 의해서 매입된 것이라고 가정하자. 코스피200 옵션은 계약승수가 사건 당시에는 10만원이었고,[7] 그 행사가격은 2.5씩 변동되게 되어 있어 절대전략그룹이 매입했다는 풋 옵션들의 행사가격은 255인 것도 있고, 그 보다 작은 252.5나 250인 것도 있었을 것으로 판단된다.

절대전략그룹이 매도한 현물 주식 2조 4,424억원이 장마감 직전 코스피200 지수인 254.62에 해당하는 금액이라면, 지수 1포인트의 하락 당 절대전략그룹이 입게 될 손실은 2조 4,424억원 나누기 254.62, 즉, 95억 92백만원 정도가 된다. 그리고 7.11 포인트가 하락했으니, 결과적으로 682억원의 손실이 발생된 셈이다. 한편, 풋 옵션의 매수(합성선물 매도 및 일반 선물 매도에서 발생될 델타 포함하여)를 통해 보전받게 되는 이익이 위 금액보다 작거나 같다면 그 풋 옵션의 매수는 정당한 헤지여야 한다고 얘기했었다. 449억원의 부당 이익을 얻었다는 금융위원회의 발표를 보면 조금 헷갈리는 부분이기도 하다. 하지만 위 23만 계약의 풋 옵션

7) 현재는 50만원으로 상향 조정되었다. 한편 코스피200 선물은 과거부터 50만원이었다.

매수에 해당하는 금액을 보면,

$$1\text{포인트 당 풋 옵션 이익} = 230{,}000 \times 100{,}000 = 230\text{억원} \tag{8.4}$$

으로 위 현물 주식 포지션의 2.4배에 달하는 액면금액을 갖고 있음을 알 수 있다. 이제 너무나 분명해졌다. 이런 조건으로서는 현물 주식 매도 시의 가격 하락을 정당하게 헤지하기 위해 풋 옵션을 매수했다고 얘기할 수 없다. 도이체방크 홍콩지점이 불법적인 시세조종을 했다는 혐의를 벗을 방법은 없어 보인다.

풋 옵션을 23만 계약 매수해서 보유하고 있었다는 위 언급이 맞는다면 약간의 데이터상의 불일치가 있어 보이는데, 현물 주식의 금액에 해당하는 풋 옵션 계약은 9만6천 정도로 충분했을 것이고, 그렇다면 잔여 13만4천 계약이 헤지라고 정당화될 수 없는 부분이 되어야 할 텐데, 안동현에 의하면 7만7천여 계약이 차익거래와 무관한 계약이라고 하니, 무언가 부자연스럽다. 억지로 두 진술 사이의 타협을 시도하자면, 코스피200 옵션 시장의 깊이(Depth)가 도이체방크 홍콩지점이 필요로 하는 만큼 깊지 않아서 그들 입장에서 가장 필요한 행사가격 255짜리 풋 옵션 계약을 충분히 확보할 수가 없었고, 그러다 보니 어쩔 수 없이 그 보다 외가격(Out-Of-Money; OTM)인 252.5나 250의 행사가격의 풋 옵션도 매수를 하게 됐고,[8)] 그 행사가격들이 당시 현물지수인 254.62보다 낮기 때문에 의도하는 만큼의 보전을 받을 수가 없고, 그렇다 보니 그러한 효과까지 감안하여 소위 오버헤지(Over Hedge)를 한 것이었을 수도 있겠다.

---

8) 247.5 행사가격의 풋 옵션을 구입했는지 안 했는지 알 수는 없으나, 만기지수가 247.51이었으므로, 이들은 아무런 결제 없이 만료되었을 것이다.

7만7천여 계약을 7만7천 계약으로 간주하고, 전체가 다 255의 행사가격을 갖고 있다고 가정하면 577억원의 이익이 나오고, 252.5의 행사가격을 갖고 있다고 가정하면 384억원의 이익이 발생되는데, 1억원 단위로 반올림한 449억원의 부당이익이라는 숫자는 그 중간에 있다. 7만7천 계약의 풋 옵션의 행사가격이 255와 252.5만 있었다는 가정하에서 다음의 식이 성립해야만 한다.

$$\begin{aligned} 449\text{억원} &= x \times 100{,}000 \times (255 - 247.51) \\ &\quad + (77{,}000 - x) \times 100{,}000 \times (252.5 - 247.51) \end{aligned} \tag{8.5}$$

여기서 x는 행사가격 255인 풋 옵션의 계약 수이다. 이를 풀면, x는 25,823 계약이었던 것으로 계산되고, 따라서 행사가격 252.5인 풋 옵션의 수는 51,177 계약이 된다.

풋 옵션 전체 23만 계약 중에서 7만7천을 뺀 15만3천 계약이 합법적인 헤지에 해당하는 풋 옵션으로 간주되었다고 볼 때, 이 합법성을 액면금액의 관점으로 이해할 방법은 없다고 이미 전술했기에(행사가격 255의 풋 옵션만 있다고 하면 9만6천 계약 정도로 충분하므로), 하나의 가능성으로서 이 잔여 15만3천 계약은 행사가격이 252.5 아니면 250의 두 가지 경우만 있다고 가정해 보자. 그 경우 성립해야 하는 식은 외가격 풋 옵션들에 의해 보전된 현물 주식의 손실금액인 682억원이 그 풋 옵션들에서 발생되는 금액과 같아야 한다는 점이므로, y를 이번엔 252.5 행사가격의 풋 옵션 수로 놓으면,

$$682\text{억원} = y \times 100{,}000 \times (252.5 - 247.51) + (153{,}000 - y) \times 100{,}000 \times (250 - 247.51) \tag{8.6}$$

이 되고, 여기서 y는 120,412 계약으로, 행사가격 250의 풋 옵션 계약수는 32,588로 계산된다. 위 계산에 의해 나온 계약들의 수들은 유일하지 않으며, 다만, 예증적 목적으로 구한 것임을 기억할 필요가 있다. 정리하자면, 위의 가정하에서 255 행사가격인 풋 옵션은 25,823 계약, 252.5 행사가격의 풋 옵션은 171,589 계약, 250 행사가격의 풋 옵션은 32,588 계약이었던 것으로 나온다.[9)]

위에서 언급한 대로, 풋 옵션의 유동성 문제로 풋 옵션의 액면 금액을 현물 주식의 가액에 맞추지 않고 그보다 크게 가져갔다고 한다면(이것을 정당한 헤지로 보기 어려움은 이미 여러 차례 언급하였다), 당초에 도이체방크 홍콩지점은 맞출 수 없는 과녁을 겨냥해서 화살을 날린 격이 돼버린다. 무슨 이야기냐 하면, 자신들이 갖고 있는 현물 주식을 일시에 매도하게 될 때 코스피200이 얼마나 하락하게 될 지 정확히 예측할 방법이 사실상 없기 때문에, 현물 주식이 매도되면서 발생하는 손실과 풋 옵션들로부터 발생할 이익이 같기를 절대로 기대할 수 없다는 것이다. 즉, 이 두 값은 모두 최종적으로 코스피200이 얼마만큼 떨어지는냐에 따라 달라지게 되는 값들이고, 같은 경우는 오로지 한 값일 때만 존재한다. 그 값을 z라고 정의하고 구해보면,

9) 252.5 행사가격의 풋 옵션 수가 다른 두 행사가격에 비해 지나칠 정도로 많아 보이는데 계산의 베이스로 삼은 진술들이 어떠한 이유에서건 정확하지 않았을 가능성이 있고, 그래도 억지로 정당화 시켜 보자면, 약간 외가격인 252.5 행사가격의 풋 옵션의 시장 유동성이 다른 행사가격들에 비해 훨씬 좋아서 이런 결과가 나왔을 수도 있다.

$$
\begin{aligned}
95{,}920 \times (254.62 - z) = \ & 25{,}823 \times \max(0, 255 - z) \\
& + 171{,}589 \times \max(0, 252.5 - z) \\
& + 32{,}588 \times \max(0, 250 - z)
\end{aligned} \tag{8.7}
$$

z는 251.13으로 계산된다. 다시 말하자면, 절대전략그룹은 2조원이 넘는 자신들이 보유한 현물 주식을 동시호가 시간에 매도할 경우 코스피200이 251.13에서 정확하게 끝나는 경우에만 손실금액과 풋 옵션들부터의 보전금액이 같아진다는 것을 알 수 있었다는 것이고, 그보다 조금이라도 높게 끝나는 경우에는 보전금액이 손실금액보다 작음을 알 수 있었다는 것이다. 그러니까 당초에 보전금액이 손실금액과 같도록 의도했다는 것은 있을 수 없는, 절대로 달성 불가능한 일이라는 것이다. 그리고 위 계약 숫자들이 맞는다고 가정한다면, 행사가격 250짜리의 풋 옵션의 매입은 어떤 식으로도 정당화하기 어려운 일이 된다. 이 옵션은 코스피200 만기지수가 250 밑으로 내려갈 때만 결제가 발생하는데, 그 영역에서라면 이미 행사가격 255와 252.5의 옵션들로부터 현물주식을 매도함으로써 입게 되는 손실금액을 넘어서는 보전을 받은 후이기 때문이다.

최종적으로 결론을 내자면, 도이체방크 홍콩지점은 어떠한 기준으로도 정당화하기 힘든 거래를 수행한 것으로 판단된다. 지수차익거래이든 아니든 갖고 있는 현물 주식을 매도하는 것을 문제 삼을 순 없다. 하지만 그 주식 가액의 2.4배에 해당하는 원금을 갖고 있는 풋 옵션을 매입했다면 이는 더 이상 합당한 헤지거래로 볼 수 없다. 한편, 이러한 일이 벌어질 수 있는 데에는 한국 주식 및 파생거래 시장이 갖고 있는 규정의 미비한 점도 일정 부분 기여했다고 보여지는데 이를 이 장의 마지막 부분에서 논하

기에 앞서, 본 사건을 통해 큰 손실을 입은 국내 금융기관들의 거래 행태에 대하여 한번 언급하고자 하며 이는 바로 다음 절의 내용이기도 하다.

와이즈에셋자산운용의 거래 행위

와이즈에셋자산운용은 500억원의 자본금으로 2008년 10월 2일 출범했던 소형 자산운용사이다. 이 회사가 갑자기 유명세를 타기 시작한 것은 이 회사의 '현대와이즈다크호스사모파생상품1호'가 2010년 11월 11일 904억원이라는 손실을 입었다는 것이 알려지면서부터인데[4], 무슨 일이 벌어졌기에 단 하루만에 904억원이라는 손실을 와이즈에셋자산운용은 입게 된 것일까.10)

위 질문에 대한 답을 직접 하기 전에 어떤 한 펀드의 거래 이력(Track Record)을 먼저 보도록 하자. [표 8.1]에 나타낸 이 펀드는 총 6년의 거래 이력을 보유하고 있는데,11) 매월마다의 성과를 보고하고 있고 벤치마크로서 미국의 S&P500와 비교하고 있다.

어떻게 보이는가. 매년 S&P500의 성과와 무관하게 연 20% 이상의 수익률을 꾸준하게 6년째 올리고 있고, 월 거래 손익 상으로 최대 손실이 −3%에 불과하고, 총 6년간 72번의 월 결과 중 딱 2번 만 손실을 기록했던 이 펀드에 투자를 할 수 없을까하고 생각하게 되지 않는가? 투자론에서 얘기되는 투자 성과를 나타내는 지수들을 이 펀드에 대해 정리한 결과

10) 사실, 손실을 입은 금융회사는 와이즈에셋자산운용 외에도 여러 곳이 있었지만[28], 대표적으로 가장 큰 손실을 입은 곳으로서 와이즈에셋이 알려진 것이다. 이 회사는 이후 사실상 영업중단 상태에 있다가, 결국 2012년 8월 23일 금융투자업 인가가 취소되어 자본시장통합법 시행 후의 자산운용사 인가 취소의 첫 번째 경우로 기록된다[21].

11) 제시된 자료는 참고문헌[133, 134]에서 일부 발췌하여 재정리 하였다.

[표 8.1] 펀드의 월별 거래 이력

[단위 %]

	1년차		2년차		3년차		4년차		5년차		6년차	
	S&P	펀드	S&P	펀드	S&P	펀드	S&P	펀드	S&P	펀드	S&P	펀드
1월	8.2	8.1	−1.2	1.8	1.8	2.3	1.3	3.7	−0.7	1.0	3.6	4.4
2월	−1.8	4.8	−0.4	1.0	−1.5	0.7	3.9	0.7	5.9	1.2	3.3	6.0
3월	0.0	2.3	3.7	3.6	0.7	2.2	2.7	1.9	−1.0	0.6	−2.2	3.0
4월	1.2	3.4	−0.3	1.6	−5.3	−0.1	2.6	2.4	0.6	3.0	−2.3	2.8
5월	−1.4	1.4	−0.7	1.3	2.0	5.5	2.1	1.6	3.7	4.0	8.3	5.7
6월	−1.6	0.6	−0.5	1.7	0.8	1.5	5.0	1.8	−0.3	2.0	8.3	4.9
7월	3.0	2.0	0.5	1.9	−0.9	0.4	1.5	1.6	−4.2	0.3	1.8	5.5
8월	−0.2	1.8	2.3	1.4	2.1	2.9	1.0	1.2	4.1	3.2	−1.6	2.6
9월	1.9	2.1	0.6	0.8	1.6	0.8	4.3	1.3	3.3	3.4	5.5	11.5
10월	−2.6	−3.0	2.3	3.0	−1.3	0.9	0.3	1.1	3.5	2.2	−0.7	5.6
11월	3.6	8.5	−1.5	0.6	−0.7	2.7	2.6	1.4	3.8	3.0	2.0	4.6
12월	3.4	1.3	0.8	2.9	−0.6	10.0	2.7	1.5	1.5	2.0	−1.7	6.7
연	14.0	38.2	5.6	23.8	−1.5	33.7	34.4	22.1	21.6	29.1	26.2	84.8

는 [표 8.2]와 같은데, 이는 더욱 인상적이다. 월 평균 수익은 2배가 약간 넘으면서 수익의 표준편차로 대변되는 변동성은 오히려 작아서 연 샤프 지수는 3.96이라는 한 마디로 놀라운 수치가 얻어지고 있다.[12] 이러한 거래 이력을 본 후 투자하라는 요청을 거절할 투자자는 참으로 찾기 어렵다. 거의 모든 사람들은 '과거의 성과는 미래에도 계속될 것이다'라고

12) 1 정도의 샤프 지수는 그렇게 나쁘지 않은 편이고, 2가 넘어가는 경우는 예외적으로 좋은 경우이다.

[표 8.2] 펀드의 성과 요약

	S&P500	펀드
월 평균 수익	1.3%	2.7%
월 평균 수익 표준편차	2.7%	2.4%
월 최대 이익	8.3%	11.5%
월 최대 손실	−5.3%	−3.0%
연 샤프 지수(r_f = 5.267%p.a)	1.21	3.96
음의 수익률의 개월 수	26	2
S&P500과의 상관계수	100%	42%
1달러 투자 결과(72개월 후)	$2.45	$6.67

생각하기 때문에 펀드 설명 자료에 예외 없이 있는 '과거의 성과는 미래의 성과를 보장하지 않습니다'라는 문구는 눈에 잘 들어오지 않는다.

사실을 이야기하자면, 이 펀드는 사실 가상의 펀드이다. 1992년부터 1997년까지 시카고 옵션거래소(Chicago Board Options Exchange; CBOE)에서 거래되는 S&P500 지수에 대한 풋 옵션을 3개월 또는 그 미만의 만기에 대해 7% 정도에 해당하는 외가격의 행사가격으로 매달 기계적으로 매도하는 단순하고도 단순한 전략을 구사했다고 했을 때 발생된 수익의 결과가 바로 위의 [표 8.1]과 [표 8.2]인 것이다.

이렇게 위와 같이 지속적으로 수익이 발생된다면, 그 방법이 무엇이든간에 이는 좋은 트레이딩 전략이라고 생각할 지도 모른다. 하지만 이 전략을 계속 구사했다면 바로 다음 해, 우리나라에 IMF 위기가 한창이던 때, 러시아국채의 지불유예(Moratorium)와 이에 커다란 익스포저를 갖고 있던 롱텀캐피탈매니지먼트의 몰락으로 인한 전지구적 금융위기로, 1998년

8월과 9월에 각각 20% 가까운 손실을 입어[13] 이 펀드는 사실상 투자자들의 환매요구를 견디지 못하고 청산되었을 것이다. 이 가상의 펀드는 시카고 옵션거래소가 허용하는 마진 한도 내에서 운용된다고 가정하였는데, 이를 감안하면 대략의 레버리지 비율은 9에서 10 정도, 즉 자신들의 자본금의 10배 가량의 원금에 대해서 옵션 매도를 하고 있다는 얘기다. 7% 정도의 외가격 행사가격의 옵션을 팔았으니, 만약 옵션 만기일의 지수가 초기 지수 대비 17% 이상 하락하는 일이 벌어진다면, 깨끗하게 모든 자본금은 사라지게 될 것이다.

실제로 위와 같은 혹은 유사한 전략을 구사하는 펀드 매니저를 찾는 것은 그렇게 어려운 일이 아니다.[14] 대표적인 예로 빅터 니더호퍼(Victor Niederhoffer)가 있다[145]. 하버드대학교 학부에, 시카고대학교에서 박사학위를 받은 그는, 1972년까지 캘리포니아버클리대학교에서 재무교수로 있으면서 주식시장의 이상현상(Anomaly)에 대한 수편의 영향력 있는 논문을 발표한 후, 아예 학교를 그만두고 전업으로 자신의 펀드를 만들어서 별처럼 빛나는 트레이딩 성과를 보여주었다. 자신의 지적 능력에 대한 자신감과 오만함으로 유명했던 그는[15] 미국 주식시장의 일간 변화를 통계적으로 분석하여 역사적으로 발생되지 않은 레벨에서 풋 옵션을 파는 것은 금융시장에 있는 공짜 돈으로서 이를 줍지 않는 것은 겁쟁이이거나 바보 혹은 그 둘 다라고 했다고 알려져 있다. 영원한 성공을 구가할 것

---

13) 동 기간인 8월과 9월에 S&P500 지수는 각각 8.9%, 5.7% 하락하였다.

14) 물론 대놓고 '저희는 옵션 매도만 하고 있습니다'라고 밝힐 만큼 순진한 펀드는 드물다. 뭔가 이를 다른 방식으로 설명하려 들 것이고, 가령 풋 옵션 매도를 동적으로 복제하는 방법 같은 것을 동원할 수도 있고, 가장 쉬운 방법으로는 '투자 전략은 공표할 수 없습니다'라는 식으로 아예 비밀에 붙여버릴 수도 있다.

15) 그는 전미 스쿼시 선수권 챔피언을 다섯 번이나 차지하기도 하였다.

갔던 그는 1997년 태국계 은행들에 대한 투자가 커다란 손실을 입고,[16] 또한 1997년 10월 27일 다우존스지수가 전일 대비 7.2% 하락하면서,[17] 그가 운용하던 펀드는 완전히 자본금을 잠식당하고 문을 닫게 되었다.[18]

여기서 잠깐, 2010년 11월 11일에 도이체방크 홍콩지점이 동시호가 시간에 매도했다는 주식의 규모에 대해서 좀 감을 잡아 보도록 하자. 현실 세계에서 개인이 볼 수 없는 규모의 금액에 대한 얘기이다 보니, 그냥 크다, 많다고만 느껴질 뿐, 그게 어느 정도로 큰 것인지 잘 감이 와 닿지 않기 십상이다. 먼저, 그 2조 4,424억원이라는 금액, 이것이 매도하기 전의 코스피200 지수에 해당하는 금액인지 매도 후에 2% 이상 하락한 가격에 해당하는 금액인지 필자는 자료를 갖고 있지 않으나, 우선 편의상, 매도하기 전의 코스피200 지수에 해당하는 금액이라고 생각하자. 매도 후의 하락한 금액이라고 하면 약 2~3% 정도의 차이가 발생되게 될 텐데, 이 정도 차이가 현재 그 상대적인 규모를 파악하자는 측면에서 결정적인 차이를 가져오지는 않기 때문에 크게 문제가 되지는 않는다.

한국 유가증권 시장, 즉 코스피 전체는 대략 1,000조원 규모의 시가총액을 갖고 있다. 2012년 11월 24일 기준으로 보면 1,104조원인데, 코스피 지수는 1,911.33이다. 사건 발생 전날이었던 2010년 11월 11일의 코스피 시가총액은 1,092조원이었던 것으로 나온다. 그러니까 2조 4,424억

16) 이는 주식가격 하락보다는 주로 미 달러-바트화 환율 상승으로 인한 손실에 기인하는데, 4장의 다이아몬드펀드를 궁극적으로 무릎 꿇린 것이 미 달러-바트화 환율이었음을 상기하면 흥미롭기까지 하다. 역사적 과거와 귀납법으로 사고하는 세계관을 갖고 있는 이들의 결말은 늘 비슷하다.

17) 다우존스지수가 1884년에 생긴 이래로 두 번째로 큰 하락이었다.

18) 그는 개인재산을 처분하여 1억 3천5백만불의 펀드의 손실을 모두 메우고, 1998년에 자신의 집을 저당 잡혀 마련한 종자돈을 가지고 다시 트레이딩을 개시했는데, 또 놀라운 성과를 보여 주다가, 2007년 금융위기에 75%가 넘는 손실을 입고 또 다시 파산했다.

원이라는 금액은 시가총액 대비 0.22%에 해당하는 금액임을 알 수 있다. 글쎄, 크다면 크고 작다면 작은 금액이다.

자, 이쯤에서 눈치 빠른 독자들은 코스피와 코스피200은 다른 것이라고 지적할 지도 모른다. 맞다. 코스피는 한국거래소의 유가증권 시장(코스닥 시장은 제외하고)에 상장되어 있는 모든 기업들의 주식 전부를 다 합한 지수이고, 코스피200은 그 중 대표적인 200개의 기업만을 골라 만든 지수다. 따라서 코스피200에 해당하는 시가총액은 위의 1,092조원보다는 작아야 한다. 얼마나 작을까. 사건 전일의 금액을 보니 945조원, 즉 코스피200은 유가증권 시장 대비 86.5%였음을 알 수가 있고, 도이체방크 홍콩지점의 당일 매도 금액은 이제 코스피200 지수 대비 0.26%가 된다. 코스피200이 유가증권 시장 전체는 아니지만 거의 90%에 육박하는 규모이니, 코스피냐 코스피200이냐를 가지고 따지는 것은 큰 의미가 없고 한국시장 전체라고 보아도 무방하다.

그러면 전일 종가 대비 사건 당일의 절대전략그룹의 보유 현물 주식 매도에 의해 하락한 비율이 어느 정도로 큰 것이었을까. 코스피 지수는 전날

[표 8.3] 코스피 종가 일일 변동률 통계 자료; 2000년 1월4일부터 2010년 11월 11일까지

통계량	값
표 본 수	2,685
산 술 평 균	0.04%
표 준 편 차	1.81%
최 소 값	−12.02%
최 대 값	11.95%
왜도(Skewness)	−0.37
첨도(Kurtosis)	4.41

1967.85에서 1914.73으로 하락했고, 코스피200은 255.13에서 247.51로 하락했으니 비율로는 각각 2.7%, 3.0%의 하락을 보인 셈이다. 역사적인 값을 좀 보았는데, 2000년 1월 4일부터 사건일인 2010년 11월 11일까지 주말 및 휴일을 제외한 코스피 지수가 공표되는 영업일은 총 2,685일, 전일 종가 대비 금일 종가의 상승 혹은 하락의 비율을 구해 보니 그 최대하락폭은 −12.02%이고, 사건 당일의 하락률보다 더 큰 하락을 보인 경우의 수는 총 158회, 즉 전체 영업일 수에 대한 비율로 보면 5.9%에 해당하는 낙폭임을 알 수 있다. 무슨 이야기냐 하면, 일 년의 영업일 수가 252일이라고 가정한다면, 그 중 약 6%, 즉 15일 정도는 그 정도 수준의 혹은 그 이상의 하락을 기록해 왔다는 얘기다. 바꿔 얘기하자면, 한 달에 한 번 정도는 발생하는 하락이었고 그렇게까지 호들갑을 떨 정도의 하락은 아니었다는 것이다.

시장에서의 경험이 좀 있는 독자들은 또 반론을 제기할 것 같다. 코스피의 시가총액을 얘기하는 것은 무의미하다고 말이다. 그건 그냥 하나의 참고자료일 뿐, 실제 시가총액 전체가 거래될 수도 없고 거래될 리도 없기 때문에, 위의 0.22% 혹은 0.26%라는 것은 실제 시장에 미쳤던 영향을 지나치게 과소평가해 보여 준다고 말이다. 사실, 전체 주식 시장의 0.2% 정도의 주식을 한 순간에 매도하면 어느 정도나 시장이 영향을 받는가가 궁금할 수 있는데(가령, 중앙은행의 외환시장 개입 같은 경우를 생각해 보라. 어느 정도 규모의 개입을 단행해야 원하는 수준의 환율 하락을 얻을 지 궁금해 하지 않겠는가), 위 결과는 한국 주식 시장의 깊이(Depth) 혹은 유동성(Liquidity)을 객관적으로 측정한 하나의 실 사례가 될 수 있다. 0.26%의 주식을 팔면 2.7% 정도 주가가 하락하게 된다는, 즉 주가의 매도 물량에 대한 탄력성(Elasticity)이 10배 정도 된다는 것이다. 생각보다 크다고 느껴질 수도 있을 것 같은데, 왜 그런지 보자. 코스피의 시가 총액이 1,000조원 규모라고 했는데, 사실 그 중 거래되는 것은 극히 일부에 불과하다. 일반적으로 얘기되기를 일간 거래대금(Daily Turnover)은 10조원 정도이고, 그렇다면 이는 시가총액 전체의 1% 정도에 불과하다는 얘기다. 스냅샷으로 본다면, 사건 전일의 거래대금은 6.4조원, 사건 당일의 거래대금은 9.6조원, 사건 명일의 거래대금은 9.3조원이었다. 그렇게 보면, 일간 거래대금이 평균 10조원이라고 했을 때 절대전략그룹의 매도 규모는 그 일간 거래대금의 24% 정도가 될 것이고, 그것이 장이 열려 있는 마지막 10분 동안의 동시

[표 8.4] 2010년 만기일 동시호가 기간 중 프로그램 매매 대금

	매 도			매 수		
	차 익	비차익	소 계	차 익	비차익	소 계
1월	0	3,784억원	3,784억원	1,864억원	1,701억원	3,565억원
2월	2,355억원	212억원	2,567억원	166억원	2,370억원	2,536억원
3월	3,803억원	1,785억원	5,588억원	830억원	4,648억원	5,478억원
4월	342억원	964억원	1,306억원	61억원	2,549억원	2,610억원
5월	596억원	769억원	1,365억원	34억원	810억원	844억원
6월	523억원	4,346억원	4,869억원	467억원	4,214억원	4,681억원
7월	21억원	1,618억원	1,639억원	403억원	1,469억원	1,872억원
8월	1,327억원	1,865억원	3,192억원	71억원	598억원	669억원
9월	88억원	3,923억원	4,011억원	1,127억원	3,140억원	4,267억원
10월	24억원	241억원	265억원	521억원	1,054억원	1,575억원
11월	24,445억원	315억원	24,760억원	3,524억원	10,551억원	14,075억원
12월	287억원	3,613억원	3,900억원	4,713억원	3,635억원	8,348억원

호가 시간에 집중이 된 것은 거의 전례가 없는 일이라는 것이다. 하지만 그런 전례가 거의 없다고 해서 그런 일이 벌어지지 않으리라고 확신하는 것은 근거가 빈약한 확신이다, 더군다나 금융시장에서는 말이다.

와이즈에셋자산운용은 만기일 당시에 행사가격 252.5인 풋 옵션을 18만 계약[19] 매도하고 또한 행사가격 257.5인 콜 옵션을 7만 계약 매도, 총 25만 계약을 매도하고 있었던 것으로 알려져 있다. 이는 스트랭글(Strangle) 매도에 추가적으로 풋 옵션을 더 매도한 포지션으로서, 이들을 매도하고 받은 옵션 프리미엄은 18억원이었다고 한다. 만기일의 코스피200 지수가 252.5 아래로 내려오거나 257.5 이상으로 올라갈 가능성이 매우 낮다고 보고 이런 포지션을 만들었을 것이다. 그런 가능성이 사실상 전무하다고 보았기 때문에 풋 옵션 같은 경우 18만 계약이나 팔아댄 것이다. 옵션 원금으로 환산하면 풋 옵션 만으로 4조 6천억원에 달한다. 이런 어마어마한 규모의 리스크를 지면서 받았다는 옵션 프리미엄은 18억원, 비율로 보자면 옵션 원금 대비 0.039%에 불과하다. [표 8.4]와 같은 옵션 만기일 동시호가 시간의 매도 물량의 이력을 보면서, 대규모의 매도로 인한 코스피200 지수의 행사가격을 넘는 변동 가능성이 없다고 결론 내렸을 것이다. 결과는 지수가 247.51로 하락하면서 약 900억원의 손실을 입고 말았다.

와이즈에셋자산운용은 이 옵션 매도 거래 시점의 자신들의 자본금 수준인 100억원에 비해 460배에 해당하는 4조 6천억원 만큼의 풋 옵션을 매도했으니, 그에 비하면 [표 8.1]과 [표 8.2]에 나온 가상의 펀드의 10배의 레버리지는 글자 그대로 새발의 피에 불과하다. 그러한 460배라는 레

19) 위에서 도이체방크 홍콩지점이 매수했던 252.5 행사가격의 풋 옵션 계약 수가 17만1,589일 수도 있음을 보였는데, 용케도 와이즈에셋자산운용이 매도한 같은 행사가격의 풋 옵션 계약 수와 비슷한 숫자이다.

버리지가 장내금융시장에서 허용될 수 있다는 사실이 놀랍다.[20] 필자는 그러한 식의 트레이딩이 자기자본만의 투자의 경우에도 허용되지 않아야 한다거나, 도덕적으로 잘못 되었다거나 하는 식의 딱지 붙이기를 할 생각은 없다. 다만, 이런 식의 레버리지 그리고 역사적인 결과에 너무나 큰 중요성을 부여하는 트레이딩은 반드시 필연적으로 파산할 수밖에 없다는 사실을 지적하고자 한다[119, 138, 151]. 운이 좋으면 좀 오래 갈 것이고 운이 없으면 아주 빨리 끝날 수도 있다.[21] 필자가 바라는 것은 이렇게 파산할 줄 몰랐다는 얘기를 진짜 몰랐었던지 아니면 사실은 알았지만 무시했었던지 간에 향후에는 어느 시장참가자로부터도 듣게 되지 않았으면 하는 것이지만, 필자의 이 바람이 이루어질 것 같지는 않다.

한 가지 더 언급하고 싶은 것은 투자론에서 일반적으로 사용되는 성과측정 지수들이 이와 같은 옵션매도 전략이 갖고 있는 위험을 측정하는데 꽤나 무기력하다는 점이다. 1차적으로 금융변수의 위험은 그 표준편차, 즉 변동성으로 측정이 되는데, [표 8.2]에서 본 바와 같이 옵션매도 전략의 수익의 변동성이 주식시장 전체의 변동성보다도 낮았음을 기억하자. 또한, 위험값으로 표준화된 초과이익을 나타내는 샤프 지수(Sharpe Ratio)도 유사한 문제를 갖고 있다. 그리고 이러한 지수들에 의해 위험값 할당(Risk Budgeting) 등의 작업을 하게 된다면, 필연적으로 옵션매도 전략과 같은 트레이딩에 과도한 자본을 배당하게 될 위험성이 있게 될 것이다.

---

20) 이 거래를 중개했던 하나대투증권은 와이즈에셋자산운용의 지급능력 없음으로 인해 763억원의 손실을 입었다[4].

21) 실력이 나쁘지 않은 여러 트레이더들은 이와 같은 사실을 스스로도 잘 인식하고 있다. 그럼에도 계속 위와 같은 방식으로 트레이딩을 하는 이유가 바로 케인스가 지적했듯이[120], 언젠가는 우리 모두는 죽기 때문이다(In the long run, we are all dead.)라는 것이다. 그 말도 맞긴 하다.

[그림 8.5]를 한번 보자. 꽤 체계적으로 위험관리 및 투자결정을 하는 것처럼 보인다. 사실, 이 그림은 바로 와이즈에셋자산운용의 리스크관리 프로세스이다. 다른 자산운용사라면 어떨까. 크게 다르지 않다. 그 그림에 나와 있는 인기 있는 위험관리 지수 중의 하나인 VaR(Value-at-Risk)를 가지고 위험관리를 했다면 460배의 레버리지를 지지 않게 되었을까. 별로 달라질 것이 없었으리라고 필자는 짐작한다.

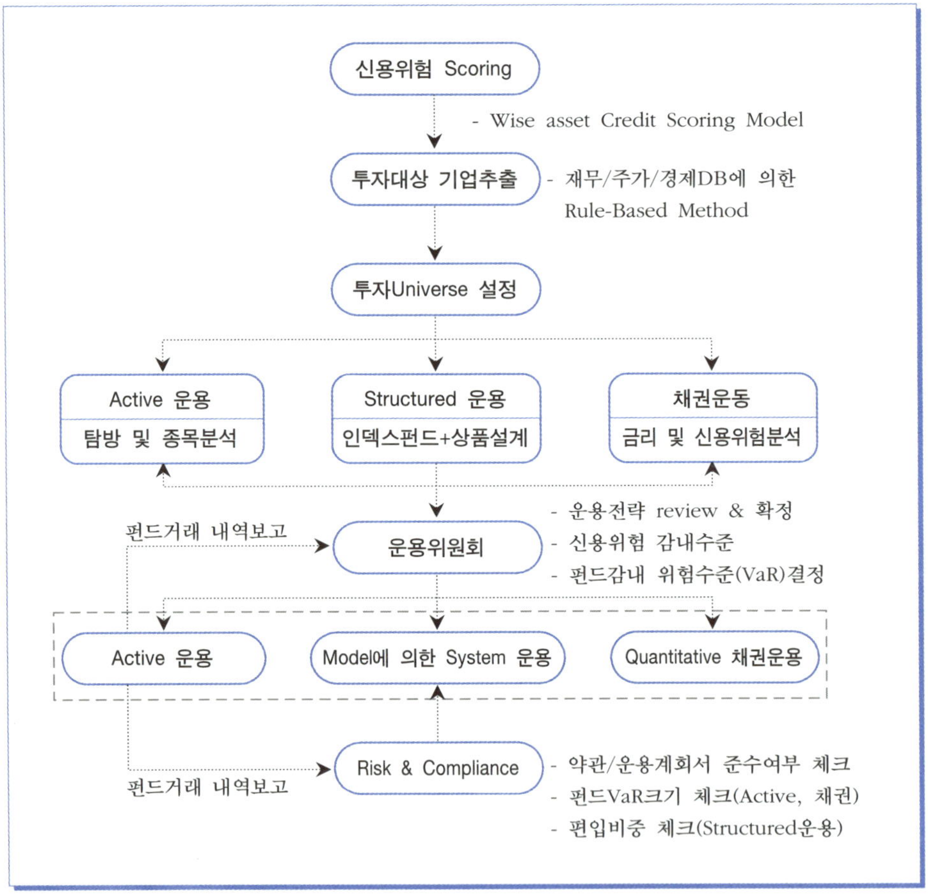

신용위험 Scoring
- Wise asset Credit Scoring Model

투자대상 기업추출
- 재무/주가/경제DB에 의한 Rule-Based Method

투자Universe 설정

Active 운용 / 탐방 및 종목분석
Structured 운용 / 인덱스펀드+상품설계
채권운동 / 금리 및 신용위험분석

운용위원회
- 운용전략 review & 확정
- 신용위험 감내수준
- 펀드감내 위험수준(VaR)결정

펀드거래 내역보고

Active 운용
Model에 의한 System 운용
Quantitative 채권운용

Risk & Compliance
- 약관/운용계획서 준수여부 체크
- 펀드VaR크기 체크(Active, 채권)
- 편입비중 체크(Structured운용)

펀드거래 내역보고

[그림 8.5] 자산운용사의 리스크관리 프로세스[51]

도이체방크 홍콩지점이 샀다는 23만 계약의 옵션과 와이즈에셋자산운용이 팔았다는 25만 계약의 옵션, 어떻게 비교를 해 보아도 씁쓸할 따름이다.

국내 장내파생거래 관련 제도적 미비

사건 후, 금융위원회와 한국거래소는 신속하게 관련 대책을 발표하고 제도적 미비점을 보완하고자 하였다. 그 중 옵션 매도에 대한 증거금을 부과하는 방식을 개선하겠다는 등의 즉시 추진과제를 설정하였고[4], 그 외에도 차익거래 잔고 공시에 관련된 규정과 단일가 매매방식 및 프로그램 매매 사전보고[22]에 대한 제도 개선도 검토하겠다고 발표하였다[59].

필자는 이런 미시적인 제도 변경보다도 보다 근본적인 장내파생거래에 대한 결제가격 결정에 대한 재검토가 필요하다는 점을 지적하고자 한다. 현재의 한국의 장내파생거래가 결제될 때 참조하는 결제가격 혹은 종가를 결정하는 방식은 세계적으로도 비슷한 사례를 찾기 어려운 그러한 방식이다[11].

미국에서 장내파생거래가 본격적으로 거래되기 시작한 1970년대 초·중반 이래로, 선물 및 옵션의 만기일에 비정상적으로 보이는 가격 변동성의 확대가 관찰되면서, 이에 대한 학계의 보고도 잇따르기 시작하였다. 만기일 효과(Expiration Day Effects)라고 명명된 이 현상은 현물주식 가격의 변동성과 거래량과[167] 옵션의 내재변동성이[100] 만기일의 거래 가능한 마지막 한 시간 동안 급격하게 증가하는 경향을 가리킨다. 이러한 현상은 비단 미국에서만 발견된 것이 아니라 장내파생이 거래가 되는 다른

22) Sunshine Policy로도 알려져 있다.

나라에서도 보고가 되었는데, 캐나다[96], 영국[150], 독일[160], 대만[112], 그리고 한국[63]의 예가 그것이다. 한편, 만기일 효과가 통계적으로 유의할 정도로 주목할 만한 것은 아니라는 연구도 일부 존재한다[118, 168]. 특히 한국의 경우, 일별 수익률 자료를 분석하여 만기효과를 찾아보기 힘들다는 결론을 낸 연구도 있는 반면[7], 실제 이런 효과가 장 막판에 집중되는 경향을 파악할 수 있는 일중의 고주파 자료(High Frequency Data)를 분석하여 만기일 폐장 전 10분 간 강한 만기일효과가 존재함을 보고하는 연구도 있는 바[32], 고주파 자료에서 보여지는 결과가 좀 더 의미 있을 것으로 판단된다.

특히 주목할 만한 결과로서 한국거래소가 채택하고 있는 10분간의 동시호가에 의해 결정된 종가를 결제가격으로 하지 않고, 만기일 중 항셍(the Hang Seng) 지수의 매 5분 간격으로 산출되는 평균가격으로 결제가격을 결정하는 홍콩거래소의 경우 다른 거래소에서 발견되는 전형적인 만기일효과가 나타나지 않는다고 보고하면서, 이러한 결과가 홍콩거래소의 독특한 결제 제도에 따른 것이라고 주장하는 연구가 있다[98]. 또한, 미국의 증권거래위원회(Securities and Exchange Commission; SEC)는 파생거래의 만기로 인한 증권시장의 불안정성에 대한 우려를 표명하면서 종가 대신 시초가로 사용할 것을 제안한 바가 있다[169].

미국 증권거래위원회의 권고가 있은 후, 시카고상업거래소(Chicago Mercantile Exchange; CME), 뉴욕증권거래소(New York Stock Exchange; NYSE), 뉴욕선물거래소(New York Futures Exchange; NYFE)와 같은 미국의 주요 거래소들은 1987년 6월 만기부터 그 결제가격 결정 방식을 기존의 종가에서 시초가로 변경하였다. 특히, 시카고상업거래소에서는 이를 특별시초가(Special Opening Quotation; SOQ)라고 부르고 있는데, 이는 일반적인 시초가와는 다른 방식으로 계산되는 시초가로서 종가에 의한 결제를 실행할 경우 장 막판 마지막 몇 분 동안에 대량의 매매가 집중되는 경향으로 인해 지정된 시장조성자들이 정상적으로 시장을 조성하기 어렵다는 사실을 해소하기 위해 마련된 것이라고 얘기되고 있다[99].[23] 흥미롭게도 시카고옵션거래소의 경우는 거래되는 주가지수 옵션에 대한 결제를 여전히 종가에 의해 시행하고 있다.

미국 이외에도 결제가격 결정 방식을 변경함으로써 만기일효과를 경감시킬 수 있음은 여러 차례 연구된 바, 일본은 1989년 대장성이 5가지의 만기일효과 억제방안을 발표하면서 이에 따라 도쿄증권거래소와 오사카증권거래소는 각각 토픽스(TOPIX) 선물과 니케이(Nikkei) 225 선물의 결제가격을 그 해 9월부터 종가에서 시초가로 변경하였고, 니케이 225 옵션에 대한 결제가격을 1992년 6월부터 시초가로 변경한 바 있다.[24] 또한, 싱가포르국제거래소(Singapore International Monetary Exchange; SIMEX)도 1992년 6월 니케이 225 선물의 결제를 종가에서 시초가로 변경하였고, 인도주식거래소(National Stock Exchange; NSE)의 경우는 만기일 거래량 가중평균 가격을 결제가격으로 사용하고 있다.

[표 8.5]에 정리된 결과를 보면, 한국거래소가 채택하고 있는 종가에 의한 결제방식이 매우 예외적인 경우에 해당하는 것을 볼 수가 있다. 일반적으로 동시호가에 의한 종가 결정이 가장 만기일 효과가 크고 또한 가격을 조종(Manipulate)하기 가장 쉽다고 알려져 있고, 그 다음으로 시초가

23) 뉴욕증권거래소의 경우 평균적으로 일간 거래량의 10% 정도는 지수차익거래자에 의해 발생된다고 추정되고 있다.

24) 유동성이 떨어지는 카부사키(Kabusaki) 50 선물의 경우는 여전히 종가에 의해 결제하고 있다.

[표 8.5] 세계 여러 거래소의 주가지수 선물 결제가격 결정 방식

국 가	거 래 소	결제가격
미 국	CME (S&P 500)	특별시초가
	NYFE (NYSE Index)	
	CBOE (S&P 500)	종가
일 본	OSE (Nikkei 2250	특별시초가
	TSE (TOPIX)	
싱가포르	SGX (Nikkei 225)	특별시초가
	SGX (MSCI Taiwan)	종가
대 만	TAIFEX (TAIEX)	마지막 30분 단순평균
중 국	CFFEX (CSI 300)	마지막 2시간 가중평균
인 도	NSX (Nifty)	만기일 가중평균
홍 콩	HKEX (HSI)	만기일 5분 간격 단순평균
한 국	KRX (코스피200)	종가

혹은 특별시초가, 그리고 일중 가중평균이나 단순평균 순으로 가격을 조종하기 어려워지고 이에 따라 만기일효과도 작아지게 되는 것으로 이해되고 있다.

한국거래소가 채택하고 있는 단일가격에 의한 매매가 이루어지는 동시호가 제도는 일정한 시간 동안에 접수된 매수 및 매도 호가를 모아서 가장 많은 양의 거래가 이루어지는 하나의 가격에 매매를 체결시키는 제도이다[32]. 이러한 방식은 매도와 매수의 물량을 감안한 균형가격을 발견하는데 효율적이라고 알려져 있지만, 가격에 크게 영향을 미칠 수 없고 단지 가격을 받아들여야 하는 다수의 동질적인 거래자가 있는 것이 아니고 시장 전체를 좌지우지할 수 있는 과점적 거래자가 출몰하는 경우 커다란 변동에 휘말릴 수밖에 없다. 이러한 충격을 제도적으로 완화해 보고자 마련된 것이 프로그램매매 사전신고제도이긴 하나, 이의 유효성에는 근본적인 한계가 있는 것으로 판단된다.

사실, 왜 한국거래소가 이러한 방식을 처음에 채택하고 이후로도 계속 고집하고 있는지 이해하기가 쉽지 않다. 특정 시간대에, 특히 장 마감 근방에 대량의 매매를 고의적으로 집중시켜서 연관된 파생거래에서 불법적인 이익을 보고자 하는 유인이 늘 시장참가자들을 유혹하고 있고, 이를 허용할 경우 기초자산에 무관하게 모든 시장에서 같은 문제가 계속적으로 발생함을 경험적으로 뼈저리게 느껴 대부분의 거래소들이 조금이라도 이러한 만기일효과를 완화시킬 수 있는 결제방식을 채택하려고 애쓰고 있기 때문이다. 이는 비단 주가지수뿐만 아니라 원자재와 외환 같은 기초자산에서도 마찬가지이다. 그 결과 현재 대부분의 원자재들의 경우, 만기일 가중평균이나 단순평균으로도 이러한 시세조종에 대한 유인을 충분히 억제할 수 없어서, 아시아 방식 결제(Asianing), 즉 며칠에 걸쳐서 관찰된 가격들의 평균으로 결제 가격을 정하고 있음은 주지의 사실이다. 또한, 멀리 갈 것도 없이 한국 원화 외환시장의 경우, 유사한 문제를 완화하기 위해 공식적인 결제가격을 시장평균가격(Market Averaged Rate; MAR)으로 하고 있기도 하다.

대만선물거래소(Taiwan Futures Exchange; TAIFEX)의 사례는 음미해 볼 만 하다. 이 거래소의 주력 상품인 대만주가지수 선물(TAIEX)의 경우, 각국의 사례를 참조하여 처음에 선물을 상장할 때 가중평균 시초가를 결제가격으로 정하였다가 2001년 11월 시초가 이후 15분 동안의 거래량 가중평균으로 변경하였고, 최근의 금융위기가 한창이던 2008년 12월 다시 시장종료 이전 30분 동안의 단순평균 방식으로 변경하였다. 이러한

방식은 유럽거래소에서 거래되는 프랑스 주가지수인 CAC40 지수 옵션에서도 사용하는 방식으로 가격의 왜곡이 상대적으로 적을 수 있다고 알려져 있다[18]. 대만의 금융당국의 입장은, 자국의 주식시장과 외환시장이 외부 자본에 의해 휘둘리는 것이 득보다는 실이 많다는 판단 하에, 자국 금융시장의 만기일효과를 조금이라도 더 잘 억제하기 위한 정책적 수단에 대해 고민을 해 오고 있고 이는 세계에서 유일하게 장내파생거래에 대해서 거래세를 부과하고 있는 사실에서도 잘 드러나고 있다.

솔직히 이야기하자면, 한국거래소도 현재의 결제가격 산정방식이 시세조종에 가장 취약하다는 것을 모르지는 않는다고 생각한다. 그럼에도 불구하고 처음부터 이런 방식을 채택하고 또 현재도 고수하려고 하는 이유는 다른 게 아니라, 거래소가 자사의 장내파생거래의 거래량이 감소되는 것을 우려하기 때문이라는 것이다[18]. 거래소는 기본적으로 매 건의 거래마다 일정금액을 수취하도록 되어 있고, 따라서 거래량의 증가는 글자 그대로 거래소 수익의 증가로 이어진다. 필자의 외국 지인들의 표현을 빌리자면, 현재의 방식은 '외국 투기자본이 놀기 딱 좋은 놀이터'를 만들어 주겠다는 것인데 왜 이런 방식을 고수하는지 알 수 없다는 얘기들을 하곤 한다. 거래소가 자랑스럽게 얘기하는, 한국 장내파생시장이 거래량 기준으로 세계 1위라는 사실이 사실은 자랑거리가 전혀 아닐 수도 있다는 것이다. 헤지나 차익거래에 평균가 방식이 불편하고 종가가 편리하다고 이야기하지만 다른 국가들의 거래소들은 그걸 몰라서 평균가를 결제가로 하고 있겠는가 말이다.

코스피200의 결제가격 산정이, 가령 일중 가중평균이나 산술평균에 의해서 이루어진다고 가정해 보자. 그리고 도이체방크 홍콩지점의 절대전략그룹의 트레이더 입장이 돼 보자. 장 막판, 동시호가 시간에 2조4천억원의 현물 주식을 한꺼번에 매도할 유인이 더 이상 없다. 어차피 결제 가격은 그날의 평균 주가로 결정될 것이기 때문이다. 그리고 어떤 특정 시간대에 과도하게 팔게 되면 오히려 손실을 볼 가능성이 커진다, 왜냐하면, 그렇게 과도하게 매도하는 만큼 내 평균 매도가격은 나빠지겠지만, 풋 옵션의 결제가격은 그 특정 시간대에 하락했던 가격을 별로 반영 안 할 수도 있기 때문이다. 그렇다면, 그냥 그날 중에 꾸준하게 시장에 너무 충격을 일으키지 않으면서 매도하는 편이 속 편하다. 그로 인해 그날 일중의 주가지수가 계속적으로 하락하게 된다면, 가령 10포인트가 빠졌다고 해도, 내 평균 매도가격은 팔기 전의 가격에 비해 5포인트 정도 낮게 될 거고, 그만큼 내가 헤지하고자 매수해서 갖고 있던 풋 옵션으로부터 보전을 받게 될 것이다. 그렇다면, 굳이 현물주식의 가액보다 큰 규모의 풋 옵션을 매수할 필요도 없다. 정상적인 시장이 되는 것이다. 평균 매도가격과 결제가격 사이의 약간의 불일치는 있을 수도 있다. 하지만 그 차이는 웬만한 금융회사에게는 약간의 귀찮음 정도의 문제이지 근본적으로 이 때문에 헤지거래나 투기거래를 그만두게 할 정도의 차이는 아니다. 이 정도의 차이가 문제가 된다는 회사가 있다면 그 회사의 저의가 무엇인지 의심스러워 진다.

본 장에서 장내파생거래에 관련된 실패사례를 보았다. 다음 장에서는 개인들에게도 잘 알려져 있는 주가연계증권(Equity Linked Securitiy; ELS) 혹은 파생결합증권(Derivatives Linked Security; DLS)으로 불리는, 장외파생거래가 내재되어 있는 증권의 헤지에 관련된 분쟁 및 실패사례를 볼 차례이다.

CHAPTER 9

주가연계증권(ELS)의 종가 조작 논란

주가연계증권은 개별 주식의 가격이나 주가지수에 연계되어 투자수익이 결정되는 유가증권이다. 유가증권이기 때문에 한국의 자본시장통합법상 원금 손실은 가능하지만 원금이 초과되는 손실이 발생되지는 않으며, 보다 일반적으로 해외에서는 구조화채권(Structured Note)의 한 종류로 분류하고 기초자산군의 성격을 좀 더 드러내기 위해 주가연계채권(Equity Linked Note; ELN)이라고 부르기도 한다. 이를 제작하는 방법은 자산의 일부를 우량채권에 투자하여 필요한 만큼의 원금의 일부를 확보하고, 나머지는 주가 혹은 주가지수를 기초자산으로 하는 장외파생거래를 프리미엄을 지급하고 매입하는 것으로써, 만기 시점에 미리 정한 조건이 만족되면 위험이 없는 같은 만기의 투자상품 대비 고수익이 발생될 가능성을

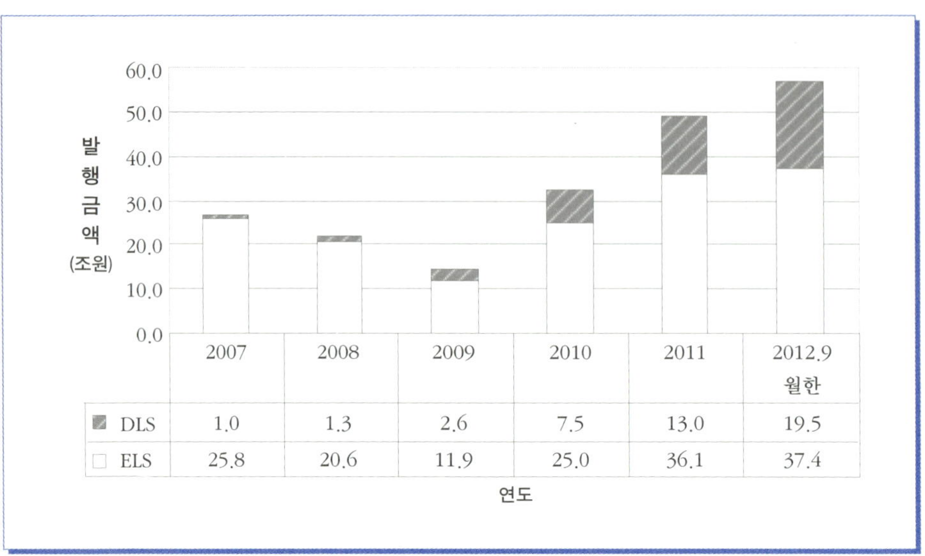

	2007	2008	2009	2010	2011	2012.9월한
DLS	1.0	1.3	2.6	7.5	13.0	19.5
ELS	25.8	20.6	11.9	25.0	36.1	37.4

[그림 9.1] 한국시장에서의 ELS 및 DLS 시장의 연도별 발행금액[77]

제공하되, 조건이 만족되지 않을 경우 무위험 이자율보다 낮거나 심지어는 원금의 전액 손실도 발생할 수 있는 투자 상품이다. 투자자가 투자한 원금 이상으로 손실이 나지 않는 일종의 파생거래로 이해하는 것이 경제적으로는 좀 더 타당하고, 자본시장통합법상의 파생결합증권(Derivatives Linked Security; DLS)의 한 부류라고 봐도 무방하다.

주가연계증권은 2003년 2월에 한국에 최초로 상품이 출시되었고, 그 이후 글자 그대로 폭발적인 성장세를 구가해 왔다. 초기에는 아래 [사례 1]에 등장하는 녹아웃(Knock-Out) 옵션 류의 파생거래가 주로 내재되었고, 그 이후 조기상환형 주가연계증권이 글자 그대로 시장을 장악하다시피 하면서 현재도 가장 흔하게 발행되는 것은 두 개의 기초자산을 갖는 소위 투 스탁 스텝다운(Two-Stock Step-Down) 조기상환형의 여러 변종들이다. 그 후 2008년과 2009년 금융위기를 거치면서 그 시장 규모가 줄

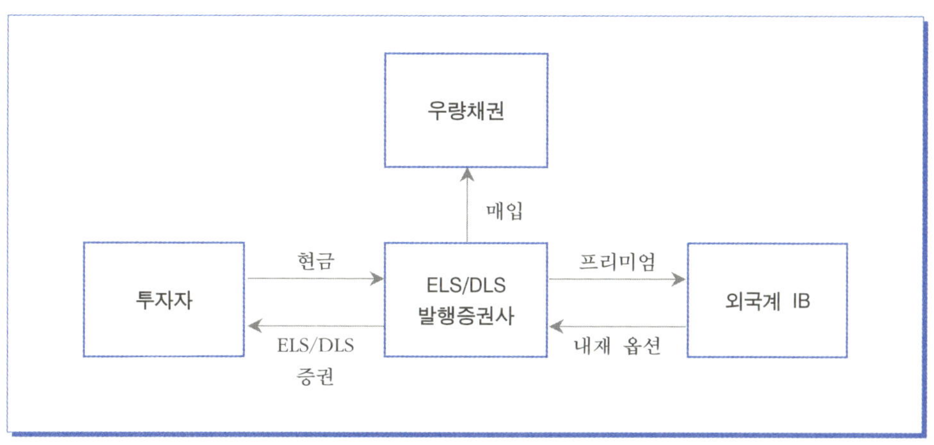

[그림 9.2] 주가연계증권/파생결합증권 제조의 개념도

어들었다가 2010년부터 다시 폭발적인 성장세로 돌아서 주가연계증권과 파생결합증권을 합친 전체 규모는 2011년 기준 50조원에 거의 육박하고, 2012년 9월까지의 발행규모가 유지된다고 했을 때 2012년 말까지의 그 발행규모는 총 76조원에 다다를 것으로 예상된다. 이 금액은 한국 주식시장 시가총액과 비교할 때 7% 정도에 달하는 절대 무시할 수 없는 규모인 것이다.

한편, 그렇게 인기를 끌면서 성장을 해 온 이면에는 어두운 그림자도 같이 따라다녔는데, 고수익의 쿠폰과 관련된 주가연계증권을 발행한 측이 주가를 조작하고 있다는 논란이 끊이지 않고 제기되어 왔다. [그림 9.2]에 나와 있는 것 같이 주가연계증권을 발행하는 증권사는 최소한으로 보장된 상환금액을 확보하기 위해 우량채권을 매수하게 되고, 보다 중요한 것은 주가연계증권의 조건에 따라 지급하게 될 고수익의 쿠폰을 확보할 수 있는 옵션 계약을 확보하는 것인데, 대우증권이나 우리투자증권 등의 몇 개의 대형증권사를 제외한 거의 대부분의 모든 국내증권사의 경우 소위 백투백(Back-to-Back) 거래[1]를 외국계투자은행과 수행하여 옵션의 시장리스크는 지지 않은 채로 약간의 수수료 수익을 취득하는 것을 목표로 주가연계증권을 발행해 왔다. 문제는 이 주가연계증권에 내재되어 있는 옵션 계약을 제공해 주는 외국계투자은행들이 부당한 이득을 보기 위해 주가를 조작한다는 의혹이 제기되면서 이에 따른 민·형사상의 소송이 그 외국계투자은행들을 상대로 청구되어 왔다는 것인데, 대표적인 사례 몇 가지를 소개해 보면 아래와 같다.

사례 1

'6초의 전쟁' 사건은 지난 2003년 2월경 대한전선이 한미은행 주식 285만주(약226억원)에 콜옵션을 조건으로 달고 도이체증권에 팔면서 시작됐다. 주식을 팔아 현금을 확보하되 나중에 정해진 가격으로 되살 수 있도록 한 것. 정해진 가격으로 되살 때 주가가 그보다 올랐다면 대한전선이 이득을 보는 셈. 도이체증권도 수익을 내기 위해 방어전략을 폈다. 매수 계약을 맺으면서 '녹아웃(Knock-Out)' 조건을 걸었던 것. 이 조건은 한미은행 주식을 매수한지 1년 후 주가가 2배로 오르면 대한전선과 맺은 '콜옵션' 계약을 무효화토록 한 것이다. 주가가 2배 오를 경우 대한전선에 주식을 되팔 필요가 없어지는 것이다. 계약 후 1년이 돼가자 한미은행 주식은 주당 7,892원에서 2배가 넘는 1만5,800원대로 올라 등락을 거듭했고, 2004년 2월 19일 장마감 6초를 남겨놓고 양측은 대량의 '총알(자금)'을 투입해 매수, 매도 전쟁을 벌였다. 도이체증권은 오후 2시 49분에 한미은행 주식 10만주 매수 주문을 내 가격을 유지하려 했고, 10분 후 대한전선은 주식 35만주를 팔아치우면서 주가를 1만5,300원으로 폭락시켰다. 도이체증권은 2시 49분 43초에 93만주를 매수주문해 종가를 1년 전의 2배(1만5,784원) 이상으로 조정해 주식을 모두 차지했다. 중앙지검 금조2부는 지난해 1월 7일 대한전선 자금팀장 A씨(48)

1) A라는 거래상대방과 맺은 거래의 정성적 조건을 그대로 유지하면서, 그 정반대의 거래를 B라는 거래상대방과 맺고, 정량적 조건의 일부를 변경하여 일정 수준의 마진을 확보하는 거래 방식을 일컫는다. 가령, A와 3%의 프리미엄을 주고 코스피200 지수의 성과를 받는 거래를 했다면, B에게 코스피200 지수의 성과를 지급하고 대신 3.1%의 프리미엄을 받는 거래를 했을 경우 나에게는 아무런 시장리스크가 남지 않고 0.1%의 마진만 남게 된다.

와 도이체증권 홍콩법인 한국담당 상무이사 B씨(47)에 대해 증권거래법상 시세조정금지의무 위반혐의로 기소했고, 지난해 2월 서울 중앙지법은 A씨에게 징역 2년에 집행유예 3년을, B씨에게 징역 2년 6월에 집행유예 3년을 선고했다. [67]

사례 2

대우, 미래에셋 출신 트레이더 김모씨 등 2명과 BNP파리바 트레이더 A씨 등 모두 3명은 ELS 중도상환평가일에 약정수익금을 지급하지 않기 위해 각각 삼성SDI, SK에너지, 기아자동차 주식을 대량 매도주문해 주가조작한 혐의를, 캐나다왕립은행(Royal Bank of Canada; RBC)의 트레이더 J씨는 만기 평가일 장 마감 직전에 SK주식회사의 보통주를 대거 매각, 주가를 떨어뜨린 혐의다. 검찰에 따르면 대우증권 트레이더는 2005년 11월 16일 장 마감 전 동시호가 시간대에 9회에 걸쳐 K사 주식 약 13만주를 매도주문 내 주당 10만9,500원이던 주가를 조기상환 성립가격보다 낮은 10만8,000원으로 떨어뜨렸다. 미래에셋 트레이더 역시 동시호가 시간대 5회에 걸쳐 J사 주식 약 9만주를 매도주문 내 주가를 9만8,000원에서 9만5,900원으로 떨어뜨려 조기상환이 불가능하게 만들었다는 것이다. BNP파리바와 RBC의 트레이더 역시 각각 2006년 9월과 2009년 4월 동시호가 시간대에 140만주와 7만주를 매도 주문, 조기상환성립가격을 낮추는 방법으로 고객들에게 수익금을 내지 않은 것으로 조사됐다. 이 부장검사는 증권사 4곳의 전 트레이더들은 종가결정을 위한 동시호가시간대에 집중적으로 주식을 매도, 주가를 조기상환 성립가격 이하로 하락시킨 것으로 보인다면서 "부정을 저지르지 않았을 경우 이들이 투자자들에게 줘야 할 금액은 각 사별로 7억~31억원, 총 81억원에 이르는 것으로 추산된다고 설명했다. 그는 특히 외국계 증권사 트레이더는 홍콩 등지에서 국내 전산망을 통해 중도상환평가일에 98.7%에 이르는 대량 매물을 쏟아내는 방법 등으로 투자자에게 약정된 22%의 수익금 지급을 회피하고 오히려 25.4%의 원금손실을 입혔다고 전했다. [68]

사례 3

서울중앙지법 민사21부(황윤구 부장판사)는 12일 개인투자자와 지역 새마을금고 등이 도이체뱅크를 상대로 낸 상환원리금 등 청구 소송에서 개인투자자가 받았어야 할 18억여 원을 모두 지급하라는 원고 승소 판결을 내렸다. 재판부는 도이체뱅크는 해당 ELS 만기일의 장 종료 직전 보유 주식을 대량으로 내다 팔아 기초자산 가격을 변동시키려 했고 이로써 만기 상환 조건이 충족되지 못했다면서 이는 자본시장법상 '시세조종'이나 그에 준하는 행위에 해당한다고 밝혔다. 도이체뱅크가 위험관리기법 '델타헤지'를 사용했고 그 같은 매도 행위는 비정상적인 것이 아니라고 항변했지만 재판부는 해당 주식의 거래량 변동, 만기 상환 조건 미성취 등을 고려해 볼 때 받아들일 수 없다고 판단했다. 한국투자증권이 2007년 발행해 200억여 원이 팔린 '부자아빠 주가연계증권 289회'(ELS 상품)는 '국민은행'과 '삼성전자' 보통주 두 가지를 기초자산으로 삼았다. 당시 한국투자증권과 도이체뱅크는 스왑 계약을 체결해 위험이 서로 연계돼 있었다. 상품 계약서상 투자자들은 만기 평가 가격 결정일인 2009년 8월 26일에 '국민은행 보통주 주가가 5만4,740원 이상이고 삼성전자 보통주 주가가 최초기준가격 57만 2,000원의 75%인 42만 9,000원 이상'이면 원금의 128.6%를 받을 수 있었다. 그러나 2009년 8월 24일 5만6,000원이던 KB금융(옛 국민은행)의 종가는 재조정된 기준가가 발표된 2009년 8월 25일부터 도이체뱅크의 대량 매도로 5만4,700원으로 떨어졌다. [22]

조금씩 차이는 있지만 주가연계증권의 조기상환이 결정되는 관찰일 혹은 만기일에 주가연계증권에 내재되어 있는 옵션 계약을 매도한 외국계 투자은행들이 현물 주식을 장 마감 직전에 대량으로 매수 혹은 매도하여 주가를 자신들에게 유리하도록 조작했다는 혐의인 것이다. 특히 [사례 3]에 보면 '위험관리기법 델타헤지를 사용했고'라는 표현이 나오는데, 쟁점은 과연 위 사례들의 외국계투자은행들의 매매가 적법한 델타헤징(Delta Hedging)이라고 간주될 수 있는 것인가가 될 것이고, 이를 판단하기 위해서는 우선 옵션 계약에 필연적으로 수반되는 델타헤징 혹은 동적헤징(Dynamic Hedging)이 어떠한 것인지 이해할 필요가 있다.

먼저, 이 모든 것들의 출발점은 미래의 자산가격이 어떻게 변할지 알 수 없고 불확실하다는 점이다. 일반적인 자산가격의 과거 이력을 보건대, 어떤 규칙성이 존재하기 보다는 불규칙하게(Randomly) 움직이는 것으로 일차적으로는 간주할 수 있지 않은가 하는 생각을 해 볼 수 있다[82, 105, 139]. 가령 T시간 후에 자산가격이 올라가거나 내려가거나 두 가지의 경우만 발생될 수 있다는 가정을 통해 문제를 단순화시키고, 그 올라가고 내려가는 변화율은 다음의 식 (9.1)과 식 (9.2)에 의해 주어지되, 그 올라가고 내려가는 확률은 알 수 없다고 가정해 보자.

$$u = e^{\sigma\sqrt{T}} \tag{9.1}$$

$$d = e^{-\sigma\sqrt{T}} = \frac{1}{u} \tag{9.2}$$

여기서 σ는 그 변동량의 크고 작음을 나타내는 변수로서, 내재변동성(Implied Volatility)이라고 부른다. 이 값이 클수록 같은 T라는 시간 후의 자산가격의 변동이 더 커지게 됨을 주목하자.

위의 사례들의 주가연계증권처럼, T시점의 자산가격이 얼마냐에 따라서 일정한 조건이 가미된 임의의 계약을 상정해 보자. 가령 T시점의 자산가격이 초기 자산가격보다 크거나 같으면 f_u를 지급하고, 반대로 초기

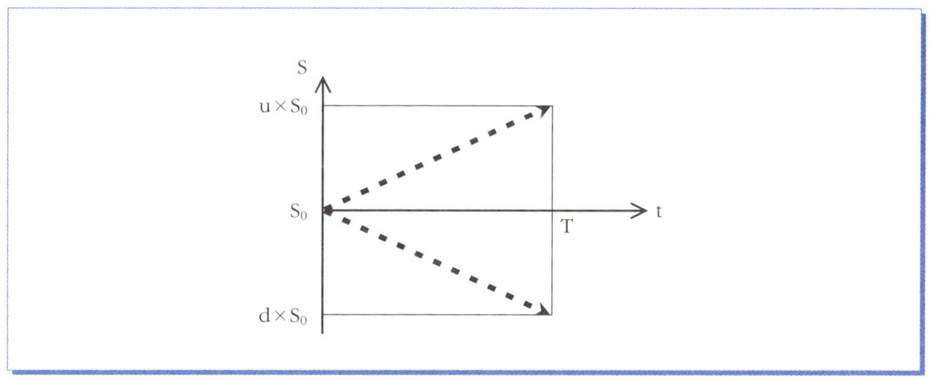

[그림 9.3] T시간 동안 자산가격의 변동의 이항 모형

자산가격보다 작게 되면 f_d를 지급하는 계약을 생각해 보면, T시점에 실현될 미래의 자산가격에 따라 다른 금액이 지급되게 되고, 이와 같이 조건에 따라서 다른 지급이 발생되는 것(Contingency Payment), 그것이 옵션 계약의 핵심인 것이다. 이것이 사례들의 주가연계증권에 내재된 옵션이라고 상상하자.

미래에 자산가격이 올라갈지 내려갈지 그 확률을 알지 못한다고 가정하였다. 그럼에도 불구하고 이 옵션을 매도한 측은 미래에 어떤 상태가 실현되든지 간에 그 미리 정한 조건에 따라서 지급을 해야 할 의무를 지고 있다. 놀라운 점은 어떤 특정한 포트폴리오, 즉 일정 수량의 기초자산과 무위험자산을 현재 시점에 갖고 있으면, 미래에 올라가거나 내려가는 어느 상태가 실현되더라도 전혀 문제없이 그 의무를 이행할 수 있는 방법이 있다는 것이다. 그것을 복제 포트폴리오(Replicating Portfolio)라고 부른다. 어떻게 그 복제 포트폴리오를 만들 수 있는지, 과연 그게 가능한 일인지 한번 알아보도록 해 보자.

그 가상의 포트폴리오가 현재의 시점에 기초자산을 x 만큼 갖고 있고 또한 현재가치가 B인 무위험채권을 y 만큼 갖고 있다고 가정하자. 여기서 x와 y는 미지수로서 향후에 이 값이 어떻게 되는지를 구하려고 하는 것이고, 이 포트폴리오의 현재 시점의 가치를 식으로 표현하면 다음과 같다.

$$Portfolio(0,\ S_0) = xS_0 + yB \tag{9.3}$$

핵심은 미래의 T시점의 자산가격 S가 어느 상태가 실현되던지 위 포트폴리오가 지급하기로 약속한 금액을 지급할 수 있는 능력을 가져야 한다는 것이다. 따라서 다음의 두 등식이 성립되어야 한다.

$$Portfolio(T)_{up} = x \times uS_0 + y \times Be^{rT} = f_u \tag{9.4}$$

$$Portfolio(T)_{down} = x \times dS_0 + y \times Be^{rT} = f_d \tag{9.5}$$

등식이 두 개 있고, 풀어야 하는 미지수가 두 개 있으므로, 그 두 미지수는 유일하게 결정될 수 있다. 이를 풀기 위해 식 (9.4)에서 식 (9.5)를 빼면,

$$x \times (u-d)S_0 = f_u - f_d \tag{9.6}$$

따라서 x는,

$$x = \frac{f_u - f_d}{(u-d)S_0} \tag{9.7}$$

식 (9.7)을 식 (9.4)에 대입하고 정리하면,

$$y = \frac{uf_u - df_d}{u-d}\frac{e^{rT}}{B} \tag{9.8}$$

이로써, 식 (9.7)과 식 (9.8)에 의해 주어지는 x와 y 만큼의 기초자산과 무위험채권을 편입하여 현재 시점에 포트폴리오를 구성하게 되면 T시점에 어떤 상태가 발생하더라도 내가 약속한 옵션 계약의 의무를 이행할 수 있게 된다. 여기서 한 가지 주목할 것은 일반적인 u와 d의 값의 경우 그로부터 결정되는 x와 y의 부호가 다르기가 쉽다는 것인데, 가령 f_u가

어떤 양의 값이고 f_d가 0이라면 x는 양수, y는 음수가 되게 될 것인데, 이 경우 그 의미는 무위험이자율로 yB 만큼의 채권을 차입을 해서, 그 돈으로 기초자산을 x 만큼 매수하게 된다는 의미이다. 반대로 f_u가 0, f_d가 양의 값을 갖는다면, x는 음수, y는 양수가 되게 되고, 그 의미는 기초자산을 x 만큼 공매도(Short Selling)하여 그로부터 발생된 자금으로 무위험채권을 yB 만큼 매수하게 된다는 의미가 된다.

여기서 식 (9.7)의 x를 옵션 계약 f의 현재 시점에서의 델타(Delta)라고 부른다. 델타에는 여러 가지 의미가 있는데, 여기서는 우선, 옵션 가격의 기초자산의 변화량에 대한 민감도, 즉 미래 시점 T까지의 기초자산의 변화량, $(u-d)S_0$ 분의 옵션 가격의 변화량, $f_u - f_d$이라는 것이다. 옵션의 현재 시점의 가격 f를 기초자산의 가격에 대해 테일러급수 전개(Taylor Series Expansion)를 했을 때의 1차 도함수로 이해를 해도 무방하다.

위에서 구한 현재 시점에서 복제 포트폴리오를 구성하는 x와 y를 식 (9.3)에 대입하면, 현재 시점에서의 옵션 가격 f를 f_u와 f_d로 구할 수 있는데, 이는 아래의 식 (9.9)와 같다.

$$\begin{aligned} f &= xS_0 + yB \\ &= \frac{f_u - f_d}{u-d}\frac{1}{S_0}S_0 + \frac{uf_u - df_d}{u-d}\frac{1}{Be^{rT}}B \\ &= \frac{1}{e^{rT}}\left(\frac{e^{rT}-d}{u-d}f_u + \frac{u-e^{rT}}{u-d}f_d\right) \end{aligned} \tag{9.9}$$

그런데 이 델타는 시간의 변화에 둔감하지 않고 시간이 변화함에 따라 그리고 기초자산의 가격이 어떤 상태로 변화해 나가는가에 따라 계속 변화하는 그런 값이다. 가령 [그림 9.4]의 T시점에 기초자산의 가격이 uS_0로 결정이 되었다고 하자. 이 시점에서 앞에서와 마찬가지로 그 다음의 미래 시점, 즉 2T시점에 다시 기초자산의 가격이 u 만큼 오르거나 d 만큼 떨어지거나 한다고 가정하면, 오르는 경우의 기초자산의 가격은 u^2S_0가 될 것이고, 떨어지는 경우의 기초자산의 가격은 S_0가 될 것이다. 앞에서와 마찬가지로 어느 상태가 2T시점에 발생될 지 확실성을 갖고 예측할 수 없다고 할 때, 그럼에도 불구하고 약속한 옵션계약의 의무를 어느 상태가 발생되던지 이행하기 위한 포트폴리오를 구성하고자 한다면, 앞에서와 전적으로 동일한 방법으로 이를 달성하기 위한 기초자산의 양과 무위험채권의 양을 구하여 포트폴리오를 구성하면 될 것이다. 즉, 그때의 델타와 무위험채권의 양은 식 (9.7)과 식 (9.8)로부터 다음과 같음을 알 수 있다.

$$x_{up} = \frac{f_{uu} - f_{ud}}{(u-d)uS_0} \tag{9.10}$$

$$y_{up} = \frac{uf_{ud} - df_{uu}}{u-d}\frac{1}{Be^{2rT}} \tag{9.11}$$

여기서 f_{uu}는 2T시점에 기초자산의 가격이 u^2S_0일 때의 옵션 계약의 가격이고, f_{ud}는 2T시점에 기초자산의 가격이 S_0로 다시 귀환했을 때의 옵션 계약의 지급, 즉 가격이다. 일반적으로 f_{uu}와 f_{ud}가 f_u, f_d와 다르고, 또한 분모의 S_0가 uS_0로 바뀌기 때문에, 이 시점 및 지점에서의 델타, x_{up}은 이전의 델타, x와 다른 값이 되게 된다. T 시점에 기초자산의 가격이 dS_0가 되는 경우의 델타, x_{down}도 식 (9.7)을 이용하여 쉽게 구할 수 있고, 이 또한 일반적으로는 x와 x_{up}과는 다른 값이다.

$$x_{down} = \frac{f_{du} - f_{dd}}{(u-d)dS_0} \tag{9.12}$$

$$y_{down} = \frac{uf_{dd} - df_{ud}}{u-d}\frac{1}{Be^{2rT}} \tag{9.13}$$

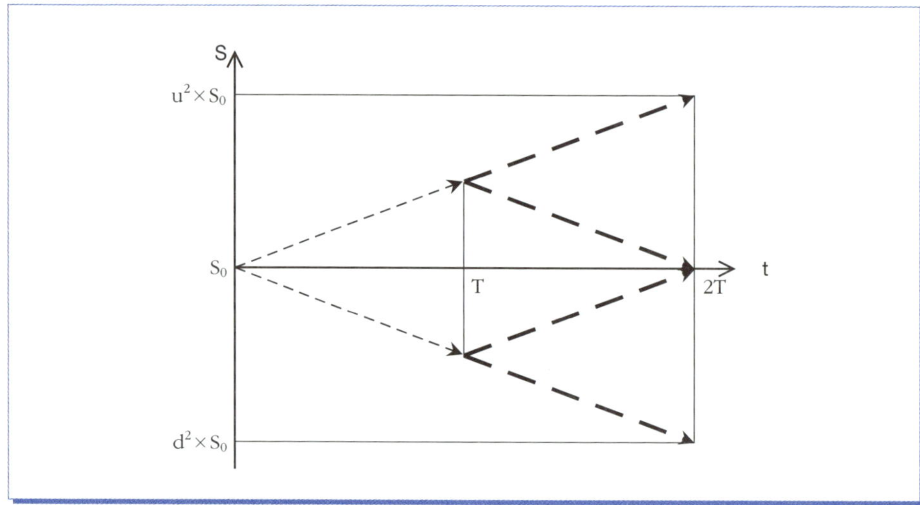

[그림 9.4] 2T시간 동안 자산가격의 변동의 이항 모형

또한, 식 (9.9)에서 보인 바와 같이 f_u와 f_d를 각각 f_{uu}, f_{ud}와 f_{ud}, f_{dd}로 나타낼 수 있으며, 이는 다음과 같다.

$$f_u = \frac{1}{e^{rT}}\left(\frac{e^{rT}-d}{u-d}f_{uu} + \frac{u-e^{rT}}{u-d}f_{ud}\right) \tag{9.14}$$

$$f_d = \frac{1}{e^{rT}}\left(\frac{e^{rT}-d}{u-d}f_{ud} + \frac{u-e^{rT}}{u-d}f_{dd}\right) \qquad (9.15)$$

여기서 한 가지 중요한 성질을 증명하고 가도록 하자. 처음 시점에 구한 x와 y를 통해 포트폴리오를 구성했고, T 만큼의 시간이 경과하여 자산가격이 uS_0가 되었다고 할 때, 그 다음 시점인 2T에서의 기초자산의 가격 변동에 무관하려면 새로운 x_u와 y_u로 그 값을 조정해 주어야 한다고 이야기했었고, 그 값은 위의 식 (9.10)과 식 (9.11)과 같았다. 만약, x_u가 x 보다 크다고 한다면 그 말은 추가적으로 $(x_u - x)$ 만큼의 기초자산을 매수해야 한다는 의미인데, 그 비용은 어떻게 마련할 것인지가 의문시될 수 있다. 또한, 마찬가지로 무위험채권의 양도 재조정되어야 하는데, 그 변동량인 $(y_u - y)$가 임의의 값이라면 이 포트폴리오를 재조정하는 과정에서 외부로부터의 추가적인 자금조달이나 자금유출이 있을 수도 있게 될 것이다. 이러한 가능성을 확인해 보기 위해 포트폴리오의 델타와 무위험채권의 양이 식 (9.10)과 식 (9.11)에 의해 주어진 대로 조정되었을 때, 포트폴리오의 가치의 변동을 구해 보면,

$$\begin{aligned}
&Portfolio(T, uS_0) - Portfolio(0, S_0) \\
&= (x_u - x)uS_0 + (y_u - y)Be^{rT} \\
&= \frac{f_{uu} - f_{ud} - uf_u + uf_d}{u-d} + \frac{uf_{uu} - df_{ud} - uf_u e^{rT} + uf_d e^{rT}}{u-d}\frac{1}{e^{rT}} \qquad (9.16) \\
&= f_u\frac{u-d}{u-d} + \frac{f_{uu}(e^{rT}-d) + f_{ud}(u-e^{rT})}{u-d}\frac{1}{e^{rT}}
\end{aligned}$$

$$= f_u + \frac{1}{e^{rT}}\left(\frac{e^{rT}-d}{u-d}f_{uu} + \frac{u-e^{rT}}{u-d}f_{ud}\right)$$

이 되어 식 (9.14)에 의해 식 (9.16)은 0이 된다. 즉, 추가로 매입해야 되는 기초자산을 사는데 소요되는 금액은 무위험채권의 양을 조절하게 되면서 발생되는 금액과 전적으로 동일하게 되며, 추가로 외부에서 자금을 수혈 받거나 유출시키거나 할 필요가 없다는 의미이다. 이를 일컬어 이 복제 포트폴리오는 자기자금조달(Self Financing)이 가능한 포트폴리오라고 말한다. T 시점의 dS_0의 기초자산 가격의 상태에서도 위와 유사한 방식으로 자기자금조달이 가능함을 보일 수 있다.

우리가 지금까지 보인 것은 기초자산의 가격이 짧은 시간 동안에 올라가거나 내려가거나 두 가지의 가능성만을 가지고 있고, 그 변화량이 어떤 특정한, 변하지 않는 내재변동성이라고 하는 값에 의해 결정이 된다고 한다면, 우리는 옵션 계약의 델타라고 하는 값을 구하고 이에 해당하는 기초자산의 양을 매수 혹은 매도하여 옵션 계약의 가격을 정확하게 복제하는 포트폴리오를 구성할 수 있다는 사실과, 시간과 기초자산 가격의 상태가 변화함에 따라 이에 걸맞게 그 델타를 계속 조정해 나감으로써 옵션 계약의 만기 시점의 지급금액을 정확히 담보할 수 있다는 사실과, 이로써 옵션 계약을 전문적으로 사고파는 시장조성자(Market Maker)는 그 옵션 계약이 참조하는 기초자산의 가격의 방향성에 무관하게, 즉 그 기초자산의 가격이 궁극적으로 만기시점에 올라가 버리든 아니면 떨어져 버리든 그와는 무관하게 자신이 의무를 이행할 수 있다는 것이다. 델타값을 헤지하기 때문에 델타 헤징이라고 불리며, 또한 이 과정이 동적으로 계속 진행되기 때문에 동적 헤징이라고도 불린다.

다시 한번 강조하자면, 시장조성자가 옵션을 매도하고 어떤 옵션의 사용자가 그 옵션을 매수했을 때, 만기 시점에 그 옵션에 커다란 지급이 발생돼서 사용자 입장에서 처음에 지불한 옵션 매수 비용, 즉 옵션 프리미엄보다 큰 금액을 받게 되면 자신의 관점에서는 이익을 본 것이지만, 그렇다고 해서 옵션을 매도한 시장조성자가 그에 상응하는 손실을 본 것은 아니라는 것이다. 왜냐하면 그 시장조성자는 위의 동적 헤징에 의해 자신이 지급해야 할 지급 금액을 아무런 손실 없이 확보했기 때문이다. 반대의 경우도 마찬가지인데, 그 옵션이 아무런 지급 없이 만료되었다고 하면 옵션 매수자 입장에서 프리미엄만 지급하고 아무 것도 받지 못해서 손실을 봤다고 하더라도, 그 손실만큼 시장조성자가 이익을 본 것이 아니라는 것인데, 이는 동적 헤징을 수행하는 시장조성자는 마찬가지로 지급할 금액이 없는 만큼 그에 걸맞게 복제 포트폴리오를 조정해 갔기 때문이다.

이제 이 정도의 배경 지식을 갖고 실제의 사례들을 한번 순서대로 살펴보도록 하자. [사례 1]에서 거래된 옵션은 소위 녹아웃 옵션의 일종으로 좀 더 정확히는 유럽식 녹아웃(European Knock-Out) 옵션이 되는데 앞의 키코 사건의 경우에서 거래된 옵션의 기초자산이 미 달러-원 현물 환율이 아니라 한미은행의 주식인 경우가 되겠다. 대한전선이 한미은행의 주식을 7,892원에 살 수 있는 콜 옵션을 매수하고, 도이체증권이 그 옵션의 매도자인데, 여기에 녹아웃 조건이 붙어 있어서 만약 1년 뒤의 만기일의 한미은행 주가의 종가가 행사가격인 7,892원의 정확히 2배, 즉 15,784원 이상으로 확정되는 경우 그 콜 옵션이 사라지게 되는 그러한 옵션인 것이다. 원래 이 녹아웃 콜 옵션은 대한전선이 한미은행 주식

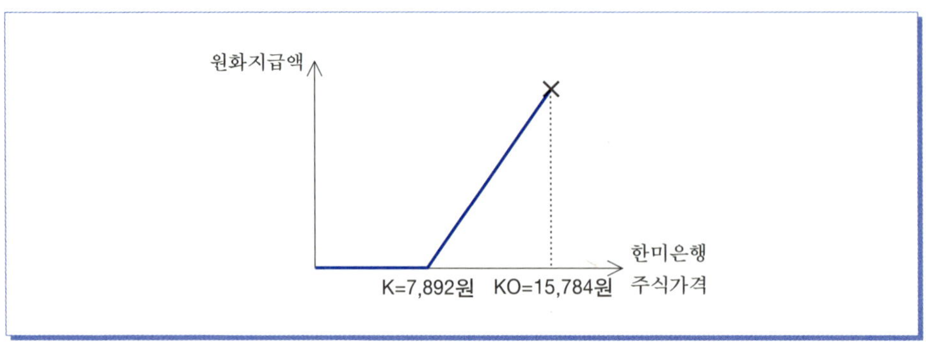

[그림 9.5] [사례 1]의 녹아웃 옵션의 만기일의 지급액 그래프

285만주를 도이체증권에 매도를 하면서, 1년 뒤에 다시 원래의 가격에 되사올 수 있는 권리를 확보하고자 거래된 것이었다. 주식가액이 226억 원이라고 하면, 그 주식 수는 그 값을 행사가격 7,892원을 나눈 값이 되며, 구해 보면 2,863,659가 된다.

이 녹아웃 옵션이 거래되는 시점에서 도이체증권은 현물 주식 약 280만주를 받았고, 이에 대한 녹아웃 콜 옵션을 매도하였다. 도이체증권이 매도한 녹아웃 콜 옵션이 갖고 있는 매도 시점의 델타를 먼저 구해 보도록 하자. 옵션의 델타는 옵션 가격의 기초자산 가격에 대한 1차 도함수임을 감안하여, 위 녹아웃 옵션의 가격을 먼저 구하고 이의 민감도를 구하면 그 델타를 수치적으로 구할 수 있다. 여러 가지 방식으로 이를 접근해 볼 수 있지만 가장 일반적인 블랙-숄스 공식의 변종으로서 이 배리어 옵션의 가격을 구해 보도록 한다. 이 녹아웃 옵션의 이론가격, c_{uo}는[2)]

2) 좀 더 엄밀하게는 유럽식 녹아웃 옵션의 가격을 보아야 하나, 그 거동이 일반적인 미국식 녹아웃 옵션의 가격과 그렇게 정성적으로 차이가 나지 않으므로, 본 장에서는 미국식 녹아웃 옵션의 가격 공식을 가지고 논하도록 한다.

$$c_{uo} = c - c_{ui} \qquad (9.17)$$

$$\begin{aligned} c_{ui} = \; & S_0 N(x_1) e^{-qT} - K e^{-rT} N(x_1 - \sigma\sqrt{T}) \\ & - S_{0e}^{-qT}\left(\frac{H}{S_0}\right)^{2\lambda}\left[N(-y) - N(-y_1)\right] \\ & + K e^{-rT}\left(\frac{H}{S_0}\right)^{2\lambda-2}\left[N(-y+\sigma\sqrt{T}) - N(-y_1+\sigma\sqrt{T})\right] \end{aligned} \qquad (9.18)$$

$$x_1 = \frac{\ln(S_0/H)}{\sigma\sqrt{T}} + \lambda\sigma\sqrt{T} \qquad (9.19)$$

$$y_1 = \frac{\ln(H/S_0)}{\sigma\sqrt{T}} + \lambda\sigma\sqrt{T} \qquad (9.20)$$

$$\lambda = \frac{r - q + \sigma^2/2}{\sigma^2} \qquad (9.21)$$

$$y = \frac{\ln\left[H^2/(S_0 K)\right]}{\sigma\sqrt{T}} + \lambda\sigma\sqrt{T} \qquad (9.22)$$

이 되고[113], 여기서 c는 바닐라 콜 옵션의 가격, S_0는 기초자산의 가격, T는 만기까지의 연 단위로 표현되는 시간, K는 행사가격, H는 녹아웃 배리어 레벨, r은 원화의 무위험이자율, q는 연속복리화된 주식의 배당률, 그리고 σ는 내재변동성이다.

먼저 거래 시점의 옵션의 가격과 델타를 구해 보자. 만기는 1년, 기초자산의 가격과 행사가격은 7,892원, 녹아웃 배리어는 15,784원, 거래일인 2003년 2월 19일의 원화 1년 무위험이자율은 CD 91일물의 연 4.54%와 통안증권 2년물 연 4.79%를 감안하여 연 4.66%으로 간주하고, 한미은행의 배당률은 당시의 기사를 참조하여 연 5.1%로 간주하도록 한다[24]. 제일 문제가 되는 것은 한미은행 주식의 내재변동성을 구하는 일인데, 이의 직접 관찰이 용이하지 않으므로 당시의 한국주식시장의 변동성지수인 VKOSPI의 값을 준용하도록 한다.[3] 2003년 2월 19일의 미드(Mid) 값은 35.63%인데, 2월 평균은 36.56%이었으므로 그렇게 동떨어진 값은 아니라고 판단되며, 그대로 35.63%을 사용하도록 한다. 한 가지 잊지 말아야 할 것은 위의 원화 무위험이자율 및 배당률은 모두 단리이기 때문에 이를 연속복리로 바꾸는 작업이 필요하다. 그렇게 계산된 연속복리의 원화 무위험이자율과 배당률은 각각 연 4.55%와 연 4.97%이다.

그렇게 구한 녹아웃 콜 옵션의 가격은 9.92%로 계산된다. 원금 대비 10%에 거의 달하는 작지 않은 금액이다. 같은 조건의 플레인 바닐라 콜 옵션이 거래되었다면 이의 이론가격은 13.28%로서 당연히 녹아웃 콜 옵션보다 높게 나오는데, 그 녹아웃 배리어가 당시의 한미은행 주가를 기준으로 봤을 때 워낙 멀리 있기 때문에, 녹아웃 조건을 붙였음에도 옵션 가격이 하락되는 폭이 생각보다는 많지 않은 것으로 보여진다. 파생상품 시장에 대한 경험이 많지 않은 이들은 왜 녹아웃 옵션 같은 것을 거래하는지 이해할 수 없다는 태도를 보이곤 하는데, 그 이유는 단순 명쾌하다.

3) 어차피 지금 녹아웃 콜 옵션의 정확한 가격을 산정하는 것을 목적으로 하고 있는 것이 아니기 때문에 이 정도의 값이면 충분히 의미가 있다고 본다.

매수자의 관점에서 플레인 바닐라 옵션의 가격이 너무 높다고 느끼기 때문에, 이를 조금이라도 낮춰 보려는 의도 하에서 이러한 녹아웃 옵션 같은 것들이 거래되는 것이다. 이 녹아웃 옵션을 매수했던 대한전선 측에서 이 옵션에 해당하는 가격을 도이체증권에 지급했었는지는 알 수가 없었다. 다른 금융조건, 가령 파이낸싱이라든지, 기타 다른 파생거래라든지 하는 것에 이 가격이 포함되었을 것이다. 도이체증권 입장에서 주식을 사면서, 그를 되팔아야 하게 될 수 있는 콜 옵션을 팔았는데 이의 가치에 대해서 전혀 보전을 받지 않았다고 생각하기는 매우 어렵다. 어쨌거나 이 옵션의 가격이 얼마였느냐는 지나는 길에 한번 계산해 본 것일 뿐, 우리의 주된 관심사는 아니다.

우리는 이 녹아웃 콜 옵션의 델타에 좀 더 관심이 있다. 녹아웃 옵션의 델타는 플레인 바닐라 옵션과는 굉장히 다른 거동을 보일 수 있다는 것이 알려져 있고[113], 특히 만기가 얼마 남지 않은 경우에 기초자산의 가격이 녹아웃 배리어 근방에 있을 경우 옵션 원금의 수 배에 달할 수도 있다[2]. 하지만 이 경우는 아직 만기가 1년이나 되고, 배리어 레벨도 워낙 멀기 때문에 그 델타는 아주 극단적인 값이 나오지는 않을 것 같다. 특히, 그 가격이 플레인 바닐라 옵션 대비 75% 정도에 달하는 것으로 보건대, 플레인 바닐라 옵션의 델타의 60~70% 정도는 족히 될 성 싶다. 실제로 계산한 결과를 보면, 위의 직관이 그렇게 틀리지는 않았음을 알 수 있는데, 플레인 바닐라 콜 옵션의 현물 델타는 53.9%이고 녹아웃 콜 옵션의 델타는 30.1%로 계산되었다.

실제로 녹아웃 콜 옵션의 매수자인 대한전선이 주식시장에서 이 옵션에 대한 델타 헤징을 수행했을 것 같지는 않은 반면, 매도자인 도이체증

권은 델타 헤징을 수행했을 가능성이 높다. 도이체증권의 입장에서 보면 녹아웃 콜 옵션에 대해서 숏 포지션을 갖고 있기 때문에, 그 델타는 옵션 자체의 델타의 부호를 바꾼 값이어야 한다. 즉, 도이체증권은 이 한미은행의 주식을 대한전선으로부터 매수하면서 이 녹아웃 콜 옵션을 매도했을 시 현물 주식으로부터는 100%의 델타를, 녹아웃 콜 옵션으로부터는 −30.1%의 델타를 보게 될 것이므로, 합치면 현물주식 가액인 226억원의 70% 정도에 달하는 158억원의 델타를 보게 되었을 것이다. 이를 1차적으로 헤지하기 위해서는 그 158억원에 달하는 한미은행 주식을 시장에서 즉시 팔아야 하는데, 이 부분은 필자로서는 확인할 길이 없었다. 도이체증권이 주장한 대로 델타 헤징을 실제로 수행했다면 거래 시점에 이 만큼의 현물 주식을 팔았을 것이라는 것을 우선 받아들이자. 또 한 가지의 가능성으로는, 녹아웃 옵션에 대한 숏 포지션으로 인한 음의 델타는 대한전선으로부터 매입한 현물 주식으로 어쨌거나 100% 다 커버되므로 별도의 헤징은 수행하지 않고, 나머지 70% 정도의 현물주식에 대한 델타는 한미은행의 주가가 상승할 것이라는 견해(View)를 갖고 팔지 않고 그대로 둘 수도 있다. 거래 시점부터 델타 헤징을 했는가 아닌가 또한 현재의 우리에겐 그렇게 중요한 사실은 아니다.

시간이 그렇게 흐르고 흘러 만기가 다가온다. 그 동안의 한미은행 주가의 정확한 변동을 알 필요는 없다. 거래일 이후 꾸준하게 선형적으로 증가되어 만기까지 1주일 남은 시점인 2004년 2월 12일에 15,200원이 거래되었다고 하고, 다른 변수들은 거래시점의 값으로부터 변하지 않았다고 가정하자. 그 기간 중의 도이체증권 입장에서의 델타의 변동을 구하면 [그림 9.7]과 같다. 무슨 일이 벌어지게 되는고 하니, 처음에 −30% 정도

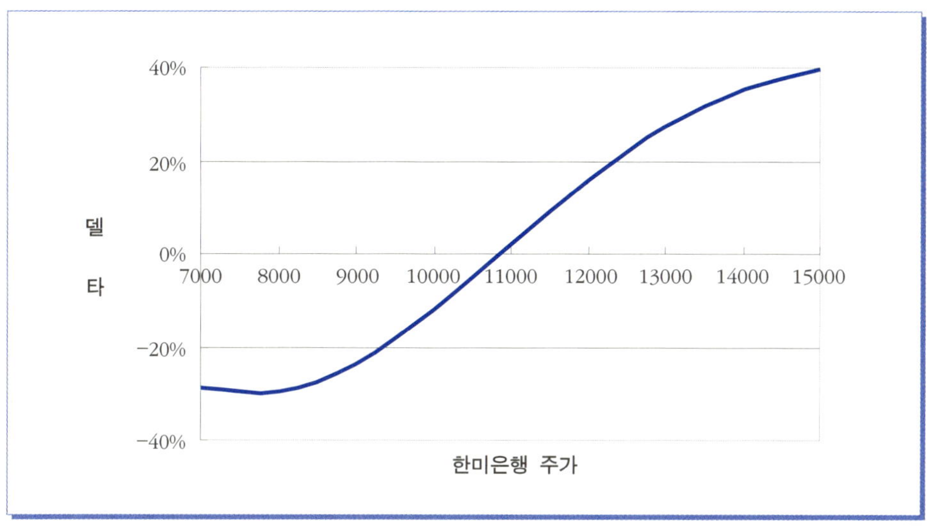

[그림 9.6] 거래 시점의 도이체증권 입장에서의 녹아웃 옵션으로 인한 델타와 한미은행 주가

에서 출발했던 이 녹아웃 콜 옵션의 델타가 슬금슬금 자라기 시작하여 만기가 6개월 남은 시점쯤에는 0을 지나치면서 그 부호가 음에서 양으로 바뀌기 시작하고, 만기가 더 가까워짐에 따라 굉장히 급격하게 지수적으로(Exponentially) 성장하기 시작하여 만기가 1주일 남은 시점에는 옵션 원금 대비 500%가 넘는 526%의 델타를 보이게 되었다. 너무 극단적인 값이 나와서 [그림 9.7]에는 나타내지 않았지만, 만약 만기 하루 전에 한미은행의 주가가 15,700원에 달했다고 한다면 그 때의 델타는 1654%로 계산이 되고, 만기 10분 전이라면 3816%, 이렇게 폭발해 버리는 델타를 헤지할 수 있는 이는 없다. 만기 10분 전에는 한미은행의 주식을 옵션 원금 주식 수 대비 38배만큼을 공매도하고 있어야 된다는 말이다. 이것은 한마디로 불가능하다.

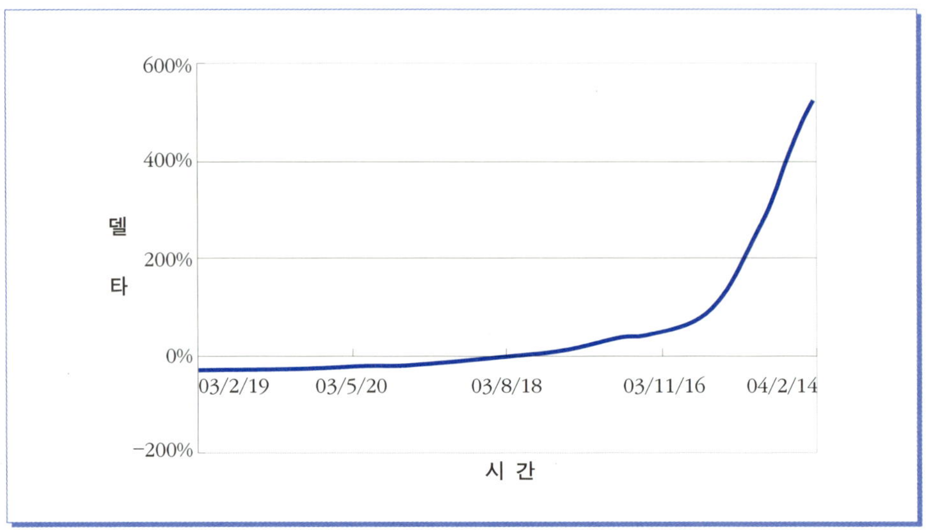

[그림 9.7] 도이체증권 입장에서의 녹아웃 옵션으로 인한 델타의 시간에 따른 변동

좀 더 상황을 자세히 들여다보자. 한미은행의 주가가 녹아웃 배리어에 더 근접하거나 만기일 당일 날 장 종료 시간에 다가갈수록, 도이체증권의 델타 포지션은 커지게 되어 있다. 가령, 어찌어찌 하여서 500%에 해당하는 델타를 공매도를 수행해서 전체 포지션의 델타를 맞추어 놓았다고 가정하자. 도이체증권이 주장하는 대로 델타 헤징을 수행하고 있었다면, 도이체증권은 계속 한미은행의 주식을 매수하는 것이 아니라 공매도하고 있었어야 한다. 그리고 초인적인 능력으로 15,800원인 주가에 맞는 델타 중립 포지션을 유지하고 있다고 가정할 때, 대한전선의 35만주 매도 개입으로 인해[4] 주가가 15,300원으로 하락하게 되면, 기초자산 가격 하락으로 인해 녹아웃 콜 옵션의 숏 포지션은 이전보다 줄어든 양의 델타를 보이게 될 것이고, 따라서 공매도되어 있는 양이 과하기 때문에 델타를

4) 이는 옵션 시장을 조성하는 것과 무관한 행위로서, 물론 불법 시세조종이다.

맞추고자 한다면 한미은행 주식을 이번에는 대량으로, 최소한 수백 퍼센트를 매입해야 하는데, 실제로 마지막 순간에 도이체증권이 매수했다는 한미은행 주식의 수는 93만주, 녹아웃 콜 옵션 원금의 32%에 불과한 수준으로서, 이러한 상태라면 델타 헤징을 수행했다고 주장하기 어려운 상태가 되는 것이다. 재판부가 판단한 것처럼 도이체증권은 델타 헤징을 수행했다기 보다는 자신들이 매도한 옵션을 녹아웃 시켜 이익을 볼 목적으로 장 막판에 매수 주문을 냈다고 보여진다는 것이다.[5)]

이 사례를 요약하자면, 도이체증권이 자신들의 주장대로 델타 헤징을 계속 수행하고 있었다면 장 막판에 10만 주의 매수 주문을 낼 리가 없었고, 따라서 이 10만 주의 매수 주문이 있었다는 사실 만으로도 도이체증권은 델타 헤징을 하고 있었던 것이 아니라는 것이 증명되었다. 만약, 이 10만 주의 매수 주문이 없는 상태에서 대한전선의 자금팀장 A씨가 35만 주의 매도를 통해 주가를 15,300원대로 끌어 내리고, 그리하여 결국 15,782원보다 낮은 레벨에서 종가가 확정이 되었다면 어떻게 되었을까. 도이체증권 입장에서, 설혹 그런 일이 벌어졌다고 하더라도 대한전선의 불법 개입에 대한 정보를 알 수 있었다면, 그러한 사실을 형사고발하고 또 옵션이 녹아웃되지 않아서 발생된 약 226억원의 금전적 손실에 대해 민사상의 손해배상 등을 통해 보전을 받을 수 있지 않았을까. 물론, 당시 만기일에 그러한 개입이 서로 있었음을 각각 인지하지 못한 채로 시세를 조종하고자 시장에 뛰어들었을 가능성이 더 크겠지만 말이다.

이번에는 다른 사례를 보도록 하자. 사례 2와 사례 3은 모두 원금비보

5) 도이체증권이 처음부터 델타 헤징을 수행하지 않았다고 한다면, 이 옵션이 녹아웃이 되는 경우와 되지 않은 경우의 금전적 차이는 약 226억원으로서, 녹아웃 시킴으로써 얻게 되는 이익이 그 만큼이 되는 것이다.

장 조기상환 ELS로서 그 구조가 비슷하므로, 사례 3을 가지고 알아보는 것으로 충분할 것 같다. 2007년 8월에 한국투자증권은 '부자아빠 주가연계증권 289회'를 약 200억원 판매하는데, 이의 조건은 만기 2년에 원금 비보장, 매 6개월마다 조기상환의 기회를 가지며, 삼성전자 보통주 주가와 국민은행 보통주 주가가 초기일의 주가 대비 모두 각각 90%, 85%, 80%, 75% 이상일 경우 연 14%로 상환되는 조건을 갖고 있었다. 만약, 두 기초자산 중 하나라도 배리어 레벨보다 낮을 경우 조기상환되지 않고 다음 조기상환 기회를 노려야 되는 구조로서, 본 사례의 경우, 1회차, 2회차, 3회차 조기상환기회를 모두 놓치고, 마지막 4회차의 만기일의 평가만을 남겨 놓고 있는 상황이었던 것이다.

처음 거래일의 삼성전자 주가는 57만2천원, 국민은행의 주가는 7만2,987원으로서, 만기일에 두 기초자산의 가격이 시초가의 75%인 42만9천원과 5만4,740원을 각각 넘게 되면 연 14%의 2년치 일할 계산이 된 원금의 28.6%의 쿠폰을 받으면서 만료가 되지만, 그렇지 않은 경우 25.1%의 원금 손실을 입게 되는 구조인[70] 이 주가연계증권을 매도한 측은 어떻게 헤지를 하게 되는가. 이 주가연계증권을 일반 투자자들에게 발행 후 매도한 기관은 한국투자증권이었는데, 여기는 자체 헤지를 수행하지 않고 백투백 거래를 통해서 모든 시장리스크를 거래 상대방인 도이체방크에게 넘긴 상황이었다. 도이체방크의 입장에서 보면 두 기초자산 간의 상관계수에 대한 가정이 이 파생거래를 프라이싱함에 있어서 가장 결정적인 요소가 된다.

도이체방크가 한국투자증권과 거래한 옵션성(Optionality)이 내재되어 있는 스왑 계약의 핵심은 소위 디지털 옵션(Digital Option)의 존재이다.

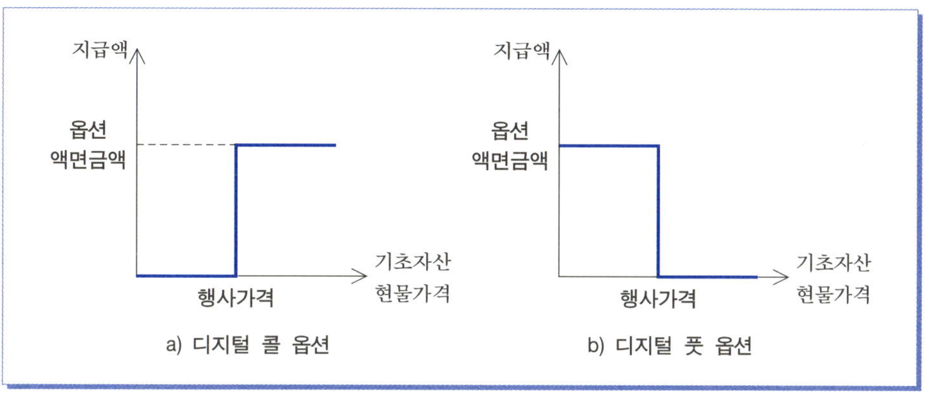

[그림 9.8] 디지털 콜 옵션과 디지털 풋 옵션의 만기시의 지급 그래프

디지털 옵션은 크게 두 가지 종류가 존재하는데, [그림 9.8]에 나타낸 바와 같이 하나는 만기일의 기초자산 가격이 행사가격보다 높거나 같을 경우 미리 약속한 금액을 지급하는 디지털 콜 옵션이 있고, 다른 하나는 만기일의 기초자산 가격이 행사가격보다 낮거나 같은 경우 미리 약정된 금액을 지급하는 디지털 풋 옵션이다. 이 두 디지털 옵션의 가격은 아래 식 (9.23), 식 (9.24)와 같다[92, 113]. 여기서 A는 약속된 지급금액이고, d2는 4장의 식 (4.13)에서 나온 d2와 동일한 값이다.

$$digital_{call} = Ae^{-rT}N(d_2) \tag{9.23}$$

$$digital_{put} = Ae^{-rT}N(-d_2) \tag{9.24}$$

도이체방크 입장에서 보면 이 스왑 거래는 4개의 디지털 콜 옵션을 매도한 것과 마찬가지의 결과가 된다. 또는 보기에 따라서는 4개의 디지털 풋 옵션을 매수한 것으로 이해할 수도 있다. 헤징 관점에서는 어느 쪽이든 상관은 없는데, 왜냐하면 같은 리스크 프로파일을 갖고 있기 때문이다. 즉, 6개월 후, 1년 후, 18개월 후, 만기 시의 네 번에 걸쳐서 디지털 이벤트가 발생할 수 있고, 이에 상응하는 4개의 디지털 옵션을 거래한 것이라는 것이다.[6)]

디지털 옵션은 그 헤징이 까다롭기로 악명이 높다. 특히, 만기일이 가까워질수록 사실상 통제 불능 상태에 빠지기도 한다. 왜 그런지를 보려면,

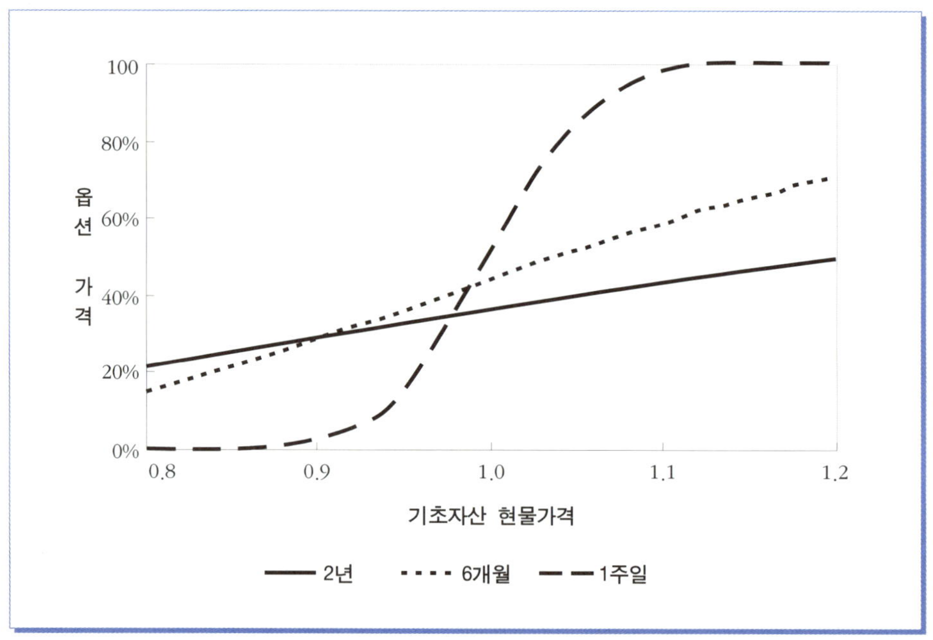

[그림 9.9] 디지털 콜 옵션 가격의 만기일에 따른 변화; 행사가격 = 초기가격 = 1

6) 요즘은 프라이싱 도구들의 형판(Template)이 워낙 잘 되어 있어서, 그냥 쿠폰 몇 퍼센트, 펀딩 몇 퍼센트, 배리어, 얼마 등의 숫자만 집어넣으면 계산은 프라이서가 알아서 해 주는 식으로 이해하고 있는 트레이더/스트럭처러/콴트들도 적지 않은 듯하다. 진짜 이색옵션 트레이더라면, 바닐라 콜 및 풋 옵션의 블랙-숄스 공식 하나 가지고 이 자동조기상환(Autocallable) 스왑의 페이오프를 복제(Replicate)하고 프라이싱 할 수 있어야 한다.

이 디지털 옵션의 델타, 즉 이 옵션 가격의 기초자산에 대한 1차 미분값이 무엇인지 생각해 보면 된다. [그림 9.9]는 기초자산의 현재가격이 1이고 연속복리 무위험이자율과 배당률이 각각 연 5%, 내재변동성이 35%인 경우, 그 만기가 2년, 6개월, 1주일의 세 가지 경우가 주어졌을 때의 그 옵션 가격을 나타낸 것인데, 만기가 2년이 남아 있을 경우 완만한 거동을 보이고 그 만기가 6개월이더라도 경사만 조금 급해질 뿐 여전히 무난한(Well Behaved) 거동을 보이던 옵션 가격이 만기가 1주일 남게 되면 그 경사가 급격히 급해지는 것을 볼 수가 있다. 극단적으로, 만기일 당일 만기 직전의 상황이 되면 디지털 콜 옵션의 지급 그래프는 수학과 공학에서 얘기하는 헤비사이드 계단 함수(Heaviside Step Function)가 되고, 그 1차 도함수는 저 유명한 디락 델타 함수(Dirac Delta Function)가 된다. 디락 델타 함수는 거칠게 보면 식 (9.25)와 같은 성질을 가지며, 좀 더 수학적으로 엄밀하게는 식 (9.26)과 같은 성질을 갖는다.

$$\delta(S) = \begin{cases} \infty, & S=0 \\ 0, & otherwise \end{cases} \tag{9.25}$$

$$\int_{-\infty}^{\infty} \delta(S)dS = 1, \ where \ \delta(S) = 0 \ \text{for} \ S \neq 0 \tag{9.26}$$

다시 말하자면, 만기 직전의 디지털 옵션의 델타는 그 행사가격 근방이라면 무한대에 가까울 정도로 어마어마하게 커진다는 것이다. 많은 경우, 현실적으로 엄청나게 커진 델타를 커버할 수 있을 정도로 시장에서 기초자산을 거래하기가 곤란하고, 또 설혹 그럴 수 있다고 하더라도[7] 이를 거래하면서 손실을 계속 입을 수도 있다. 가령, 행사가격이 1.2인 디지털 콜 옵션에 대한 롱 포지션을 갖고 있고, 이의 만기일 아침에 장이 열리더니 기초자산의 가격이 1.1부터 상승하기 시작해서 1.2에 거의 근접해 간다고 해 보자. 그 델타는 100%를 한참 넘는 커다란 양의 값을 보이기 시작할 것이고, 이에 대해 델타 헤징을 한다고 하면, 그 델타 금액에 해당하는 기초자산을 매도하고 있어야 한다. 그 금액이 시장을 움직일 정도로 크지 않다는 가정하에서 힘들게 델타가 중립이 되도록 팔아 놓았는데 결국 기초자산의 가격이 1.2를 넘어서, 가령 훌쩍 1.25까지 올라가 버리면, 이번엔 디지털 콜 옵션의 델타가 0으로 주저앉게 되어 델타 중립 포지션을 만들기 위해 팔아 놓았던 엄청난 양의 기초자산 만큼 델타가 음의 값을 보이게 되고, 따라서 다시 델타 중립 포지션을 만들기 위해서는 이번엔 그 팔아 놓은 기초자산을 다시 전부 사들여야 하는 상황이 벌어진다. 이 과정을 보면, 결과적으로 1.2보다 낮은 레벨에서 기초자산을 잔뜩 공매도했다가 1.2보다 높은 레벨에서 그 사들였던 기초자산을 전부 매수를 하게 되고, 이는 바로 'buy high, sell low', 즉 그 과정에서 손실을 필연적으로 볼 수밖에 없는 상황이 된다. 좀 더 극단적으로, 그렇게 올라갔던 기초자산의 가격이 다시 장 중에 떨어지기 시작하여 1.2에 근접하기 시작하면 델타는 다시 급격히 커지기 시작하고 그래서 델타를 커버하기 위해 큰 규모의 공매도를 또 다시 수행해야 하고, 그 규모가 시장에 영향을 줄 정도로 크다면 기초자산 가격은 다시 1.2 밑으로 훅 내려가 버릴 수도 있고, 그런 연후에 다시 모든 과정을 계속적으로 반복하

---

7) 시장에서 통상적으로 거래할 수 있는 기초자산의 물량으로부터, 이러한 디지털 옵션이 내재되어 있는 주식연계증권의 최대 발행금액이 정해진다고 보면 된다.

게 될 수도 있다. 한마디로 악몽과도 같은 상황이다.

이제 도이체방크 입장이 돼서 헤징을 수행한다고 해 보자. 앞에서도 얘기한 바와 같이 거래 시점에 이 자동조기상환 스왑 계약을 한국투자증권과 맺는 시점에서 보이는 삼성전자 보통주와 국민은행 보통주에 대한 델타가 있었을 텐데, 이는 아마도 거래하면서 중립을 만들어 놓았을 것이다. 정성적인 관점에서, 연 5%의 연속복리무위험이자율과 배당률, 그리고 35%의 내재변동성을 가정하고[8] 각 만기의 디지털 콜 옵션의 원금 대비 델타를 구한 것을 [표 9.1]에 나타내었는데, 대략 각 디지털 콜 옵션의 원금의 합 정도의 기초자산 금액을 거래 시점에서 매수해야 했을 것으로 보인다.

[표 9.1] 도이체방크 입장에서 각 만기 별 디지털 콜 옵션 원금 대비 초기 포지션 델타

만 기	행사가격	디지털 콜 가격	델 타
6개월	90%	60%	−149%
1년	85%	58%	−103%
18개월	80%	58%	−82%
2년	75%	57%	−68%

시간이 흐르고 흘러, 이제 만기일 하루 전이 도래했다. 중간의 조기상환 결정일의 주가는 이제 어차피 지나간 일로서 아무런 영향을 미치지 않고, 삼성증권의 주가는 워낙 행사가격 위에 있어서 이는 더 이상 아무런 영향이 없다. 즉, 삼성증권 주가에 대한 델타는 0이다. 따라서 이제 이 자동조기상

8) 초기일인 2007년 8월 31일의 VKOSPI 지수는 32.33%로서, 위에서 가정한 값과 그렇게 차이가 나지 않는다. 개별 주식의 내재변동성은 물론 VKOSPI 지수와는 다를 것이고, 특히 프라이싱에서 사용되는 배당률은 위에서 가정한 값보다는 클 텐데, 얘기한 바와 같이 정확한 값을 구하고자 하는 것은 아니고 정성적인 거동을 보는 데에 의의를 두고자 한다.

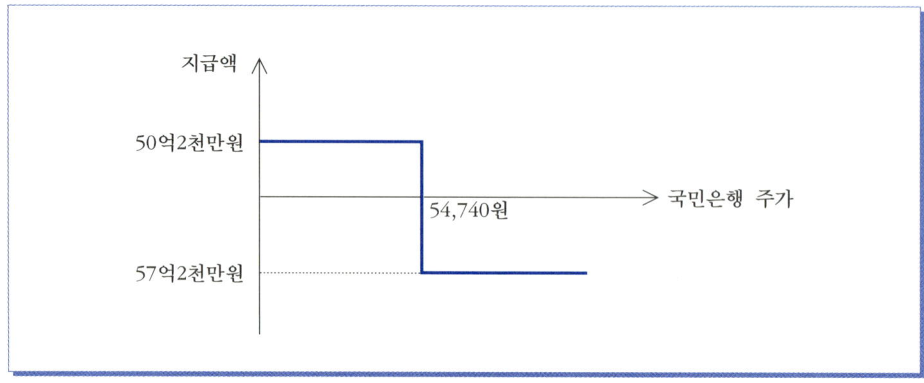

[그림 9.10] 만기일의 도이체방크 관점에서의 손익 그래프

환 스왑은 그냥 국민은행 주가에 대한 평범한 등가격(At-The-Money; ATM) 디지털 콜 옵션의 숏 포지션에 불과하다. 바로 위에서 알아 본 그 상황이 되어 있는 것이다. 이제 디지털 콜 옵션의 원금은 [그림 9.10]에 나타낸 바와 같이 국민은행의 만기일 종가가 행사가격인 54,740원 이상인 경우 지급해야 하는 28.6%에 반대로 종가가 54,740원 미만일 경우 갖게 되는 25.1%를 합친, 발행된 주가연계증권 액면 금액의 53.7%, 200억원의 액면 금액이라고 하면, 107억 4천만원이라는 적지 않은 금액이 되어 버린 것이다. 그리고 만기일은 하루 남았고 전일 종가는 5만6천원으로 행사가격으로 정규화하여 보면 102.3%라는 기초자산 가격으로서 그 때의 델타는 디지털 콜 옵션 원금 대비 813% 정도에 달하게 된다. 만약, 5만6천원이라는 가격이 만기일 4주 전부터 계속 지속되어 왔다면 그 델타의 거동은 어떻게 바뀌었을까. 이를 나타낸 그림이 [그림 9.11]이며, 상당히 재미있는 현상이 보인다. 만기일을 이틀 남길 때까지 도이체방크 입장에서 포지션의 델타는 계속 하락하여 -848%까지 내려갔다가, 만기일

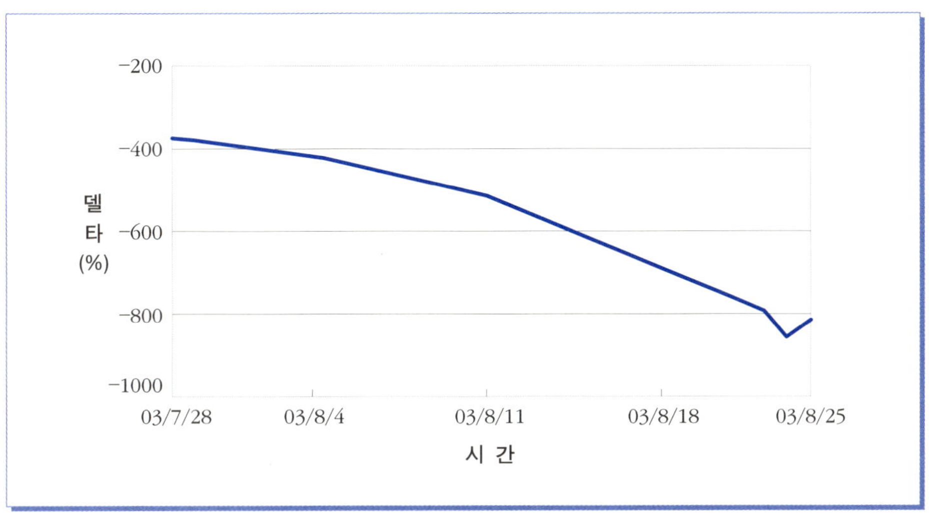

[그림 9.11] 5만6천원의 국민은행 주가가 만기일 4주전부터 지속된 경우의 도이체방크의 델타

전일인 2009년 8월 25일 아침 시장이 열리고 나면 그 델타가 살짝 증가하여 -813%로 보인다는 것이다.

여기서 도이체방크가 지속적으로 델타 헤징을 해 왔다고 한다면, 이 시점에서의 델타의 절대값이 중요한 것이 아니라 델타의 증분이 문제가 됨을 기억해야 한다. 전날 장 종료까지 델타를 맞추어서 848%의 국민은행 주식을 매수하고 있었는데, 시간이 경과되어 만기시점까지의 시간이 줄어든 효과로 인하여 매수하고 있어야 하는 국민은행의 주식이 813%, 즉 45%만큼 이번에는 내다 팔아야 되는 입장이 되었다는 것이다. 이것이 도이체방크가 주장하는 정상적인 델타 헤지를 수행했다는 근거일지도 모른다.

그런데 그게 꼭 그렇게만 볼 것도 아니다. 도이체방크가 주장하는 대로 음의 델타의 절대값이 줄어들어서 그 차이만큼을 다시 커버하느라고 국민은행의 주식을 팔았다고 우선 받아들이자. 우리가 알고 있는 대로, 결국

국민은행의 주가는 25일과 26일에 더 하락하여 26일 종가가 5만4,700원이 되었다. 그렇다면 만기 시점까지 장 중에 국민은행의 주가가 5만6천원보다 낮고 5만4,700원보다는 높은 상황이 발생되었을 것이라는 얘기가 된다. 가령, 5만5,500원이면 어떻게 될까? 만기가 하루 남은 시점에서, 즉 동일한 장 중 조건에서 디지털 콜 옵션의 델타를 구해보면, -1245%, 아까의 -813%에서 무려 400% 이상 주저앉아 버렸다. 따라서 만기일 전일 그리고 만기일 당일에 델타 헤징을 교과서대로 수행하고 있었다면 도이체방크는 국민은행의 주식을 다시 엄청난 규모로 사야 하는 상황이었다는 것이다. 그리고 그러한 규모로 현물 주식을 거래를 한다면, 시장의 미시구조상 국민은행의 주가는 더 하락하기보다는 상승할 가능성이 크다. 적어도 그 과정에서 도이체방크가 일 별로 국민은행 주식을 매도하는 것은 델타 헤징이라고 부를 수 있는 것은 아니란 얘기다.

다른 기사 하나를 보자[23]. 만기일 2일 전부터의 도이체방크의 행위에 대한 좀 더 자세한 정보를 담고 있는 이 기사에 의하면, 도이체방크는 8월 24일 7만5천주를 매도했고, 25일에는 7만7409주를 매도, 그리고 만기일에는 24만2,214주를 팔았고, 그 중 12만8천주가 장 마감 10분전 동안인 동시호가 시간대에 매도되었다고 한다. 평균적으로 5만5천원이라는 가격을 적용하면, 이 매도금액들은 각각 41억원, 43억원, 133억원에 달한다. 금액이 우리가 위에서 본 델타에 해당하는 금액이냐를 떠나서, 기본적으로 그 부호가 맞지 않는다. 델타 헤징이기 위해서는 도이체방크는 국민은행 주식을 매도가 아닌 매수를 했어야 했다. 이것으로 모든 얘기는 끝이 나는 것이다. 도이체방크는 델타 헤징이 아닌 시세조종을 했다고 밖에 볼 수가 없다.[9] 사례 2와 같은 다른 외국계투자은행이나 국내증권사가 관련된 주가연계증권도 마찬가지의 결론이 나온다.

본 장에서 우리는 옵션을 거래할 때 발생될 수 있는 기초자산 가격 변동에 대한 리스크를 헤지하기 위한 방안으로 델타 헤징 혹은 동적 헤징을 수행하는 것에 대해서 살펴보았다. 그리고 주가연계증권의 상환에 관련된 시세조종 의혹에 대해서 글로벌 투자은행들이 주장하는 것과는 달리 그 거래들은 델타 헤징과는 무관한, 시세조종이라고 밖에 볼 수 없는 거래 행위가 저질러졌음을 보았다. 법원에서 올바른 판단을 내린 것은 고무적이면서 다행한 일이라 생각된다.

9) 도이체방크는 현재 이 사건에 대하여 항소하여, 서울고등법원에서 심리 중이다.

Financial Weapons of Mass Destruction

CHAPTER 10

결론

파생거래로부터 큰 손실을 입은 경우가 있다고 해서 파생거래를 금지해야 한다는 결론을 내리는 것은 섣부른 일이다. 까다롭기로 정평이 나 있는 미국식품의약국(Food and Drug Administration; FDA)의 승인을 받은 약들도 완전히 안전하지는 않다. 약을 투여 받고 심한 부작용이 발생되는 경우가 전혀 없는 약이란 사실상 없다. 이는 심지어 예방을 목적으로 하는 백신의 경우도 마찬가지로서, 그 발생 빈도가 정해진 기준을 넘지 않는 한 사회 전체적으로는 그러한 부작용의 발생 가능성을 떠안고 갈 수 밖에 없다.

파생거래로부터 워낙 큰 손실을 입게 되면, 그것이 전체를 대변하는 것처럼 느껴지게 되는 것은 우리 인간이 갖고 있는 편향(Bias)의 하나이다. 보고되지 않는, 물론 보고될 리 없고 뉴스거리가 되지 못하는, 각종의 파생거래를 통해 각각 이루고자 하는 목적을 달성한 그 수많은 경우들은 일종의 소리 없는 다수와 같다. 그 편익과 효용을 정량화하려는 시도는 아예 엄두가 나지 않는 것이라 정량적으로 이를 논증할 방법은 없다. 하지만 우리나라의 교통사고 사망률이 경제개발협력기구(Organization for Economic Cooperation and Development; OECD) 34개국 중에서 제일 높다고 하더라도[45], 이 때문에 국내에서 자동차의 생산이나 사용을 금해야 한다고 얘기할 수는 없는 일이다. 자동차는 이미 그 존재를 빼놓고 생각할 수 없는 우리 삶의 일부가 된 것처럼, 파생거래 또한 마찬가지인 것이다.

앞의 3장에서 투자와 투기를 엄격하게 구분하고자 하였지만 현실 세계에서는 사실 종이 한 장 차이이다. 투자이든 투기이든 불확실성 앞에서 겁먹지 않고 맞서 나가려는 태도가 공통적으로 발견되고, 이것이 새로운 세계를 지속적으로 만들어 나가는 원동력이다. 경제학 서적에 의하면 리스크(Risk)와 불확실성(Uncertainty)은 다른 것이라고 한다. 리스크는 객관적으로 계량화할 수 있는 것이고 불확실성은 그렇게 하는 것이 불가능한 것들이라는 것이다. 이 프랭크 나이트(Frank Knight)의 정의[123] 이후, 금융이론은 불확실성은 버리고 (논문이 잘 안 나올 테니 말이다) 리스크를 좀 더 세분화하고 과학처럼 보이는 데 많은 노력을 기울여 왔고, 그 최정점(Apex)에 부채담보부증권과 같은 것들이 위치하게 되었다. 그런데 나이트가 그의 책 '리스크, 불확실성 및 이윤(Risk, Uncertainty, and Profit)'에서 사실 하려고 했던 이야기는 그래서 리스크가 중요한 게 아니라, 그 계량화할 수 없는 불확실성이 이윤 발생의 유일한 원천이라는 얘기를 하려고 했던 것이다. 불확실성을 겁내지 말고 떠안으라. 그래야지만 이윤을 발생시킬 수 있을 것이리라. 이러한 사고방식은 현대의 금융이론이 암묵적으로 가정하는 모든 것이 계산되고 통제될 수 있다는 그런 세계와 정반대의 영역에 위치한다. 자산가격, 부도율, 상관계수 등과 같은 금융변수들을 객관적으로 계량화할 수 있다고 믿어야지만 부채담보부증권 같은 것들을 만들고 거래를 하게 될 텐데, 그 결말이 어떠할 지는 이제 우리 모두 다 너무나 잘 알고 있다.

앞의 여섯 가지 사례들로부터 일반인이 얻을 수 있는 교훈을 한 마디로 정의하면 어떤 것이 될까. '불확실성을 껴안되 절대로 감당할 수 없는 수준으로 지지는 말라'는 정도가 될까. 삶은 현대포트폴리오이론이 상정하는 단일기간(One Period) 내의 변동성과 수익률 사이의 관계를 최적화하는 것이기 보다는 로이(Roy)가[156] 주창했던 안전제일기준(Safety-First Criterion)과 같은 사고방식에 켈리(Kelly)가[119] 증명했던 단일기간이 아닌 궁극적인 장기(Long-Term)에서는 일정 수준의 양(Positive)의 불확실성에 계속적으로 노출되는 것이 더 큰 부를 이루게 된다는 통찰을 합친 것으로 보는 것이 마땅하지 않을까. 회사와 개인의 경제적 목적함수(Objective Function)가 단기의 이익의 극대화가 아니라, 장기의 생존가능성의 극대화로 재정의된다면 우리 사회의 조급증도 조금은 줄어들 수 있게 되지 않을까.

참고문헌

1. 건설경제신문, 2010, 시중은행 잇단 해외투자 '뒷말' 무성, http://www.cnews.co.kr/uhtml/read.jsp?idxno=201010061536116210606
2. 권오상, 현물, 선도, 옵션 시장 간의 동태적 관계에 대한 시스템 사고적 접근, 한국시스템다이내믹스연구, 2012, 13(2), pp. 5-23.
3. 금융감독원, 전자공시시스템, http://dart.fss.or.kr/
4. 금융위원회, 금융감독원, 2010, 옵션만기일(11.11) 종가시 주가지수 급락 관련 대응방향.
5. 금융위원회, 금융감독원, 2011, 옵션만기일(2010.11.11) 주가급락 관련 불공정거래 혐의 조사결과 조치.
6. 김규형, 최운열, 1998, 모건은행의 TRS를 이용한 헤징과 한국금융기관: 금융공학적 관점에서의 분석, 한국증권학회지, 23(1), 253-288.
7. 김동석, 최혁, 주가지수선물, 옵션이 자본시장에 미친 영향, 선물 옵션 시장의 발전전략에 관한 연구, 1999.
8. 김인준, 변석준, 윤창현, 1998, 역외드를 이용한 파생금융상품기법에 대한 분석: 다이아몬드 펀드를 중심으로, 재무관리연구, 15(2), pp. 55-80.
9. 김형태, 이현진, 2003, 장외파생상품 실패사례 분석과 시사점, 한국증권연구원.
10. 남길남, 호주 사례로 살펴본 옵션만기일 사태 처리의 시사점, 자본시장 Weekly, 2011, 8, pp. 1-4.
11. 남길남, 옵션만기일 사태가 남긴 개선과제, KCMI Capital Market Perspective, 2011, 3(1), pp. 35-46.
12. 뉴스핌, 2012, 위기 이후 CDS 시장 위축, 회복 기미 없어, http://www.newspim.com/view.jsp?newsId=20120615000496
13. 동아일보, 2009, 노벨상 엥글 교수 키코는 불공정 상품, http://news.donga.com/3/all/20091218/24894154/1
14. 동아일보, 2012, 우리은행, 뉴욕 연방법원에 씨티그룹 고소, http://news.donga.com/3/all/20120518/46332663/1
15. 리갈 타임스, 2011, 옵션쇼크, 도이치뱅크 임원, 법인 기소, http://legaltimes.co.kr/view.htm?UID=14428&keys=3&kind=menu_code
16. 매일경제, 2008, 換변동보험에 당한 수출 中企, http://news.mk.co.kr/news_forward.php?no=339696&year=2008
17. 매일경제, 2008, 해외펀드 수익률 짭짤해도 환헤지로 변동성 줄여야, http://news.mk.co.kr/newsRead.php?year=2008&no=638348
18. 매일경제, 선물 옵션 결제가격 놓고 증권업계, 거래소 줄다리기, 2010, http://news.mk.co.kr/newsRead.php?year=2010&no=712000
19. 매일경제, 2012, A등급 맞아? 회사채 등급 시비, http://news.mk.co.kr/newsRead.php?year=2012&no=820054
20. 매일경제, 2012, [기자 24시] 반성 없는 도이체증권, http://news.mk.co.kr/newsRead.php^year=2012&no=749223
21. 매일경제, 2012, 와이즈에셋자산운용 금융투자업 인가 취소, http://news.mk.co.kr/newsRead.php?year=2012&no=532254

22. 매일경제, 2012, 도이치뱅크, ELS 주가조작 전액 배상하라,
http://news.mk.co.kr/newsRead.php?year=2012&no=28848
23. 매일경제, 2012, [솔로몬의 이슈포커스] 도이치뱅크 1심 패소,
http://news.mk.co.kr/newsRead.php?year=2012&no=468368
24. 머니투데이, 2003, 은행 배당률 지난해보다 높아졌다,
http://news.naver.com/main/read.nhn?mode=LSD&mid=sec&sid1=101&oid=008&aid=0000254748
25. 머니투데이, 2007, 우리銀 등 美 CDO 투자 대거 평가손,
http://www.mt.co.kr/view/mtview.php?type=1&no=2007071609182802964&outlink=1
26. 머니투데이, 2007, 우리銀 美 CDO 투자 평가손 260억원대,
http://www.mt.co.kr/view/mtview.php?type=1&no=2007071618410901758&outlink=1
27. 머니투데이, 2010, 펀드 환헤지, 수익 변동성 더 커진다,
http://www.mt.co.kr/view/mtview.php?type=1&no=2010073009597022242&outlink=1
28. 머니투데이, 2010, 만기일 '테러'로 업계 줄초상A운용사 900억원 손실,
http://news.mt.co.kr/mtview.php?no=2010112140534220868&type=1&STOCK_TOP
29. 머니투데이, 2011, 옵션 쇼크 당일 도이치證 풋옵션 10만계약 매수,
http://www.mt.co.kr/view/mtview.php?type=1&no=2010121008467092065&outlink=1
30. 머니투데이, 2012, 투기요? 일확천금 버리면 황금시장,
http://www.mt.co.kr/view/mtview.php?type=1&no=2012021315482438951&outlink=1
31. 문화체육관광부, 2009, G20 코리아 더 큰 세계로, G20 정상회의 준비위원회.
32. 박창균, 임경묵, 한국 주식시장에서의 만기일효과: Wag the Dog?, KDI 정책연구, 2003, 25(2), pp. 139-170.
33. 서울경제, 2011, 환헤지 안했더니 되레 높은 수익률,
http://economy.hankooki.com/lpage/stock/201109/e2011092615230692480.htm
34. 서울경제, 2012, 농협, 투자위험 안 알렸다 국제신평사 제소,
http://www.hankyung.com/news/app/newsview.php?aid=2009090495141
35. 서울경제, 2012, [심층진단] 수출 중기도 20~30%만 환헤지 환율 요동땐 부실 불 보듯,
http://economy.hankooki.com/lpage/finance/201208/e20120829174553117450.htm
36. 아시아경제, 2008, 해외펀드 환위험 헤지, 효과 미흡<금융硏>,
http://www.asiae.co.kr/news/view.htm?idxno=2008112310502601954
37. 아시아경제, 2010, 뺑민었던 엥글교수마저뵚키코재판 1심 첫 선고 은행 승,
http://www.asiae.co.kr/news/view.htm?idxno=2010020909211063927
38. 아시아경제, 2012, 3분기 외환거래 18.5억弗 감소외환상품거래 줄어,
http://view.asiae.co.kr/news/view.htm?idxno=2012112611192375435&nvr=Y
39. 아시아경제, 2012, 파생상품시장 위축..거래대금 전년비 14.1%?,
http://view.asiae.co.kr/news/view.htm?idxno=2012121509330696784&nvr=Y
40. 아시아경제, 2012, (뉴스초점)키코 피해기업 정부, 금융당국, 사태 전면 재조사 촉구,
http://www.newstomato.com/ReadNews.aspx?no=294495
41. 아시아투데이, 2012, 법원 은행, 키코 피해 기업에 최고 70% 배상해야뵒,
http://www.asiatoday.co.kr/news/view.asp?seq=687154

42. 아주경제, 2011, 키코 0.3~0.8% 은행 이윤 지나친 수준 아냐 무혐의 처분, http://www.ajnews.co.kr/common/redirect.jsp?newsId=20110719000465
43. 안동현, 도이치 옵션사태의 복기, 2011, 머니투데이, http://news.mt.co.kr/mtview.php?no=2011030914270929642&vgb=column&columnType=&code=column210
44. 안병찬, 2011, 글로벌 금융위기 이후 외환정책, 한나래.
45. 연합뉴스, 2012, 한국 교통사고 사망률 OECD 최고감소 추세, http://news.naver.com/main/read.nhn?mode=LSD&mid=sec&sid1=103&oid=001&aid=0005938018
46. 연합인포맥스, 2007, "서브프라임, 연말 · 연초 대량만기 처리가 관건", http://news.naver.com/main/read.nhn?mode=LSD&mid=sec&sid1=101&oid=013&aid=0000198256
47. 연합인포맥스, 2008, 시중銀 CDS 익스포져 1.45조원.. 신한, 우리, 농협 순, http://news.naver.com/main/read.nhn?mode=LSD&mid=sec&sid1=101&oid=013&aid=0001945201
48. 연합인포맥스, 2009, 국감서 제기된 농협 CDO, CDS 손실 들여다보니, http://news.naver.com/main/read.nhn?mode=LSD&mid=sec&sid1=101&oid=013&aid=0001990903
49. 연합인포맥스, 2009, 김종창 CDO, CDS 투자 몰랐다는 황영기 주장은 거짓, http://news.naver.com/main/read.nhn?mode=LSD&mid=sec&sid1=101&oid=013&aid=0001992696
50. 오규택, 신성환, 1998, 다이아몬드펀드의 파생상품 거래손실 사례분석, 선물연구, 6, pp. 65-110.
51. 와이즈에셋자산운용, http://www.wiseasset.co.kr/
52. 와이티엔, 2011, 옵션쇼크, 도이체증권 검찰 고발, 중징계, http://www.ytn/co.kr/_ln/0102_201102232220412912
53. 이데일리, 2008, 우리은행, CDO 이어 베어스턴스 화들짝, http://www.edaily.co.kr/news/NewsRead.edy?SCD=DA22&newsid=02364886586344304&DCD=A01202&OutLnkChk=Y
54. 이데일리, 2010, [마켓in] 헤지펀드 르네상스, 도이치쇼크 몸통 의혹, http://www.edaily.co.kr/news/NewsRead.edy?SCD=DB23&newsid=02305846593165064&DCD=A10102&OutLnkChk=Y
55. 이데일리, 2011, 우리銀, 씨티 등 3개 글로벌은행에 국제소송, http://www.edaily.co.kr/news/NewsRead.edy?SCD=DA22&newsid=01095526596446376&DCD=A01202&OutLnkChk=Y
56. 이데일리, 2012, 수출 中企 팔면 팔수록 손해..환율, 손익분기점 밑돈다, http://www.edaily.co.kr/news/newspath.asp?newsid=01964726599757208
57. 이투데이, 2008, 해외펀드 환헤지, 하느냐? 마느냐? 그것이 문제로다, http://www.etoday.co.kr/news/section/newsview.php?idxno=163380
58. 이투데이, 2009, [국감] 시중 은행 파생상품 투자손실액 2조7000억원, http://www.etoday.co.kr/news/section/newsview.php?TM=news&SM=0201&idxno=259043
59. 이효섭, 파생상품 제도개선안의 시사점, 자본시장 Weekly, 2011, 4, pp. 1-3.
60. 재경일보, 2010, 코스피200 배당수익률 매력적, 프로그램 순매수 유입, http://news.jkn.co.kr/article/news/20101019/5206929.htm

61. 전자신문, 2012, [100대 사건_082] 파생금융상품 '키코', 중소기업 직격탄 <2008년>, http://www.etnews.com/news/economy/economy/2645335_1493.html
62. 최생림, 2006, 외환론: 외환이론 · 시장 · 관리, 제4판, 박영사.
63. 최종범, 류혁선, KOSPI 200 선물 및 옵션의 만기일 효과, 증권학회지, 2006, 35, pp. 69-101.
64. 파이낸셜뉴스, 2007, 美 모기지 주택 부도율 급증, http://www.fnnews.com/view?ra=Sent0701m_View&corp=fnnews&arcid=070905051657&cDateYear=2007&cDateMonth=09&cDateDay=05
65. 파이낸셜뉴스, 2008, 환헤지 하려다 발등찍힌 기업들, http://www.asiatoday.co.kr/news/view.asp?seq=687154
66. 파이낸셜뉴스, 2011, 외국인 1초 단타매매, 선물시장도 장악했다, http://www.fnnews.com/view?ra=Sent0301m_View&corp=fnnews&arcid=0922484093&cDateYear=2011&cDateMonth=12&cDateDay=05
67. 파이낸셜뉴스, 2011, ELS 사건 헤지였다 조작이다 논란 종지부 찍나, http://www.fnnews.com/view?ra=Sent1201m_View&corp=fnnews&arcid=00000922349662&cDateYear=2011&cDateMonth=06&cDateDay=28
68. 파이낸셜뉴스, 2011, 뻥장 마감 전 주가조작.. 증권사 4곳 트레이더 기소, http://www.fnnews.com/view?ra=Sent1201m_View&corp=fnnews&arcid=00000922349786&cDateYear=2011&cDateMonth=06&cDateDay=28
69. 파이낸셜뉴스, 2012, (2) 곤두박질 치는 파생상품 시장, http://www.fnnews.com/view?ra=Sent0301m_View&corp=fnnews&arcid=201212100100093270004892&cDateYear=2012&cDateMonth=12&cDateDay=12
70. 파이낸셜뉴스, 2012, 'ELS 주가조작' 도이치뱅크 배상 판결, http://www.fnnews.com/view?ra=Sent1201m_View&corp=fnnews&arcid=201201120100117360005616&cDateYear=2012&cDateMonth=01&cDateDay=12
71. 한겨레신문, 2009, 키코 계약은 금융공학으로 분석해도 사기, http://www.hani.co.kr/arti/society/society_general/333903.html
72. 한국거래소, 미국달러 선물 종합시세, http://www.krx.co.kr/m3/m3_1/m3_1_1/JHPKOR03001_01.jsp
73. 한국경제, 2008, 환헤지 해외펀드 가입자 '분통', http://www.hankyung.com/news/app/newsview.php?aid=2008092995011
74. 한국경제, 2009, 황영기 파생상품 투자 왜 1조원 넘게 손해봤나, http://www.hankyung.com/news/app/newsview.php?aid=2009090495141
75. 한국경제, 2010, 해외펀드 환헤지 비율 너무 높다, http://www.hankyung.com/news/app/newsview.php?aid=2010072089461
76. 한국경제, 2011, 우리銀, 씨티 등 3곳에 국제소송, http://www.hankyung.com/news/app/newsview.php?aid=2011111615131
77. 한국예탁원, 2012, 증권예탁통계-83호, http://www.ksd.or.kr/board/boardAView.home?curPage=&po_artid=1204251&po_modserno=1&pdscode=c_astxx00x00&searGb=1&searTxt=

78. Adelson, Mark, Default, Transition, and Recovery: A Global Cross-Asset Report Card of Ratings Performance in Time of Stress, Standard & Poors, 2010. http://www.standardandpoors.com/products-services/articles/en/us/?assetID=1245214438884
79. Akerlof, George A. and Robert J. Shiller, 2009, Animal Spirits: How Human Psychology Drives Economy, and Why it Matters for Global Capitalism, Princeton University Press.
80. Arbesman, Samuel, 2012, The Half-life of Facts: Why Everything We Has an Expiration Date, Current Hardcover.
81. Aristotle, 2000, Politics, Dover Publications.
82. Bachelier, Louis, 2006, Theory of Speculation, Princeton University Press.
83. Bank for International Settlements, Long-term Rating Scales Comparison, http://www.bis.org/bcbs/qis/qisrating.htm
84. Barnett-Hart, Anna K., The Story of the CDO Market Meltdown: An Empirical Analysis, Thesis, Harvard University.
85. Berkshire Hathaway Annual Report, 2002. www.berkshirehathaway.com/2002ar/linksa nnual11.html
86. Berkshire Hathaway Annual Report, 2011. www.berkshirehathaway.com/2011ar/linksa nnual11.html
87. Best, Joel, 2001, Damned Lies and Statistics, University California Press.
88. Billingsley, Randall, 2006, Understanding Arbitrage: An Intuitive Approach to Financial Analysis, Wharton School Publishing.
89. Black, Fischer and Myron Scholes, The Pricing of Options and Corporate Liabilities, Journal of Political Economy, 1973, 81(3), pp. 637-654.
90. Bodie, Zvi, Alex Kane, and Alan J. Marcus, 2005, Investments, 6th ed., McGraw Hill.
91. Bookstaber, Richard, 2007, A Demon of Our Own Design: Markets, Hedge Funds, and the Perils of Financial Innovation, Wiley.
92. Bouzoubaa, Mohamed and Adel Osseiran, 2010, Exotic Options and Hybrids, Wiley.
93. Brown, Aaron, 2011, Red-Blooded Risk: The Secret History of Wall Street, Wiley.
94. Campbell, J. Y., K. Serfaty-de Medeiros, and L. M. Viceira, Global Currency Hedging, Journal of Finance, 2010, 65, pp. 87-121.
95. CFA Institute, 2012, Derivatives and Alternative Investments: CFA Program Curriculum, Level 1, Volume 6.
96. Chamberlain, T. W., S. C.. Cheung, and C. C. Y. Kwan, Expiration Day Effects of Index Futures and Options: Some Canadian Evidence, Financial Analysts Journal, 1989, 45(5), pp. 67-71.
97. Chaplin, Geoff, 2005, Credit Derivatives: Risk Management, Trading and Investing, Wiley.
98. Chow, Y. F. and H. H. M. Zhang, Expiration Day Effects: the Case of Hong Kong, Journal of Futures Markets, 2002, 23, pp. 67-86.
99. CME Group, Understanding the SOQ, 2011, http://www.cmegroup.com/education/files/Understanding-the-SOQ-2011-11-04.pdf
100. Day, T. E. and C. M. Lewis, The Behavior of the Volatility Implicit in the Prices of Stock

Index Options, Journal of Financial Economics, 1988, 22, pp. 103-122.
101. Derman, Emanuel, 2011, Models.Behaving.Badly: Why Confusing Illusion with Reality Can Lead to Disaster, on Wall Street and in Life, Free Press.
102. Dickson, P. G. M., 1967, The Financial Revolution in England: A Study in the Development of Public Credit, London: Macmillan.
103. Dubil, Robert, 2004, An Arbitrage Guide to Financial Markets, Wiley.
104. 8.18 Dunbar, Nicholas, 2001, Inventing Money: The Story of Long-Term Capital Management and the Legends behind it, Wiley.
105. Fama, Eugene F., Random Walks in Stock Market Prices, Financial Analysts Journal, 1965, 21(5), pp. 55-59.
106. Fell, L., 2000, An Introduction to Financial Products and Markets, Thomson Learning.
107. Garman, Mark B. and Steven W. Kohlhagen, Foreign Currency Option Values, Journal of International Money and Finance, 1983, 2, pp. 231-237.
108. Gavin, Francis J., 2003, Gold, Dollars, and Power The Politics of International Monetary Relations, 1958-1971, The University of North Carolina Press.
109. Hacking, Ian, 1990, The Taming of Chance, Cambridge University Press.
110. Hickman, W. Braddock, 1968, Corporate Bond Quality and Invest Experience, Princeton University Press.
111. Hooke, Robert, 1983, How to Tell the Liars from the Statisticians, CRC Press.
112. Hsieh, W. L. G., Expiration-Day Effects on Individual Stocks and the Overall Market: Evidence from Taiwan, Journal of Futures Markets, 2008, 29, pp. 920-945.
113. Hull, John C., 2002, Options, Futures, and Other Derivatives, Prentice Hall.
114. International Swaps and Derivatives Association, 2010, ISDA Market Survey: Notional Amounts Outstanding at Year-End, All Surveyed Contracts, 1987-Present.
115. Ioannidis, John P. A., Why Most Published Research Findings are False, PLOS Medicine, 2005, 2(8), http://www.plosmedicine.org/article/info:doi/10.1371/journal.pmed.0020124.
116. Johnson, Barry, 2010, Algorithmic Trading and DMA: An Introduction to Direct Access Trading Strategies, 4Myeloma Press.
117. Kahneman, Daniel and Amos Tversky, 2000, Choices, Values, and Frames, Cambridge University Press.
118. Karolyi, A. G., Stock Market Volatility around Expiration Days in Japan, Journal of Derivatives, 1996, 4, pp. 23-43.
119. Kelly, J. L., Jr., A New Interpretation of Information Rate, Bell System Technical Journal, 1956, 35, pp. 917-926.
120. Keynes, John Maynard, 1923, A Tract on Monetary Reform, Prometheus Books.
121. Keynes, John M., 1936, The General Theory of Employment, Interest and Money, Macmillan.
122. Khil, Jaeuk and Sangwon Suh, Risk Management Lessons from 'Knock-in Knock-out' Option Disaster, Asia-Pacific Journal of Financial Studies, 2010, 39(1), pp. 28-52.

123. Knight, H. Frank, 1921, Risk, Uncertainty and Profit, Signalman Publishing.
124. Kondor, Peter, Risk in Dynamic Arbitrage: Price Effects of Convergence Trading, Journal of Finance, 2009, 64(2), pp. 638-658.
125. Krebsz, Markus, 2011, Securitization and Structured Finance Post Credit Crunch: A Best Practice Deal Lifecycle Guide, Wiley.
126. Kwon, Ohsang, Rethinking Currency Hedging for Overseas Investment: Varying Notional FX Forward as an Alternative to Plain Vanilla Forward, The Korean Journal of Financial Engineering, 2011, 10(4), pp. 173-201.
127. Kwon, Ohsang, Limitations and Mis-uses of Correlation in Financial Markets, Journal of Korea Association of Business Education, 2011, 26(6), pp. 21-42.
128. Kwon, Ohsang, Hedge Funds' Long-Short Strategy, The Korean Journal of Financial Engineering, 2012, 11(3), pp. 139-162.
129. Lambert, Emily, 2010, The Futures: The Rise of the Speculator and the Origins of the World's Biggest Markets, Basic Books.
130. Lewellen, Jonathan, Institutional Investors and the Limits of Arbitrage, Journal of Financial Economics, 2011, 102, pp. 62-80.
131. Li, David X., On Default Correlation: A Copula Function Approach, Journal of Fixed Income, 2000, 9(4), pp. 43-54.
132. Lintner, J., The Valuation of Risk Assets and the Selection of Risky Investments in Stock Portfolio and Capital Budgets, Review of Economics and Statistics, 1965, 47(1), pp. 13-37.
133. Lo, Andrew W., Risk Management for Hedge Funds: Introduction and Overview, Financial Analysts Journal, 2001, 57, pp. 16-33.
134. Lo, Andrew W., 2008, Hedge Funds: An Analytic Perspective, Princeton University Press.
135. Lowenstein, Roger, 2000, When Genius Failed: The Rise and Fall of Long-Term Capital Management, Random House.
136. Mackenzie, Donald, Long-Term Capital Management and the Sociology of Arbitrage, Economy and Society, 2003, 32(3), pp. 349-380.
137. Mackenzie, Donald, 2006, An Engine, Not a Camera: How Financial Models Shape Markets, MIT Press.
138. MacLean, Leonard C., Edward O. Thorp, and William T. Ziemba, 2011, The Kelly Capital Growth Investment Criterion: Theory and Practice, World Scientific Publishing Company.
139. Malkiel, Burton G., 1973, A Random Walk Down Wall Street, W.W. Norton & Company.
140. Mallaby, S., 2010, More Money Than God: Hedge Funds and the Making of a New Elite, Penguin Press HC.
141. Mandelbrot, Benoit B., 2004, The (mis)Behaviour of Markets, Profile Books.
142. McMillan, Lawrence G., 2002, Options as a Strategic Investment, Prentice Hall Press.
143. Mossin, J., Equilibrium in a Capital Asset Markets, Econometrica, 1966, 34(4), pp. 768-783.
144. National Football League, http://www.nfl.com/superbowl/history
145. Niederhoffer, Victor, 1998, The Education of a Speculator, John Wiley & Sons.

146. Olmstead, W. Edward, 2006, Options for the Beginner and Beyond: Unlock the Opportunities and Minimize the Risks, FT Press.
147. Olson, Erika, 2010, Zero-Sum Game: The Rise of the World's Largest Derivatives Exchange, Wiley.
148. Partnoy, Frank, The Siskel and Ebert of Financial Markets? Two Thumbs Down for the Credit Rating Agencies, Washington University Law Quarterly, 1999, 77(3).
149. Patterson, Scott, 2012, Dark Pools: High-Speed Traders, A.I. Bandits, and the Threat to the Global Financial System, Crown Business.
150. Pope, P. F. and P. K. Yadav, The Impact of Option Expiration on Underlying Stocks: The UK Evidence, Journal of Business, Finance, and Accounting, 1992, 19, pp. 329-344.
151. Poundstone, William, 2006, Fortune's Formula: The Untold Story of the Scientific Betting System that Beat the Casinos and Wall Street. Hill and Wang.
152. Rodgers, J. L and W. A. Nicewander, Thirteen Ways to Look at the Correlation Coefficient, The American Statistician, 1988, 42(1), pp. 59-66.
153. Roll, Richard and Stephen Ross, An Empirical Investigation of the Arbitrage Pricing Theory, Journal of Finance, 1980, 35(5), pp. 1073-1103.
154. Ross, Stephen, The Arbitrage Theory of Capital Asset Pricing, Journal of Economic Theory, 1976, 13(3), pp. 341-360.
155. Ross, Stephen A., Randolph W. Westerfield, and Jeffrey Jaffe, 2001, Corporate Finance, 6th ed., McGraw Hill.
156. Roy, Arthur D., Safety First and the Holding of Assets, Econometrica, 1952, pp. 431-450.
157. Samuelson, W. and R. J. Zeckhauser, Status Quo Bias in Decision Making, Journal of Risk and Uncertainty, 1988, 1, pp. 7-59.
158. Savage, Sam. L., 2009, The Flaw of Averages: Why We Underestimate Risk in the Face of Uncertainty, Wiley.
159. Schaede, Ulrike, Forwards and Futures In Tokugawa-period Japan: A New Perspective on the Dojima Rice Market, Journal of Banking and Finance, 1989, 13, pp. 487-513.
160. Schlag, C., Expiration Day Effects of Stock Index Derivatives in Germany, European Financial Management, 1996, 1, pp. 69-95.
161. Sharpe, William F., Capital Asset Prices: A Theory of Market Equilibrium under Conditions of Risk, Journal of Finance, 1964, 19(3), pp. 425-442.
162. Shin, Hyun Song, 2008, Risk and Liquidity, Oxford University Press.
163. Shleifer, Andrei, and Robert Vishny, The Limits of Arbitrage, Journal of Finance, 1997, 52, pp. 35-55.
164. Shleifer, Andrei, 2000, Inefficient Markets: An Introduction to Behavioral Finance, Oxford University Press.
165. Silver, Nate, 2012, The Signal and the Noise, The Penguin Press.
166. Standard and Poors, 2012, 2011 Annual U.S. Corporate Default Study and Ratings Transitions, http://www.standardandpoors.com/ratings/articles/en/us/?articleType=HTML&assetID=1245331026864

167. Stoll, H. R. and R. E. Whaley, Program Trading and Expiration-Day Effects, Financial Analysts Journal, 1987, pp. 17-28.

168. Stoll, H. R., Index Futures, Program Trading and Stock Market Procedures, Journal of Futures Markets, 1988, 8(4), pp. 391-412.

169. Stoll, H. R. and R. E. Whaley, Expiration-day Effects: What has changed?, Financial Analysts Journal, 1991, 47(1), pp. 55-72.

170. Sylla, Richard, U.S. Securities Markets and the Banking System, 1790-1840, Federal Reserve Bank of St. Louis Review, 1998, 80, pp. 83-98.

171. Sylla, Richard, A Historical Primer on the Business of Credit Ratings, Conference on the Role of Credit Reporting Systems in the International Economy, The World Bank, 2001.

172. Taleb, Nassim Nicholas, 2005, Fooled by Randomness: The Hidden Role of Chance in Life and in the Markets, New York: Random House.

173. Taleb, Nassim Nicholas, 2007, The Black Swan: The Impact of the Highly Improbable, New York: Random House.

174. Tavakoli, Janet M., 2001, Credit Derivatives & Synthetic Structures: A Guide to Instruments and Applications, 2nd edition, Wiley.

175. Tavakoli, Janet M., 2003, Collateralized Debt Obligations & Structured Finance: New Developments in Cash & Synthetic Securitization, Wiley.

176. Tett, Gillian, 2009, Fool's Gold: How Unrestrained Greed Corrupted a Dream, Shattered Global Markets and Unleashed a Catastrophe, Little Brown.

177. Thaler, Richard H., 1994, The Winner's Curse: Paradoxes and Anomalies of Economic Life, Princeton University Press.

178. The Wall Street Journal, 2010, Buffett and the Ratings Cartel, http://online.wsj.com/article/SB10001424052748704717004575268622397797094.html?mod=googlenews_wsj

179. Walter, C. A. and J. A. Lopez, Is Implied Correlation Worth Calculating? Evidence from Foreign Exchange Options, Journal of Derivatives, 2000, 7(3), pp. 65-81.

180. Williams, Jeffrey, 1986, The Economic Function of Futures Markets, Cambridge University Press.

181. World Bank, 2000, Stocks Traded, Turnover Ratio, World Bank World Development Indicators, http://data.worldbank.org/indicator/CM.MKT.TRNR/countries

182. Xiong, Wei, Convergence Trading with Wealth Effects, Journal of Financial Economics, 2001, 62, pp. 247-292.

183. Ziobrowski, Alan J., Ping Cheng, James W. Boyd, and Brigitte J. Ziobrowski, Abnormal Returns from the Common Stock Investments of the U.S. Senate, Journal of Financial and Quantitative Analysis, 2004, 39(4), pp. 667-676.

권오상

저자는 한국선급그룹(Korean Register)의 지주회사로 조선해양, 에너지, 플랜트에 대한 엔지니어링 사업을 수행하는 이노베이션KR에서 신사업개발과 M&A를 총괄하는 상무로 재직 중이며, 한국과학기술원(KAIST) 기술경영전문대학원의 겸직교수다. 도이체방크 홍콩지점과 서울지점의 상무(Director), 영국 바클레이스캐피탈 런던지점과 바클레이스은행 싱가포르지점, 삼성SDS의 수석보, 기아자동차의 주임연구원을 거쳤다. 고려대학교 경영전문대학원과 중앙대학교 경영학부에서 재무를 가르쳤고, 국내외 경영학과 공학 분야의 저명 학술지 등에 다수의 논문을 게재한 바 있다.

서울대학교 기계설계학과에서 학사, 한국과학기술원 기계공학과에서 석사, 미국 캘리포니아 버클리대학교(University of California, Berkeley) 기계공학과에서 박사학위를 받았고, 프랑스 인시아드(INSEAD) 경영대학원에서 MBA를 취득했다. 국제재무위험관리사(Financial Risk Manager - Certified by the Global Association of Risk Professionals)이기도 하다.

금융의 대량살상무기

지 은 이 · 권 오 상
펴 낸 이 · 최 재 범
펴 낸 곳 · 도서출판 탐진
등록 1-996호(倫). 1990. 1. 12.
서울특별시 마포구 신수로 27-1
Tel. 715-1092 ~ 3 / FAX. 701-6391
E-mail. tamjin90@hanmail.net / www.tamjin.co.kr

2013. 6. 26. 초 판 발행

ISBN 978-89-5540-317-6 93320

정가 20,000원